beck'sche reihe

W0051896

bsr

Die russische Literatur wird in diesem kompakten Überblick in ihrer Gesamtheit von den Anfängen bis in die jüngste Gegenwart dargestellt. Die Darstellung berücksichtigt den historischen Rahmen jeder Epoche, beschreibt ihre Hauptmerkmale, charakterisiert alle wichtigeren Autoren und bespricht in Kürze ihre Werke.

Reinhard Lauer ist seit 1969 o. Professor für Slavische Philologie an der Georg-August-Universität Göttingen und seit 1987 Vorsitzender der Kommision für Interdisziplinäre Südosteuropa-Forschung der Akademie der Wissenschaften zu Göttingen. Bei C. H. Beck ist von ihm erschienen: *Geschichte der russischen Literatur. Von 1700 bis zur Gegenwart* (2000).

Reinhard Lauer

Kleine Geschichte der russischen Literatur

Verlag C. H. Beck

Originalausgabe

© Verlag C. H. Beck oHG, München 2005
Satz: Fotosatz Reinhard Amann, Aichstetten
Druck und Bindung: Druckerei C. H. Beck, Nördlingen
Umschlagabbildung: Leo Tolstoj,
Gemälde von Nikolaj Ge (Gay), 1884;
Boris Pasternak, Pastell von Alexander Muraschko, 1917 © akg, Berlin;
Ljudmila Petruševskaja © Sabine Sauer
Umschlagentwurf: +malsy, Berlin
Printed in Germany
ISBN 3 406 52825 2

www.beck.de

Inhalt

Voraussetzungen und Besonderheiten

Es ist das Anliegen dieser Kleinen Geschichte der russischen Literatur, einen knappen, verständlichen Überblick über eine Literatur zu geben, die an geistigen und gesellschaftlichen Problemstellungen wie an künstlerischem Reichtum ihresgleichen sucht. Zugleich zeigt sie einen evolutionären Weg, der von der europäischen Globalentwicklung in wesentlichen Punkten abweicht, ebenso wie sie Besonderheiten aufweist, die sie von den anderen Literaturen Europas unterscheidet. Einige der Besonderheiten und spezifischen Problemfelder seien vorab genannt, da sie den Gesamtkomplex und den historischen Ablauf der russischen Literatur betreffen – Besonderheiten ihrer Eigensubstanz und ihres Verhältnisses zu anderen Literaturen.

Einschnitte – Periodisierungen – Teilliteraturen

Zunächst ist auf die fundamentalen Einschnitte in der russischen Kulturgeschichte hinzuweisen, die jede kulturelle Hervorbringung, also auch die Literatur, entscheidend geprägt haben: die Taufe Rußlands 988, der Beginn der Petrinischen Europäisierung 1700, die Revolutionen des Jahres 1917, die Auflösung der Sowjetunion 1991. Innerhalb dieser Markierungen spielten sich Entwicklungen ab, die eine erstaunliche innere Logik erkennen lassen, während zwischen den politisch-sozialen Entwicklungen und der literarischen Evolution nur geringe Entsprechungen bestehen. So darf der Einfluß, den die mächtigen Herrscher und Führer Rußlands auf die Literatur ausübten, nicht überschätzt werden, wenn auch das kulturelle Klima, das die Literatur behindern oder fördern konnte, letztlich von ihnen abhing.

Eine Periodisierung der russischen Literatur, die sich an den Herrschern und Führern orientierte, wäre ebenso sinnwidrig wie eine, die die in der westlichen Literaturgeschichte üblichen Epochenbegriffe mechanisch übertrüge. Es kommt vielmehr darauf an, die sich nach der innerliterarischen Evolution abzeichnenden Einheiten abzubilden und sie im Bezug zu ihrem ideengeschichtlichen, politischen und sozioökonomischnen Umfeld zu beschreiben. Da die Literatur in russischer Sprache im Laufe der Geschichte, abgesehen von den erwähnten Umbrüchen, zeitweilig in mehrere Teile oder sogar Teilliteraturen zerfallen war, häufen sich die Schwierigkeiten einer integralen Darstellung. Besonders nach der Oktoberrevolution bestanden nebeneinander die russische Literatur in der Sowjetunion und die in der Emigration, später kamen SAMIZDAT- und TAMIZDAT-Literatur hinzu, weiter geteilt in verschiedene Emigrationswellen. Nach der Wende um 1990 können alle Teile wiedervereinigt und zusammengeschaut werden.

Besondere russische Stilformationen

Der Vergleich der russischen Stilformationen mit denen des Westens zeigt, daß die Russen erst mit der Romantik auf europäische Entwicklungshöhe gelangten und von da an einen eigenständigen Weg zu Realismus und Moderne einschlugen. Die großen Epochen der Romantik, des Realismus, der Moderne und der Avantgarde waren jeweils als kohärente, vollständige, beinahe exemplarische Stilformationen ausgebildet, wie nur in wenigen anderen Literaturen. Auch die Literatur der sowjetischen Zeit mit der Abfolge von Revolutionärer Avantgarde, Sozialistischem Realismus und Tauwetter-Literatur bildete eine spezifisch russische Entwicklung.

Von besonderem literarhistorischen Interesse sind die schwer zu klassifizierenden «Zwischenzeiten» oder «Übergänge», etwa die Phase zwischen 1765 und 1783, die von Lomonosov und Sumarokov zu Deržavin führte; die zwischen 1800 und 1815, in der die Weichen zur großen Puškin-Epoche gestellt wurden; die zwischen 1835 und 1865, in der sich die lange unterschätzte Puškin-Richtung herausbildete; endlich die Phase zwischen 1880 und 1895, in der, nach dem politischen Klimawechsel, viele Pfade zum Symbolismus hin beschritten wurden.

Stilistik – Poetik – Metrik

Ohne Zweifel stellen die sprachlichen und prosodischen Möglichkeiten der russischen Sprache eine wesentliche Voraussetzung für den Stil- und Gattungsreichtum der russischen Literatur dar, vor allem in Poesie und Erzählprosa. Die morphologische Markierung der grammatischen Formen, Klangstrukturen, die namentlich den Konsonantismus begünstigen, eine geschmeidige Syntax, die universal verwendbaren prosodischen Möglichkeiten und, nicht zuletzt, der lexikalische Reichtum der russischen Sprache mit der bedeutsamen Teilmenge des erhabenen Kirchenslavischen haben den russischen Poeten und Erzählern optimale Instrumente zur ästhetischen Gestaltung in die Hand gegeben. So konnte sich die russische Sprache in der Versdichtung nacheinander auf unterschiedliche metrische Systeme stützen, die zeitweise nebeneinander bestanden oder sich sogar überlappten. Auch die offensichtliche narrative Begabung der Russen dürfte durch bestimmte grammatische Möglichkeiten der russischen Sprache begünstigt worden sein. Perspektivisches oder «mündliches» Erzählen (*skaz*) sind in der russischen Erzählprosa möglicherweise weniger schwer zu realisieren als anderswo. Allerdings sind russische literarische Texte aus den hier angedeuteten Gründen oft schwer in andere Sprachen zu übersetzen, vieles aus der Poesie eines Puškin, Nekrasov, Blok, einer Anna Achmatova und Marina Cvetaeva, eines Mandel'štam, Pasternak, oder Brodskij muß gar als unübersetzbar gelten.

Genuine Gattungen der russischen Literatur

Die russische Literatur hat mehrere typische Gattungen vorzuweisen, die in einem Kontrast zum westlichen Gattungsverständnis stehen. Das gilt für eine Reihe von Puškins Werken, die nach klassischen Begriffen als «Mischgattungen» einzustufen wären, etwa für den Versroman *Eugen Onegin* oder die sog. «kleinen Tragödien», die eine Mixtur zwischen Drama und Poem darstellen. Unter den Gattungen der Erzählprosa hebt sich als besondere russische Form die Povest' («Geschichte») ab, die als «Langerzählung» oder «Kurzroman», in aller Regel einsträngig und mit beschränkter Perspektive konzipiert, bestimmt werden könnte. Das grandiose Gegenstück dazu, die Roman-Epopöe, die ein Epochenpanorama vermittelt, erhielt durch Lev Tolstojs *Krieg und Frieden* seine fortwirkende Gestalt. Auch in neuerer Zeit hat es immer wieder interessante Gattungsneuerungen gegeben, etwa den «Roman-Punktir», der bei Bitov und Makanin den Erzählfluß in eine «punktierte Linie» auflöst.

Im dramatischen Bereich bleibt festzuhalten, daß die Ansätze, die Tragödie in Rußland zu etablieren – das klassizistische Modell bei Sumarokov, das Shakespeare-Modell bei Puškin und das antike Modell bei Innokentij Annenskij und Vjačeslav Ivanov – keine bleibenden Lösungen erbrachten. Das originäre «russische Drama» bildete sich vielmehr als tragisch-komisch gemischtes Genre folgerichtig bei Griboedov, Gogol', teils auch Ostrovskij und vor allem Čechov aus – an der Tragödie vorbei.

Deutlicher als in anderen Literaturen zeichneten sich in neuerer Zeit Prozesse der Gattungsinnovation ab, bei denen sich, gemäß dem Prinzip der «Motivation des Kunstmittels», neue Formen und neue Themen wechselseitig suchten und so neue Gattungsreihen begründeten.

Russische Helden und Ideologeme

In der russischen Literarkritik spielte die Heldenklassifikation stets eine wichtige Rolle. Die typischen Helden der russischen Literatur wurden als Träger sozialpsychologischer Syndrome oder Wunschvorstellungen interpretiert. Den «überflüssigen Menschen» (von Čackij über Onegin, Pečorin, Čičikov bis Sanin) stehen die «russischen Frauen» (Tat'jana Larina, Sonja Marmeladova, Nataša Rostova) als positives Pendant gegenüber. Ein eigentümliches Konstrukt war der «positive Held» der Sowjetliteratur, in dem sich proletarisches Klassenbewußtsein, Arbeitsethos und ein latenter Nietzscheanismus verbanden. Zu einem großen Teil beruhte und beruht die Wirkung der russischen Literatur auf den Heldinnen und Helden, deren exemplarisches Handeln zur Identifizierung einlädt.

Da Staat und Gesellschaft in Rußland fast zu keiner Zeit über Institutionen der politischen Öffentlichkeit verfügten, wurde die Literatur zum Medium der politischen und ideologischen Diskurse, die anderswo im Parlament oder in politischen Presseorganen abgehandelt worden wären. Die Helden in vielen realistischen Romanen – bei Turgenev und Pisemskij ebenso wie bei Dostoevskij und Saltykov-Ščedrin – sind daher nicht nur privat handelnde, psychologisch so oder so veranlagte Persönlichkeiten, sondern zugleich auch Träger bestimmter Weltanschauungen oder aktueller Ideologien. Der Disput zwischen Westlern und Slavophilen, der Nihilismusstreit, die Ideologie der Narodniki (Volkstümler), die Fortschrittskritik im Symbolismus, ja selbst noch Eurasiertum und Russische Seele – all das wurde mit künstlerischen Mitteln vorgebracht und gestaltet: Ideen wurden greifbar in handelnden Figuren und geschilderten Umständen. Es ist deshalb unerläßlich, immer wieder die Diskurssituationen zu rekonstruieren, in denen bestimmte Werke ihren Ort haben, wie etwa die Romane Dostoevskijs, Leskovs und Pisemskijs im Nihilismusstreit der 1860er/1870er Jahre.

Die russische Literatur in komparatistischer Sicht

Der Vergleich der russischen Literatur mit den westeuropäischen Entwicklungen zeigt, daß im Laufe des 17. Jahrhunderts erstmals Einflüsse des barocken Kulturmodells, über Polen vermittelt, in Moskovien zu verzeichnen waren. Durch die Vermischung mit den überkommenen altrussischen Texttraditionen entstanden Formen eines orthodoxen Barock, in denen nun auch die westliche Emblematik, Symbolik und Allegorese ihren Ausdruck fanden. Die von Peter dem Großen initiierte rigorose Europäisierung aller kulturellen Bereiche versetzte die Literatur in einen langanhaltenden, hitzigen Rezeptionszwang mit der Folge, daß europäische Entwicklungen, die in Jahrhunderten entstanden waren, nun global und gleichzeitig aufgenommen wurden. Wenn im russischen 18. Jahrhundert Formationen wie Barock, Klassizismus, Rokoko und Sentimentalismus eigenartige Verbindungen miteinander eingingen, so hatte dies seinen Grund im globalen Nachholprozeß, der erst in der Puškin-Zeit abgeschlossen war. Von nun an lagen russische und europäische Entwicklungen gleichauf; und bald sollte die russische Literatur im Realismus einen Vorsprung gewinnen.

Aus der gewaltigen Rezeptionsanstrengung hat sich in Rußland eine bedeutende Übersetzungskultur herausgebildet. Die Klassiker der Weltliteratur, angefangen von Homer über Dante, Tasso, Shakespeare, Voltaire, Rousseau, Goethe, Schiller, Byron, Heine bis zu Nietzsche und Brecht, wurden nicht nur «russifiziert», sondern tauchen immer wieder als Schwerpunkte der Fremdorientierung auf. Schon den Grundstock des altkirchenslavischen Schrifttums haben Übersetzungen aus dem Griechischen gebildet. Ähnlich wie diese wurde auch die neuere Übersetzungsliteratur fast nahtlos in das eigene Korpus der literarischen Texte eingeordnet. Wenn vom «russischen Heine» (*russkij Gejne*) die Rede ist, so meint man damit die immense Zahl seiner ins Russische übersetzten Werke und die Intensität seiner Rezeption. Die bemerkenswerte Bereitwilligkeit der Russen, sich fremde Literatur anzueignen, wurde zweifellos durch den Umstand begünstigt, daß fast alle großen russischen Autoren zugleich auch Übersetzer waren: Trediakovskij, Lomonosov, Sumarokov, Karamzin, Žukovskij, Batjuškov, Puškin, Gogol', Lermontov, Dostoevskij, Lev Tolstoj, Aleksandr Ostrovskij, Pasternak, Achmatova, Brodskij... Nur wenige Autoren haben sich des Übersetzens enthalten: Čechov, Gor'kij, Majakovskij, Solženicyn. Die Übersetzungsliteratur ist, vielleicht stärker als in anderen Ländern, integraler Bestandteil der russischen Literatur.

Plejaden – Dioskuren – Solitäre

Abschließend sei auf einige für die russische Literatur charakteristische Kongregationsformen der Autoren hingewiesen. Nach der Petrinischen Epoche dauerte es geraume Zeit, bis ein literarisches Leben, vergleichbar den westeuropäischen Verhältnissen, zustandekam. Noch um 1750 wurde es in Petersburg von kaum einer Handvoll Dichter (Trediakovskij, Lomonosov, Sumarokov) bestritten. In der Puškin-Zeit war erstmals zu sehen, daß neben und hinter Aleksandr Puškin eine ganze Plejade weiterer begabter Dichter hervortrat, die die russische Romantik zur ersten großen Epoche der russischen Literatur machten. Plejadenbildung, d.h. das gleichzeitige Auftreten bedeutender Autoren mit deutlichen Eigen- und Gruppenmerkmalen, zählte fortan zu den charakteristischen Erscheinungen der Literaturentwicklung in Rußland. Die großen Erzähler des Realismus von Ivan Gončarov bis Lev Tolstoj repräsentierten die realistische Plejade, wie es Dostoevskij genannt hat. Doch auch im Symbolismus, im «Znanie»-Kreis, in den literarischen Gruppen der 1920er Jahre oder bei den sibirischen Erzählern und den Erzählerinnen der Gegenwart wirkt das Plejadenprinzip fort. Es muß manchmal scheinen, als schöpfe die russische Literatur aus unbegrenzten Ressourcen, als sei dies der Bereich, in dem die russische Nation ihre ureigenste kreative Kraft unter Beweis stellt.

Daneben hat es bedeutsame Dioskurenpaare gegeben: Dichter, die ungeachtet markanter Unterschiede im Künstlerischen offenkundig aufeinander bezogen sind: Gercen und Ogarëv, Blok und Belyj, aber auch Tolstoj und Dostoevskij, vielleicht sogar Nabokov und Solženicyn sowie neuerdings Bitov und Makanin. Daß natürlich gerade die großen Autoren je für sich selbst stehen, braucht nicht betont zu werden. In Rußland heißen die großen literarischen Solitäre Puškin und Čechov – beide gleichwohl aufs engste in ihre Zeit eingebunden und über ihr stehend.

Kapitel I

Die altrussische Literatur

Ostslaventum und Orthodoxie

Unter altrussischer Literatur wird das Schrifttum verstanden, das bei den Ostslaven seit der Annahme des Christentums (988) entstand und sich zuerst in der Kiever Rus', später im Moskauer Reich verbreitete. Die ostslavischen Stämme, sprachlich nahe verwandt, verschmolzen bis zum 10. Jahrhundert mehr und mehr zu einem einheitlichen Volksgebilde, dessen politisches Zentrum Kiev wurde. (Die Differenzierung der ostslavischen Völker und Sprachen setzte erst im Mittelalter, etwa seit dem 13. Jahrhundert ein, als die Weißrussen und ein großer Teil der Ukrainer unter die Herrschaft des Großfürstentums Litauen gerieten.) Über die Mongolenherrschaft hinweg und im Moskauer Reich bestand die altrussische Literatur auf wenig veränderten sprachlichen und kulturologischen Fundamenten fort bis zum Reformzeitalter Peters des Großen.

Glaubt man der russischen Chronik, so war das Kiever Reich wohl eine Gründung der Waräger, d. h. skandinavischer Kriegs- und Handelsfahrer, die von den Ostslaven ins Land gerufen wurden, um die Stammesfehden zu beenden und Gerechtigkeit herzustellen. Nach dem finnischen Namen der Schweden (Ruotsi) wurde ihr Land Rus' oder «Russkaja zemlja» (Russisches Land) genannt. Unter dem Jahre 862 berichtet die *Nestor-Chronik* von der Ankunft Rjuriks und seiner Brüder. Die Begründung, die ihnen die slavischen Abgesandten vorgetragen hatten, klingt wie ein folgenschwerer Sinnspruch, der über der russischen Geschichte waltet: «Unser Land ist groß und reich, aber es herrscht darin keine Ordnung.»

Die Taufe des Kiever Großfürsten Vladimirs des Heiligen im Jahre 988 und die Einführung des Christentums als Staatsreligion der Rus' waren entscheidende Ereignisse für die politische und geistig-kulturelle Ausrichtung des frühen ostslavischen Feudalstaates. Da die Christianisierung von der Ostkirche ausging, gewann das byzantinische Kulturmodell im Klima der Kirchenspaltung (1054) fundamentale Bedeutung für die Russen. Vor allem wurde im Zuge der Missionierung des Kiever Reiches die Liturgie nicht in dem eigenen (ostslavischen) Idiom verbreitet, sondern in der von den Slavenaposteln Kyrill und Method entwickelten slavischen Kirchensprache, dem Altkirchenslavischen. So wurde eine südslavische Sprache, in kyrillischer oder in der älteren glagolitischen Schrift geschrieben, im ostslavischen Bereich zur Kult- und Zivilisationssprache. Das Staatskirchentum, genauer: die ideale Vorstellung einer «Symphonie» von Kirche und Staat, auf die sich das byzantinische Christentum gründete, mochte für die jungen slavischen Feudalstaaten zwar erstrebenswert sein, doch barg es in sich unweigerlich die Tendenz zu einer Übergewichtung der staatlichen Belange über die der Kirche. Immer wieder zeigte sich in der russischen Geschichte, daß die Kirche leicht zum bloßen Erfüllungsgehilfen der imperialen Ziele des Staates und des russischen Nationalismus werden konnte. Die theologische Starrheit der Orthodoxie begünstigte wiederum geistige Selbstisolierung und abschottende Exklusivität. Andererseits waren in der orthodoxen Welt die altkirchliche Katholizität und Liturgie bewahrt worden, die einen unerschöpflichen Quell tiefer, selbstloser Frömmigkeit bildeten.

Goldene Horde – Drittes Rom

Folgenreich war für die russische Ethnogenese die fast 300 Jahre währende Tatarenherrschaft. Die Niederlage der Russen an der Kalka 1223 war nur das Vorspiel für die Unterwerfung der russischen Teilfürstentümer durch Chan Bātū (Batyj) seit 1236. Die russischen Fürsten stellten sich als Vasallen unter die Herrschaft der Goldenen Horde (*Zolotaja orda*), der sie zu Tribut und militärischer Gefolgschaft verpflichtet waren. Die russische Geschichte wies damit eine «asiatische» Komponente auf, die zweifellos im Militärwesen, in Ökonomie, Mentalität und staatsrechtlichem Denken Spuren hinterließ. Am nachhaltigsten mag sich dem russischen kollektiven Bewußtsein die Erfahrung mitgeteilt haben, daß man lange Zeit von einer asiatischen despotischen Großmacht abhängig und zum Zusammenwirken mit ihr gezwungen gewesen war. Die eurasische Sicht der geopolitischen Räume und der geschichtlichen Entwicklung, die sich im russischen politischen Denken und in der Literatur von Zeit zu Zeit abzeichnete, fand hier eine gewichtige Bestätigung.

Unmerklich verlagerte sich das Zentrum der Rus' in der tatarischen Zeit von Kiev nach Nordosten. Der Aufstieg des Moskauer Fürsten Dmitrij Ivanovič vollzog sich in Kämpfen mit den russischen Teilfürsten und im Streben nach dem Großfürstentitel, der nur von der «Goldenen Horde» verliehen werden konnte. Sein Sieg über Chan Mamaj 1380 auf dem Schnepfenfeld (*Kulikovo pole*) war der erste Schritt auf dem Wege zur Befreiung von der Tatarenherrschaft. Und mehr: Die *Zadonščina*, die Geschichte über die Schlacht jenseits des Don (nach 1380), eine episch-lyrische Dichtung, die bald nach dem Ereignis den Sieg der Russen feierte, ließ keinen Zweifel an der Ursache des militärischen Erfolges: Sie lag in der Einheit und Geschlossenheit der russischen Fürsten, die sich dem Moskauer freiwillig und zum Ruhme des Russischen Landes unterstellt hatten. Dmitrij Donskoj, wie der Sieger über die Tataren bald genannt wurde, begründete damit die Vorherrschaft Moskaus. Die «Sammlung des russischen Landes» (*Sobranie russkoj zemli*) zog sich etwa von 1300 bis 1500 hin, sie war die Voraussetzung für die Schaffung des zentralistisch-autokratischen Staates, wie er unter den Moskauer Großfürsten vollendet wurde. Ivan III., der Große, verheiratet mit der Nichte des letzten byzantinischen Kaisers, nannte sich bereits Zar. Nach dem Fall Konstantinopels 1453 kam die Idee der *Translatio imperii* auf, der Herrschaftsübertragung von Byzanz nach Moskau. Wenn Moskau den Rang des Dritten Roms für sich in Anspruch nahm, so entsprach das sowohl weltlichen wie klerikalen Zielen, die sich aus dem Untergang des Byzantinischen Reiches in russischer Sicht ergeben hatten.

Gattungen der altrussischen Literatur

Die altrussische Literatur wurde in ihren Anfängen fast ausschließlich vom byzantinischen und altkirchenslavischen Schrifttum getragen. Den Grundstock bildeten die aus dem Griechischen übersetzten liturgischen Werke, die den ostslavischen Belangen anverwandelt wurden (H. Rothe). Liturgische Texte im engeren Sinne und geistliche Leseliteratur, vor allem Predigten und Heiligenviten, ferner dogmatische Schriften griechischer Autoren stellten die frühesten Textschichten der altrussischen Literatur dar. Die überwiegend geistliche Ausrichtung der Texte bis ins 13./14. Jahrhundert hinein implizierte zugleich, daß ein anderer Textbegriff als in der antiken oder europäischen Literatur anzusetzen war. Die Texte wurden nach festen Regeln im Dienste ihrer religiös-sakralen Funktion gestaltet; die einzelnen Gattungen kamen, da sie fest an die religiösen Riten gebunden waren, gesellschaftlichen Institutionen gleich. Von daher war zu erwarten, daß den historischen Verlauf dieser Literatur eher Beharren und Festhalten an der Tradition, Statik und Gewohnheit bestimmten als Innovation, Dynamik und Moden (D. Lichačëv).

Die Skriptorien der Kiever Metropolie, die zugleich als großfürstliche Staatskanzlei fungierte, und der Klöster waren die ersten literarischen Zentren in Rußland. Da nach der Christianisierung zahlreiche Klöster gegründet und in der Fürstenstadt Kiev, in Novgorod und anderen Städten monumentale Kirchenanlagen erbaut wurden, entstand allmählich ein Netzwerk schriftkundiger Kleriker, die an diesen Orten wirkten. Die besondere Art der Herstellung und Aufbewahrung der Schriftdenkmäler in prächtigen Kodizes schuf eine Textüberlieferung der «zusammengebundenen» Handschriften, die von einigen Forschern (A. Dëmin) noch über das Gattungsmodell gestellt wurde.

Die theologische Literatur der Ostkirche wurde in großer Breite in die Rus' transferiert. Selbstverständlich waren darunter die Schriften der Kirchenväter, der erhabensten Autoritäten der Orthodoxie, von denen Basilius der Große (Vasilij Velikij), Gregor von Nazianz (Grigorij Bogoslov) und Johannes Chrysostomos (Ioann Zlatoust) in Rußland besondere Verehrung genossen. Der letztere, ein Platoniker und Volkstribun des 4. Jahrhunderts, übte mit seiner Predigtsammlung *Der Goldstrom* (*Zlatostruj*) starken Einfluß auf die altrussische Homiletik aus. Von dem byzantinischen Mystiker Theodor von Studites (Fëdor Studit) stammten die im Kiever Höhlenkloster gültigen Mönchsregeln; Johannes Moschos (Ioann Mosch) gab mit seinem früh übersetzten erbaulichen *Leimon* (*Lug duchovnyj*) das Vorbild für die beliebten «Väterbücher» (*pateriki*) ab. Auch die Heiligenleben, sei es in der kurzen Form der Prologe oder als Monatslesungen (Menäen), wurden bereits im 9./10. Jahrhundert übersetzt. Selbst Apokryphen, d. h. nicht kanonisierte Zusätze zu den Heiligenleben, und ketzerische Lehren aus dem in Bulgarien und Bosnien verbreiteten Bogumilentum drangen nach Rußland. Die Erzählung vom Haupt Adams, vom Disput Jesu mit dem Teufel oder von der Wanderung der Gottesmutter durch die Hölle waren im Volk beliebt und fanden später im Altgläubigenmilieu Verbreitung.

Das 1056/57 von dem Diakon Grigorij kunstvoll für den Statthalter von Novgorod, Ostromir, ausgeführte Evangelium (*Ostromirovo Evangelie*) war eines der frühesten datierbaren altrussischen Schriftdenkmäler, gefolgt von den beiden *Sammelbänden* (*Izborniki*) aus den Jahren 1073 und 1076, Florilegien, die aus übersetzten patristischen, naturkundlichen und belehrenden Schriften für den Fürsten Svjatoslav zusammengestellt waren. Bemerkenswert, daß in den ersten *Izbornik* ein poetologischer Text des Georgios Choiroboskos (Georgij Chirobosk) aufgenommen wurde, *Über die bildlichen Ausdrücke* (*O obrazech*), der Tropen wie Allegorie, Metapher und Personifizierung erläuterte. Stellte der erste Sammelband gleichsam ein Kompendium verschiedener Wissensmaterien dar, so versammelte der zweite moralisch-erbauliche Texte. Ihre inhaltliche Vielfalt ließ die Entstehung eines byzantinisch bestimmten Bildungskanons erkennen, der bereits in der Fürstenfamilie verankert war. So fehlte auch nicht ein Lobgedicht auf den Fürsten Svjatoslav. In der Kiever Zeit wurden aus der byzantinischen Literatur weiter die Annalisten, der *Physiologos*, Wahrsage- und Rechtsbücher (etwa der *Nomokanon*), aber auch bereits unterhaltsame Erzählungen wie die Troja-Sage oder der Alexander-Roman übersetzt.

Predigt und Heiligenvita

Neben die Übersetzungsliteratur trat früh eine eigenständige Literatur, die auf die geistlichen und politischen Belange der Rus' abgestellt war. Zwar blieben die byzantinischen Gattungsmuster voll in Kraft, doch kamen in Predigt, Heiligen- und Herrschervita bereits die eigenen Angelegenheiten des Kiever Fürstentums und der Metropolie zur Sprache. Namentlich im Umkreis des Kiever Höhlenklosters entstand eine originale Predigt- und Erbauungsliteratur. Die Predigt des Kiever Metropoliten Ilarion über Gesetz und Gnade (*Slovo o zakone i blagodati*, zwischen 1037 und 1050) blieb in vielen Abschriften erhalten. Sie ließ, zusammen mit einem Glaubensbekenntnis (*Ispovedanie very*) und einem Lob des Fürsten Vladimir (*Pochvala Vladimiru*), bereits eine hochentwickelte homiletische Kunst erkennen. Das Gesetz, d. h. das Alte Testament, wurde als Schatten und Diener der Gnade, die Gnade, d. h. das Neue Testament, als Diener des ewigen Lebens und der göttlichen Wahrheit ausgelegt (N. Gudzij).

Die Lebensbeschreibungen (*žitija*) der orthodoxen Heiligen waren, wie erwähnt, früh in der altrussischen Literatur vertreten. Bald traten zu den Heiligen des byzantinischen Kanons russische Märtyrer. Den Brüdern Boris und Gleb, die als erste Heilige der Rus' im 11. Jahrhundert kanonisiert wurden, waren zwei bedeutende Märtyerviten gewidmet, die anonyme *Sage von Boris und Gleb* (*Skazanie o Borise i Glebe*) und die *Lesung über das Leben und Verderben der beiden seligen Leidtragenden Boris und Gleb* (*Čtenie o žitii i o pogublenii blažennuju strastoter'picu Borisa i Gleba*). Die beiden Söhne Vladimirs des Heiligen waren im Kampf um die großfürstliche Nachfolge von ihrem Halbbruder Svjatopolk ermordet worden. Die *Lesung* war von dem Kiever Mönch Nestor verfaßt, ebenso wie die Mönchsvita des heiligen Feodosij (*Žitie svjatogo Feodosija*, nach 1074), in der die Lebensweise der russischen Mönche in einer Reihe von Episoden genau dargestellt wurde.

Die altrussischen Chroniken

Nestors Bedeutung lag aber vor allem darin, daß er die erste große Kompilation der altrussischen Chronik vornahm. Die nach ihm benannte *Nestor-Chronik* (*Povest' vremennych let* [*Chronik der vergangenen Jahre*]) vom Anfang des 12. Jahrhunderts bildete die Kiever Fundamentalchronik (*Načal'naja letopis'*), die aufgrund von mündlichen Überlieferungen, Klosterannalen und byzantinischen Quellen zusammengestellt wurde. Ihre Fortschreibung erfolgte in mehreren regionalen Redaktionen, von denen die *Laurentius-Chronik* (*Lavrent'evskaja letopis'*, 1377 in Suzdal' entstanden) und die *Hypatius-Chronik* (*Ipat'evskaja letopis'*, um 1500 in Kostroma entstanden) die bekanntesten sind. Die nach der *Laurentius-Chronik* gefertigte, mit farbigen Illustrationen ausgestattete *Radziwill-Chronik* (*Radzivillovskaja letopis'*) entstand um 1490. Daneben gab es verschiedene lokale Chroniken wie die *Novgoroder Chronik* (*Novgorodskaja letopis'*, um 1330).

Sprachlich bildete das Kirchenslavische die Grundlage der *Nestor-Chronik*, wenn auch bei den Eigennamen bereits öfter die ostslavische Form erschien. Im 13. Jahrhundert begann sich das Südrussische vom Nordrussischen allmählich zu differenzieren; auch im Stil der Chroniken zeichneten sich nun Unterschiede ab: Die Chroniken im galizisch-wolhynischen Süden entwickelten einen anschaulichen, breiten Stil, während die des Nordens am überkommenen trockenen und festen Duktus festhielten.

Nach dem Muster der byzantinischen Weltchroniken setzten auch die russischen Chroniken mit der Erschaffung der Welt ein und folgten der byzantinischen Weltära – sie begann mit dem Jahr 5509 vor Christi Geburt –, die in Rußland bis zum 1. Januar 1700 in Kraft blieb. Die altrussischen Chroniken waren, obwohl sie regelmäßig die Jahreszahlen verzeichneten und die Jahresereignisse aufführten, weit mehr als eine chronologische Auflistung der wichtigsten Tatsachen. Sie stellten vielmehr ein gewaltiges Sammelsurium von Textelementen dar, die den verschiedenartigsten Gattungen zuzurechnen waren. Man könnte *cum grano salis* von einer Textchrestomathie oder sogar einer riesigen Textcollage sprechen, deren Zusammenfügung allerdings ausschließlich ausschmückende oder erklärende Funktion besaß. In der Tat war sie das Grundbuch der altrussischen Kultur, das nicht nur die Ereignisse und Taten festhielt, sondern ihnen Sinn verlieh und aus ihnen Belehrung zog.

Die heterogenen Textteile, die in den chronikalen Fluß «einmontiert» wurden, waren zunächst einmal Kommentare, mit denen die bibelkundigen Schreiber das Geschehen im christlichen Sinne zu deuten versuchten. Oft wurden sog. Exempla, also passende Vergleichsbeispiele in Form kurzer Erzählungen, herangezogen, um einen Vorgang zu erläutern. Ausführlich wurden Vertragstexte aus zwischenstaatlichen Abkommen zitiert, desgleichen mündliche Äußerungen von Gesandten und Heerführern. Ganze Dialoge wurden wiedergegeben, Zitate aus den Heiligenleben oder aus Predigten angeführt. Zugleich war die Chronik eine Fundgrube für erbauliche Historien und Erzählungen. Was aber fast völlig fehlte, waren folkloristische Textteile, was D. Lichačév mit der stilistischen – kirchenslavischen – Exklusivität der Chroniken zu erklären versuchte. Wurden aber vom Annalisten volksepische Quellen herangezogen oder etwa die Totenklagen (*plač*) beschworen, so geschah es in «gesiebter» Form. Am ehesten noch fanden die in der folkloristischen Heldenepik gebräulichen Bilder und Vergleiche Eingang in den Chroniktext: die Feinde als «wilde Tiere», die Belagerer als «Wald», die Salven der Pfeile als «Regen», die Schlacht als «Gastmahl».

Einer der eingeschobenen Texte zeichnete sich bereits durch die individuelle Darstellung einer bedeutenden Herrscherpersönlichkeit aus, die *Belehrung Monomachs* (*Poučenie Monomacha*). Sie war unter dem Jahr 1096 in der *Laurentius-Chronik* eingefügt und bestand aus drei Teilen. Großfürst Vladimir Monomach hatte Anfang des 12. Jahrhunderts Krieg gegen die Kumanen geführt, um die Einheit der russischen Teilfürsten gekämpft und einen sozialen Interessenausgleich zwischen Bojaren und Bauern angestrebt. Er galt als gerechter Herrscher, seine Herrschaft als Höhepunkt der Kiever Rus'. Die *Belehrung Monomachs* war – zusammen mit einem Brief an Oleg und Gebeten – eine Art Fürstenspiegel, in dem der Herrscher «lebendig-kühn und menschlich-tief» hervortrat (R. Trautmann).

Das Igor'-Lied

Wie in der Chronik so wurden die bewegenden politisch-militärischen Geschehnisse auch in Texten von epischem Zuschnitt festgehalten. Das im *Igor'-Lied*, genauer: *Lied von der Heerfahrt Igor's* (*Slovo o polku Igoreve*) behandelte Ereignis, der erfolglose Heerzug, den Igor' Svjatoslavič und drei weitere Teilfürsten auf eigene Faust gegen die Kumanen unternahmen, war in den Chroniken unter dem Jahr 1185 bezeugt. Zieht man die Entstehung des *Igor'-Liedes* bald nach dem besungenen historischen Ereignis nicht in Zweifel, so setzt diese Annahme eine Schicht episch-lyrischer Dichtungen voraus, wie sie an den altrussischen Fürstenhöfen bestanden haben mag. Da das *Igor'-Lied* vor dem drohenden Zerfall der politischen Einheit der Rus' und den gefährlichen Folgen, die sich daraus ergaben, warnte, könnte auch ein späterer Zeitpunkt für seine Entstehung in Frage kommen, etwa die Zeit um das 15./16. Jahrhundert, als der Metroplit Makarij die Einheit der Teilfürsten unter Moskauer Führung und das russische Zartum ideologisch zu bekräftigen suchte. Schließlich wurde das *Igor'-Lied* immer wieder auch als Fälschung vom Ende des 18. Jahrhundert verdächtigt – die *Editio princeps* erschien 1800, entstanden im Klima des Ossianismus und konzipiert als russisches Pendant zum *Nibelungen-Lied*, das 1782 zum ersten Mal ediert worden war. Fragen nach Entstehungsart und -zeit konnten, wie auch die paläographischen Eigenschaften der Handschrift des *Igor'-Liedes*, nie überprüft werden, da diese 1812 in Moskau ein Raub der Flammen wurde. Zu welchem Zeitpunkt, von welchem Verfasser auch immer geschaffen, stellte das *Igor'-Lied* gleichwohl eine Dichtung von herausragender poetischer

Qualität dar, die seit ihrem Erscheinen eine nicht abreißende Wirkung im russischen Geistesleben gewann.

Obwohl das *Igor'-Lied* um einen epischen Kern, die erfolglose Heerfahrt, gegliedert war, traten neben die epischen Episoden poetologische, lyrische und sogar «publizistische» Passagen – eine Struktur, die an die Chroniken erinnerte. Schon die Einleitung verwies auf einen älteren Sänger, den Weisen Bojan (*Veščij Bojan*) – und damit auf eine ältere Schicht epischer oder höfischer Dichtung –, von dessen metapherreichem Stil sich der Dichter des *Igor'-Liedes* befreit hatte. Er hub an, nach dem tatsächlichem Geschehen seiner Zeit und nicht mehr «nach den Phantastereien» (*po zamyšlenijam*) des Bojan zu singen. Im Zentrum der Dichtung, flankiert von anfänglichem Erfolg und endlicher Niederlage, stand der Aufruf an die Fürsten zur Einheit; breit war die erschütternde Klage der Fürstin Jaroslavna ausgeführt; den Schluß bildete, nach Igor's glückliche Flucht, die Slava, die Lobpreisung des Fürsten und seiner Gefolgschaft.

Auch wenn der Kampf der Fürsten gegen die Kumanen im Zeichen des Kreuzes stand, so waren doch mehrfach auch heidnische Gottheiten wie der Sonnengott Dažd'bog, der Gott der Winde Stribog, der Viehgott Veles oder der Unheilvogel Div erwähnt, die auf ein Weiterwirken des heidnischen Götzenglaubens in der Gefolgschaft hindeuteten. Auch daß die epische Handlung nach dem Gesetz von vorausdeutendem Zeichen und dessen Erfüllung ablief, folgte einem naturmagischen Muster. Beträchtliche Rätsel gab ferner die sprachlich-rhythmische Gestalt der Dichtung auf. Es ließ sich kein durchgehendes metrisches Prinzip ermitteln, wie es aller alten Epik eignete. Weder entsprach die rhythmische Gliederung dem Bylinenvers noch ließ sich eine musikalisch-poetische Organisationsweise genauer bestimmen. D. Lichačëv beschrieb den Sachverhalt wohl am zutreffendsten, wenn er eine polyrhythmische Struktur annahm, bei der er einzelnen Textpassagen je einen spezifischen Rhythmus zuschrieb, von scharfer Akzentuierung einzelner Stellen über den großen Atem der Totenklage bis hin zu schwach rhythmisierter Prosa. Die auffälligen Stabreime wiesen auf die nordische Heldendichtung.

Ganz offensichtlich bestand ein Zusammenhang mit der *Zadonščina*, der Geschichte über die Schlacht jenseits des Don (nach 1380). Dies legten nicht nur stilistische Anklänge an das *Igor'-Lied* nahe (die freilich auch im umgekehrten Sinne interpretiert werden könnten), sondern vor allem die ideologische Aussage: Hatte der Eigensinn der Fürsten im *Igor'-Lied* die Niederlage heraufbeschworen, so lag in ihrer Geschlossenheit unter Moskauer Führung der Schlüssel zum Erfolg. Als Verfasser der *Zadonščina* nannte sich ein Starec Sofonij aus Rjazan'. Bei ihm waren die heidnischen Bezüge getilgt, die religiöse Fundierung gestärkt. Unter «Russkaja zemlja» wurde nun das Moskauer Fürstentum verstanden.

Die Entfaltung der Erzählliteratur

Kriegserzählungen (*voinskie povesti*) bereicherten das Gattungsspektrum der altrussischen Literatur. Sie berichteten von den Niederlagen gegen die Tataren in der *Klage über den Untergang des Russischen Landes* (*Slovo o pogibeli Russkija zemli*, um 1240) oder von Aleksandr Nevskijs Siegen über den Schwedenkönig und die deutschen Ordensritter auf dem Peipussee in der *Vita Aleksandr Nevskijs* (*Žitie Aleksandra Nevskogo*, nach 1263), von den Zerstörungen der russischen Städte durch Chan Bātū in *Die Zerstörung Rjazan's durch Bātū* (*Povest' o razorenii Rjazani Batym*, 1236) bis hin zur siegreichen Kunde in der *Zadonščina*, der *Erzählung von der Mamaj-Schlacht* (*Povest' o Mamaevom poboišče*, 15. Jh.) oder der Fürstenvita *Bericht vom Leben und Sterben des Großfürsten Dmitrij Ivanovič* (*Slovo o žitii i o prestavlenii velikogo knjazja Dmitrija Ivanoviča*, 15. Jh.), die von der erfolgreichen Behauptung Moskaus gegenüber den Tataren kündete.

In der *Klage über den Untergang des Russischen Landes* wurde die Schönheit des «hell-hellen und schmuck-geschmückten» Russischen Landes vor dem Mongoleneinfall beschworen. Zum Zwecke der Beschreibung waren bereits Kunstmittel wie die emotive Färbung durch Polyptoton (Wiederholung des gleichen Wortstammes) oder syntaktische Parallelismen eingesetzt, die dem vergleichsweise kurzen Text fast schon Verscharakter verliehen. In der *Vita Aleksandr Nevskijs* erstand der Fürst als idealer Herrscher und Vorbild der Moskauer Fürstendynastie. Er überragte alle anderen, seine Stimme war «wie eine Trompete im Volk», er besaß das Antlitz des biblischen Joseph, die körperliche Stärke Samsons, die Weisheit Salomos und die Tapferkeit des Kaisers Vespasian. Seine Erfolge im Kampf gegen den Deutschen Orden, gegen Litauer und Polen wurden ebenso geschildert wie das vergebliche Werben des Papstes um ihn und die Furcht, die die Tataren vor ihm empfanden. Aleksandr Nevskijs Vorbild stärkte den Mut der Russen in einer Zeit grausamer Fremdherrschaft.

Auch die altrussische Wallfahrtliteratur lieferte einen bemerkenswerten Beitrag zu den Erzählgattungen. Sie war über den langen Zeitraum von 1104 bis 1722 mit immerhin 29 Texten vertreten (K.D. Seemann). Und wenn sie auch an die geistlich-mönchische Sphäre gebunden war, so blieb sie doch, da dem strengen liturgischen Kanon nicht unterworfen, für Weiterentwicklungen offen. Als erstes Werk der Wallfahrtliteratur war die *Reise des Igumen Daniil* (*Choždenie igumena Daniila*) anzusehen, der 1106-08 mit einer Reisegruppe ins Heilige Land gefahren war. Wohl in Ansehung byzantinischer Pilgerführer repetierte er vor allem die Topographie der Heiligtümer in Jerusalem und anderen Städten des Heiligen Landes, wobei individuelle Erlebnisse oder subjektive Sichtweisen fast völlig fehlten. Jedoch gab er Hinweise auf die Landwirtschaft und beschwor auch aus der Ferne die «Einheit des Russischen Landes», indem er die russischen Teilfürsten in einer Namensliste verzeichnete, derer er auf seiner Reise gedacht hatte. Das gattungskonstituierende Prinzip der Beschreibung heiliger Räume und Gegenstände, durch Daniils Reisebericht bereits hundertfach verbreitet, fand vielfältige Nachfolge, vor allem nach der Kiever Periode. Der Reiz der Gattung beruhte offensichtlich darauf, daß mit den heiligen Zwecken exotische Reiseeindrücke verknüpft werden konnten.

Mit dem Aufschwung des Moskoviterreiches im 15./16. Jahrhundert gewann auch die altrussische Erzählliteratur einen besonderen Rang. Offen oder latent war in den neuen Povesti ein politisches Moment zu erkennen. So in der *Erzählung von der Eroberung Konstantinopels* (*Povest' o vzjatii Car'grada*) des Nestor-Iskander, eines islamisierten Russen, der die Einnahme der Stadt 1453 auf osmanischer Seite miterlebt hatte. Sein mit allerlei Voraussagen gespickter Bericht über den Untergang des Zweiten Rom stützte Moskaus Anspruch auf die Nachfolge, wie sie Anfang des 16. Jahrhunderts in einem Sendschreiben des Mönchs Filofej an Vasilij III. ausgedrückt wurde: «Moskau, das dritte Rom, steht unerschütterlich, und ein viertes Rom wird es nicht geben.» Seither blieb die Rückeroberung Konstantinopels eines der Hauptziele der russischen Politik. Auch die *Erzählungen vom Babylonischen Reich* (*Po-*

vesti o vavilonskom carstve, zweite Hälfte des 15. Jh.) und die *Legende von den Fürsten von Vladimir* (*Skazanie o knjazjach Vladimirskich*, 15./16. Jh.) dienten zur Stützung genealogischer Prätentionen, die im einen Falle bis auf Nebukadnezar (Navuchodonosor), im anderen bis Noah und Kaiser Augustus zurückgeführt wurden.

Einer der interessantesten Erzähltexte war die *Fahrt über drei Meere* (*Choždenie za tri morja*) des Afanasij Nikitin. Dieser Kaufmann aus Tver' war in den Jahren 1466-72 nach Indien gereist und hatte den Verlauf der Reise, vor allem aber den Aufenthalt in Indien ausführlich geschildert. Indien erschien als ein Land von ungeheurem Reichtum an Gold, Edelsteinen und kostbaren Geweben, mit prächtigen Tempelbauten und Wundern aller Art. Da Nikitin kurz vor Beendigung der Reise in Smolensk verstarb, wurde sein Reisebericht von fremder Hand redigiert und abgeschlossen. Der Text bezeichnete mit seiner autobiographischen Lebendigkeit, seinen ausführlichen landeskundlichen Informationen, u. a. über die indische Götterwelt und religösen Kulte, ein neues Stadium der altrussischen Reiseliteratur. Weil darin noch vieles von dem wahrgenommen wurde, was in der Blüte der indischen Kultur vom 4. bis 6. Jahrhundert entstanden war, zeichnete er das glückliche Bild einer *Aetas aurea*, ohne dabei die Augen vor der verbreiteten Armut oder der religiösen Aufspaltung zu verschließen. In gewissem Sinne setzte sein Bericht die Indienliteratur fort, die sich bei den Russen seit langem großer Beliebtheit erfreute. Der Heereszug Alexanders des Großen nach Indien war Höhepunkt des Alexanderromans (*Aleksandrija*, 11./12. Jh.), die *Legende vom Indischen Reich* (*Skazanie ob Indijskom carstve*, 13. Jh.), die die Reichtümer Indiens beschwor, wie auch die *Erzählung von Varlaam und Joasaph* (*Povest' o Varlaame i Ioasafe*, 13./14. Jh.) über die Bekehrung des indischen Königssohns zum Christentum – alles übersetzte Werke – weckten die Vorstellung von einem Wunderland Indien, das in der altrussischen Periode wohl den Status einer Utopie besaß.

Das literarische Leben unter Ivan dem Schrecklichen

Unter der Herrschaft Ivans des Schrecklichen nahm das literarische Leben einen Aufschwung, der sich in vielem dem Metropoliten von Moskau und der gesamten Rus', Makarij, verdankte. Der vormalige Erzbischof von Novgorod hatte 1542, fünf Jahre vor der Inthronisation Ivans, sein Amt erhalten. Nicht nur hatte er den Herrscher veranlaßt, unverzüglich den Zarentitel anzunehmen, er tat auch alles, um mittels Texten den Rang und die Bedeutung des moskovitischen Zartums unter Beweis zu stellen. Erst durch Makarijs Tatkraft wurde das, was an Schriftdenkmälern zu verschiedenen Zeiten an verschiedenen Orten entstanden war, gesammelt und in kanonischen Textreihen zusammengestellt. So redigierte er 1551 die Beschlüsse und Urteile der Hundertkapitelsynode im sog. *Stoglav* (*Hundert-Kapitel-Buch*), die zum Teil auf Anfragen des Zaren gefaßt worden waren. Den offiziösen Regelungen der Glaubens- und Lebensfragen war die Eröffnungsrede Ivans IV. vorangestellt, die als eine Art Regierungsprogramm des jungen Zaren zu verstehen war. Bereits zuvor war ein alle Bereiche des häuslichen Lebens regelndes «Hausbuch», der *Domostroj*, nach byzantinischen Quellen für die russischen Verhältnisse adaptiert worden. Auch hier wieder war wohl Makarij, neben dem Moskauer Protopopen Sil'vestr, die bewegende Kraft gewesen. Er ließ alte Grundsätze über die Stellung von Hausherrn, Hausfrau, Kindern und Gesinde in Übereinstimmung mit der Bibel und byzantinischen Weisheitsbüchern kompilieren. Den gereinigten Katalog der russischen Heiligen ließ er in den *Großen Lesemenäen* (*Velikie Minei-Čet'i*, 1552) in zwölf Bänden zusammenstellen. Unter seiner Leitung wurden die Chroniken neu gesichtet, woraus das *Stufenbuch* (*Stepennaja kniga*, 1563) entstand, die Genealogie der russischen Großfürsten, die in gehobenem panegyrischen Stil wieder auf Kaiser Augustus zurückgeführt wurde. Makarij war ferner wesentlich an der Einführung des Buchdrucks in Rußland beteiligt. War man zuvor gehalten, in Polen oder Böhmen für die russischen Belange drucken zu lassen, so kamen in Moskau bereits seit 1552/53 anonyme Drucke auf. Durch den von Ivan Fëdorov, dem russischen «Erstdrucker» (*Pervopečatnik*), eingerichteten Moskauer Druckhof (*Pečatnyj dvor*) ergaben sich neue Möglichkeiten. Die ersten Bücher mit Moskauer Druckvermerk waren eine *Apostelgeschiche* (*Apostol*, 1564) und ein in zwei Varianten gedrucktes *Stundenbuch* (*Časovnik*, 1565). Fëdorov wirkte später in Lemberg (L'vov) und in Ostrog, wo er die erste russische Fibel (*Bukvar'*, um 1574) bzw. die erste russische Bibel (*Ostrožskaja biblija*, 1581) druckte.

Die unerhörte Blüte des altrussischen Schrifttums in den ersten Jahren der Herrschaft Ivans des Schrecklichen hatte ihren Grund nicht nur in den Taten des Metropoliten Makarij, der die kirchliche und politische Autonomie Moskoviens betrieb und mit allen Mitteln die kulturelle Reife des Landes hervorhob, und nicht nur darin, daß eine Reihe agiler Publizisten wie Ivan Peresvetov oder Andrej Kurbskij sich in Disputen übten, sondern auch der Zar selbst betätigte sich als Mann der Feder. In verschiedenen Sendschreiben verteidigte er seine Politik der strengen Reformen, die die Rechte der Bojaren einschränkte, und focht, etwa in Schreiben an die englische Königin Elisabeth (1570) oder an den polnischen König Stephan Batory (1581), für einen gleichberechtigten Status seines Reiches im Ensemble der Nationen. Im Briefwechsel mit dem von ihm abgefallenen Fürsten Andrej Kurbskij trafen zwei diametral entgegengesetzte politische Standpunkte aufeinander: Kurbskijs Plädoyer für die Bojarenmonarchie und des Zaren hochmütiges Bestehen auf der autokratischen Despotie. Kurbskij hatte sich eine breite Bildung angeeignet, er hatte sich mit Aristoteles und Cicero auseinandergesetzt und Schriften der Kirchenväter aus dem Lateinischen übersetzt. Sein Lehrer war Maksim Grek, die bedeutendste literarische Gestalt jener Jahre. Dieser Abkömmling einer griechischen Adelsfamilie hatte in Venedig, Florenz und Paris studiert, war mit bedeutenden Geistern der Zeit, z. B. Girolamo Savonarola, verbunden und, ehe ihn Großfürst Vasilij III. 1518 nach Moskau berief, Mönch in einem Athoskloster gewesen. In Moskau griff Maksim Grek beherzt in die kirchenpolitischen Streitigkeiten ein, kritisierte die slavische Überlieferung der kanonischen Schriften, bekämpfte den Landreichtum der Klöster und propagierte eine asketische, gottgefällige Lebensführung. Kirchenpolitisch lehnte er die Autokephalie der russischen Kirche (d. h. die Einsetzung eines russischen Patriarchen) ebenso ab wie die These von Moskau als dem Dritten Rom. In seinem riesigen Werk – es wurden 365 Werktitel registriert – waren alle Disziplinen der geistlichen Gelehrsamkeit in den entsprechenden Gattungen vertreten. Hier schrieb erstmals ein Autor, dem die antiken und westlichen Quellenwerke der scholastischen Philosophie, der Grammatik, der Astrologie und, selbstverständlich, die klassischen Dichter vertraut waren. Homer, Hesiod, Plutarch waren ihm keine geringeren Autoritäten als die Kirchenväter. Gebrochen und stark dosiert fanden sich in seinen Schriften Spuren des Denkens des europäischen Humanismus und der Renaissance. Übrigens stellte Maksim Grek als erster Autor in Rußland seine *Gesammelten*

Werke (*Sobranie sočinenij Maksima Greka*, 1532ff.) zum Nutzen kommender Generationen zusammen.

Die Zeit der Wirren – Der polnische Einfluß

Der Moskauer Staat befand sich, während er sich nach innen und außen zu festigen suchte, in der Zange zwischen der «Goldenen Horde» im Osten und dem Großfürstentum Litauen im Westen. Schon Ivan III. hatte seit der Eroberung Novgorods mit wechselndem Glück Krieg gegen Litauen geführt. Hundert Jahre später mußte Ivan IV. von der mit Schweden verbündeten litauisch-polnischen Realunion unter Stephan Batory schwere Niederlagen und Gebietsverluste hinnehmen. In der «Zeit der Wirren» (*smutnoe vremja*), der chaotischen Übergangsphase nach dem Tode Ivans des Schrecklichen (1584) bis zum Dynastiewechsel durch die Wahl Michail Fëdorovič Romanovs zum Zaren 1613, regierte der aus einem tatarischen Fürstengeschlecht stammende Boris Godunov, bis ihn der Pseudodemetrius (*Lžedmitrij*), ein Mann der Polen, besiegte und für zwei Jahre, 1605/06, die Zarenwürde gewann. Einige Jahre unterhielten die Polen eine Garnison im Kreml – auch dies eine bleibende historische Erfahrung der Russen.

Bereits seit 1600 ließen sich die Zaren aus Gesandtenrelationen und gedruckten Zeitungsberichten Nachrichten aus dem westlichen Europa zusammenstellen, die *Laufenden Nachrichten* (*Vesti kuranty*, 1600-39). Dies geschah etwa gleichzeitig mit dem Aufkommen deutschsprachiger Wochenblätter. Der Zarenhof wurde so über dynastische Veränderungen und namentlich auch über das Kriegsgeschehen im Dreißigjährigen Krieg auf dem Laufenden gehalten. In die Regierungszeit Michail Fëdorovičs fiel die berühmte Gesandtschaft des Herzogs Friedrich III. von Holstein-Gottorp, die in den Jahren 1635-39 nach Novgorod, Moskau und weiter, am Kaspischen Meer entlang, nach Persien zog, um mitten im Großen Krieg Handelsbeziehungen auf der Landroute herzustellen. Adam Olearius, Polyhistor und Gesandtschaftsleiter, beschrieb die waghalsige Unternehmung in seinem sehr erfolgreichen Buch *Newe Orientalische Reise* (1647), einer äußerst wichtigen Quellen zu den russisch-moskovitischen Verhältnissen jener Zeit. Unter den Gesandtschaftsteilnehmern befand sich der deutsche Barockdichter Paul Fleming; er schrieb Gedichte auf Novgorod, das russische Arkadien, auf

Moskau und auf das Holsteinisch-Moskovitische Bündnis. In der Deutschen Vorstadt traf er auf eine «Schäfergesellschaft», deren dichterisches Wirken jedoch ohne Resonanz im russischen Umfeld blieb.

Unter dem Zaren Aleksej Michajlovič, der seit 1645 regierte, kam es wiederholt zu sozialen Unruhen. Nach dem Aufstand der Moskauer Stadtleute 1648 wurde die Reichsversammlung (*Zemskij Sobor*) einberufen, die ein Jahr darauf eine Sammlung der geltenden Gesetze, das *Sobornoe Uloženie*, herausgab. Auch die Kirchenspaltung, der Raskol, fiel, nach der zwangsmäßigen Durchsetzung der Kirchenreform des Patriarchen Nikon, in die Herrschaftsjahre des Zaren. Als dessen größter Erfolg wurden die Siege über Polen und die Angliederung der östlichen Ukraine an sein Reich angesehen.

Die langwierigen Auseinandersetzungen mit den westlichen Nachbarn, insbesondere mit der Großmacht Polen, hatten stets mehr bedeutet als nur einen Kampf um Territorien und den Zugang zur Ostsee. Vielmehr trug dieser Dauerkonflikt auch die Merkmale eines Kulturkampfes zwischen russischer Rechtgläubigkeit und polnischer Rekatholisierung in sich. Dabei ergab sich der merkwürdige kulturologische Widerspruch, daß Moskau eben durch den Kampf gegen seine westlichen Nachbarn allmählich wieder in die Netzwerke der europäischen Politik eingesponnen wurde (G. Stökl). Mehr noch: daß sich für Moskau ein Schub kultureller Europäisierung gerade aus dem konfessionellen und ideologischen Kampf mit Polen ergab. Nicht zuletzt das russische Schrifttum gewann hieraus wesentliche neue Anregungen. Vermittler der europäischen Neuerungen waren einerseits die in der Moskauer Deutschen Vorstadt (*Nemeckaja Sloboda*) lebenden Ausländer (die orthodoxe Kirche bestand auf der getrennten Ansiedlung der Fremdstämmigen), zum anderen Geistliche und Beamte aus Weißrußland und der Ukraine links des Dnjeprs, die nach dem Teilungsvertrag mit Polen von 1667 unter russische Herrschaft gelangt waren.

Der Raskol

Etwa zur gleichen Zeit, da sich diese Öffnung nach Westen abzeichnete, vollzog sich innerhalb der russischen orthodoxen Kirche eine Spaltung mit weitreichenden Folgen, der Raskol. Der Versuch des Patriarchen Nikon, die überkommenen Frömmigkeitsriten zu reformieren, indem er 1653 die Verbeugung bis zur Erde in der Kirche verbot und die Bekreuzigung mit drei statt mit zwei Fingern verordnete, stieß bei einem Teil der Gläubigen ebenso auf Widerstand wie die Korrekturen, die er nach griechischem Vorbild an den kirchlichen Schriften vornehmen ließ. Was von den Reformanhängern als Annäherung an die orthodoxen Urtexte beabsichtigt war, erschien den anderen als Häresie, zumal zur Verbesserung der Texte auch «römische» Quellen herangezogen worden waren. Die unterlegenen Schismatiker (*raskol'niki*) bzw. Altgläubigen (*staroobrjadčiki*) wurden, geschart um ihren geistlichen Führer, den Protopopen Avvakum, grausam verfolgt und zum größten Teil nach Sibirien verbannt. Hinter dem Kampf um die Formen der echten Frömmigkeit und dem Streit um Kirchenordnungen verbarg sich jedoch, wie erst in letzter Zeit von Gabriele Scheidegger aufgezeigt wurde, ein kultursemiotisches Problem. Im mittelalterlichen Verständnis der Orthodoxie waren Ritual bzw. Zeichen und Dogma ganz und gar identisch. Durch Nikons Reformen veränderten sich die Zeichen fatalerweise so, daß sie nunmehr – im Sinne der Apokalypse – die Ankunft des Antichrist ankündigten. (So wurde das Dreifingerkreuz als teuflische Trinität von Schlange, Tier und falschem Propheten betrachtet, d. h. als Zeichen des Antichrist.) Durch die Verfolgung erreichten die Altgläubigen die «wahre Kirche», da sie, illegal geworden und des staatlichen Schutzes beraubt, ihre zum Fanatismus neigende Frömmigkeit ausleben konnten (D. Tschiževskij). Die mit großer Sprachgewalt, in einem fast barock anmutendem Stil verfaßte *Vita des Protopopen Avvakum* (*Žitie protopopa Avvakuma*, vor 1682) zeigte den unbeugsamen Willen des Protopopen, der für seinen Glauben auf dem Scheiterhaufen endete.

Orthodoxes Barock

Die barocken Impulse kamen größtenteils aus Polen bzw. aus den Polen abgerungenen Gebieten östlich des Dnjepr. Das Schrifttum, das sich in der zweiten Hälfte des 17. Jahrhunderts herausbildete, beruhte sprachlich nach wie vor auf dem Kirchenslavischen, nahm dabei aber auch manche Elemente aus dem Weißrussischen, Ukrainischen, Polnischen und Lateinischen auf. Nicht nur wurden aus dem Westen die Emblem- und Symbolkodes, Gattungen wie Panegyrika und Wappenverse übernommen, sondern vor allem auch die lateinische Schulpoetik und das Versifikationssystem der Polen.

Wohl war das silbenzählende Prinzip wie auch das Beharren ausschließlich auf weiblichen Versschlüssen für die russische Prosodie im Grunde ungeeignet, und dennoch entwickelte sich auf dem fragwürdigen metrischen Fundament im Laufe von etwa 150 Jahren eine ansehnliche Versdichtung mit wachsender Gattungsvielfalt. Als Epoche der russischen Kultur und Literatur gehörte sie noch zum großen Komplex des altrussischen Mittelalters, wenn auch die Anzeichen einer beginnenden Öffnung zu Europa hin nicht mehr zu verkennen waren.

Mit dem Barockstil gewann erstmals eine charakteristische westliche Stilformation Einfluß auf die ostslavische Literaturentwicklung. Im Gegensatz zum überkommenen Literatur- bzw. Zeichenverständnis der Russen, das das Geschriebene als das Seiende und damit als das Wahre annahm, bestand die fundamentale Aufgabe der Barockliteratur und -kunst darin, die Bedeutung der Zeichen als sinntragende Momente der von Gott geordneten Welt zu enträtseln. Symbole, Allegorien, Konzeptismus und vor allem die Emblematik trugen, als herausragende Kunstverfahren des Barock, jeweils versteckten (göttlichen) Sinn in sich. Hinter dieser Kunstübung stand die Erfahrung einer Welt, die im Laufe des 17. Jahrhunderts von grauenhaften Kriegen, Erdbebenkatastrophen und Seuchen heimgesucht worden war. Aus der Unsicherheit der Verhältnisse (*inconstantia*), dem Umschlagen der Dinge (*mutatio rerum*), dem Walten der Glücksgöttin mit ihrem Rad (*rota Fortunae*) konnte es nur einen Ausweg geben: zu Gott, ins ewige Leben. Dem irdischen Jammertal, der illusionären Scheinwelt stand immer und einzig das eigentliche, selige Leben im Jenseits gegenüber. Die Staatsform der absoluten Monarchie, die in der Barockzeit ihren Höhepunkt erlebte, wurde zwar als Spiegelung von Gottes Allmacht auf Erden gedeutet und mit zeitgemäßem Prachtaufwand an den Höfen gefeiert. Gleichwohl schienen in der höfischen Repräsentation und den Herrscherlobpreisungen potenziert jene Momente der irdischen Eitelkeit auf, die das barocke Weltbild bestimmten.

Vielleicht bestand die bedeutsamste der durch das barocke Weltverständnis ausgelösten soziokulturellen Verwerfungen in einer neuen Auslegungspraxis der Texte, der die Lehre vom «vierfachen Schriftsinn» zugrunde lag. Gegen manche Widerstände setzte sich endlich «Vielsinnigkeit gegen Einsinnigkeit» der Texte durch und ließ in fortgeschrittenen Texten bereits die «Emblematik des Textes»

(S. Strätling), d. h. die Fleischwerdung des Wortes als literales Zeichen, aufscheinen.

Simeon Polockij und seine Schüler

Es waren Simeon Polockij und seine Schüler, die diese Neuerungen in der Zeit zwischen ca. 1660 und 1710 in Rußland einführten und ausarbeiteten. Simeon Polockij hatte eine geistliche Ausbildung an der Kiever Akademie erhalten und war 1656 als Mönch in das Kloster Polock eingetreten. Seine ersten Verse hatte er noch in polnischer Sprache oder einem Gemisch aus Ukrainisch und Weißrussisch geschrieben. Seine «Deklamationen» – so nannte man die vor dem Herrscher vorgetragenen Panegyrika – hatten den Zaren bei einem Besuch in Pskov (Pleskau) beeindruckt, so daß er den weißrussischen Kleriker 1664 nach Moskau berief. Zunächst als Lehrer an der Klosterschule und Übersetzer tätig, gewann er bald beträchtlichen Einfluß im kirchlichen und politischen Bereich. In den Prozeß gegen den Patriarchen Nikon schaltete er sich mit dem Traktat *Das Regierungsszepter* (*Žezl pravlenija*, 1667) ein; als Prediger bei Hofe und als Erzieher der Zarenkinder genoß er das Vertrauen Aleksej Michajlovičs. Im Kreml richtete er eine Druckerei ein und wirkte vorbereitend auf die Gründung der Slavisch-Griechisch-Lateinischen Akademie hin, die von 1687 an für ein halbes Jahrhundert als wichtigste russische Bildungsanstalt die *Septem artes liberales* vermittelte.

In Simeon Polockijs riesigem Opus wurden erstmals die Möglichkeiten der syllabischen Verskunst in Rußland voll ausgeschöpft. Er schrieb viele Tausende der neuartigen «*Virši*» (von dt. «Verse») und vereinigte sie in umfangreichen Sammlungen, die zugleich das Gattungsspektrum der syllabischen Dichtung offenbar werden ließen. Das *Rhythmologion* (*Rifmologion*, 1678) versammelte fünf zuvor entstandene panegyrische «Bücher» (*knižicy*), die als Herrscherpreis oder als Trauergedichte auf das Ableben der Zarin und des Zaren gedacht waren. Die Sammlung *Der blumenreiche Garten* (*Vertograd mnogocvetnyj*, 1680) enthielt 1246 alphabetisch geordnete Gedichte (mehr als 30 000 Verse!) über alle möglichen konkreten und abstrakten Gegenstände, nahm also die Aufgabe eines moralisch-didaktischen Wissenskompendiums in Versform wahr. Die einzelnen Gedichte konnten kurz und geschliffen wie Epigramme, aber auch als längere Exempel, Erzählungen und Anekdoten über mythologische oder historische Gestalten gefaßt sein; nie aber fehlte die moralische Quintessenz, die aus den Texten zu ziehen war. Simeon Polockij wertete zwar westeuropäische Erzähl- und Spruchsammlungen des späten Mittelalters aus, gelangte aber bereits zu einem für die Zeit modernen «barocken Enzyklopädismus». Der *Gereimte Psalter* (*Psaltyr' rifmotvornaja*, 1680) schließlich, nach dem Vorbild des Polen Jan Kochanowski verfaßt, konnte gattungsmäßig zu den geistlichen Oden gezählt werden. Simeon Polockijs metrischer Rahmen blieb eng; selten wich er vom 13- oder 11silbigen Vers ab. Allerdings beherrschte er die im Barock beliebten «curiosen» Gattungen wie Bildgedichte (*carmina figurata*), Knotengedichte oder «makkaronistische Verse», in denen das Kirchenslavische mit Polnisch und Latein gemischt wurde. Auch die antike Mythologie und Literatur gehörte zum verfügbaren Bildungsgut dieses Dichters. Ungeachtet der Beschränkung auf panegyrische und didaktische Zwecke, wurde ihm zu Recht das Verdienst zugesprochen, als erster Poesie als «künstlerische Form» nach Rußland gebracht zu haben (I. Erëmin).

Die Schüler Simeon Polockijs bauten sein Versgebäude weiter aus. Sil'vestr Medvedev, seit 1665 unter den Fittichen des Meisters, nahm 1675 das Mönchstum an und war maßgeblich am Druckhof und in kirchlichen Dingen tätig, wurde aber, als Anhänger und Favorit der Regentin Sof'ja Alekseevna, von Peter I. hingerichtet. Außer seiner lebhaften Darstellung des Strelitzenaufstandes von 1682 (*Sozercanie kratkoe let 7190, 91 i 92* [*Kurze Betrachtung über die Jahre 1682, 83 und 84*]) und theologischen Werken schrieb er Panegyrika auf den Zaren Fëdor Alekseevič, der in einigen Reformen seinem Bruder Peter vorangegangen war, und auf Sof'ja Alekseevna. Als Dichter unselbständig, forderte er aber in einem Gedicht doch bereits das «Licht der Wissenschaften» ein.

Bedeutender als Dichter war Karion Istomin, ebenfalls ein Schüler Simeon Polockijs und lange Jahre Leiter des Moskauer Druckhofes. Neben allen möglichen panegyrischen Versen und dem *Belehrungsbuch* (*Kniga vrazumlenija*), das er dem 11jährigen Peter Alekseevič widmete, schuf er das Buch *Polis*, das einen Überblick über die Wissenschaften gab, sowie einen versifizierten *Domostroj*, der die Schüler zum Lernen und zur Gewissenhaftigkeit anhalten sollte. Wichtiger noch waren seine *Kleine Fibel* (*Malyj bukvar'*, 1694) und seine *Große Fibel* (*Bol'šoj bukvar'*, 1696). In diesen illustrierten Elementarbüchern wurden nicht nur die kyrillischen Buchstaben zuerst als Allegorie, dann in ihren verschiedenen graphischen Ausführungen vorgestellt und mit Gegenständen desselben Anfangsbuchstaben ins Bild gebracht, sondern zugleich auch in syllabischen Versen erklärt. Die Anlage entsprach der Bilderfibel des Comenius: Es war das ins Didaktische gewendete Emblemmodell.

Die syllabische Dichtung hatte sich im Moskauer Reich rasch verbreitet. Erbaulich-didaktische Verstraktate wie das *Pentateugum* über die vier letzten Dinge (Ende 17. Jh.) von Andrej Belobockij entstanden neben einer Fülle an panegyrischen Texten und Deklamationen bis in die Petrinische Zeit hinein.

Moskovitisches Hoftheater

Das alte Rußland kannte, dem in Byzanz verhängten Theaterverbot folgend, kein Theater. Selbst die wandernden Volksunterhalter, die Skomorochen, wurden von der orthodoxen Geistlichkeit bekämpft. Die Einführung eines Moskovitischen Hoftheaters unter Zar Aleksej Michajlovič war deshalb eine der kühnsten Neuerungen in vorpetrinischer Zeit. Es kam dem Zaren offensichtlich darauf an, das Hofzeremoniell mit westeuropäischem Prunk auszustatten und der Hofgesellschaft zugleich Unterhaltung und Belehrung zu vermitteln. Dabei fehlten in Moskau so gut wie alle Voraussetzungen für eine angemessene Theaterpräsentation. Es gab weder Stücke noch Schauspieler, die die Stücke hätten spielen können, geschweige denn ein Schauspielgebäude. Daß es dennoch am 17. Oktober 1672 zur ersten Theateraufführung in Rußland kam, war das Ergebnis abenteuerlich anmutender Vorbereitungen. Der Pastor der evangelischen Gemeinde der Deutschen Vorstadt, Johann-Gottfried Gregorii, wurde beauftragt, einen Dramentext vorzubereiten. Er kompilierte aus verschiedenen deutschen Quellen ein *Artaxerxes-Drama* (*Artakserksovo dejstvo*), das zunächst in deutscher Sprache aufgeführt wurde. Nur der Zar erhielt eine russische Übersetzung, die von den Übersetzern des Außenamtes (*Posol'skij prikaz*) angefertigt worden war. Da die Übersetzer über sehr unterschiedliche sprachliche Voraussetzungen und geringes poetologisches Wissen verfügten, ergab sich ein äußerst heterogener Text. Vergebens hatte man versucht, eine ausländische Schauspieltruppe für die Aufführung zu gewinnen. Gregorii studierte das Stück mit sechzig Jünglingen aus der Vorstadt ein, erst später traten russische Schaupieler hinzu, so daß das Stück endlich auch auf russisch gegeben werden konnte. Als Theater war eigens ein größeres Gebäude aus Holz in dem Dorf Preobraženskoe errichtet worden, die sog. «Komödienhaus» (*komedijnaja choromina*). Die Familie des Zaren und der engere Hofstaat bildeten das Publikum der ersten russischen Theateraufführung.

In Gregoriis Stück wurde der Esther-Stoff ausgebreitet: Die Jüdin Esther, die zweite Frau des persischen Königs Artaxerxes (Xerxes), rettete diesen vor einer Verschwörung; ihr Ziehvater Mardochai erlangte die Wesirswürde und bewahrte das jüdische Volk vor dem Verderben. Dies ließ sich auf die Verhältnisse am Moskauer Hof umdeuten, wo Zar Aleksej Michajlovič mit seiner jungen Gattin, Natal'ja Naryškina, und seinem engsten Berater, Artemon Matveev, den Anfeindungen der konservativen Kreise ausgesetzt war. Das Stück bestand aus sieben Akten, samt Vorwort und Schluß, zwischen denen Prozessionen, kantatenartige Einschübe und Interludien eingelassen waren. Die Aufführung des Spektakels dauerte gut zehn Stunden.

In den folgenden Jahren bis zum Tode des Zaren (1676) wurden weitere acht Stücke geschaffen und aufgeführt, darunter ein Drama über den jüngeren Tobias und ein Holofernes- bzw. Judith-Drama. 1675 wurde eine Schauspielschule gegründet und endlich auch ein steinerner «Komödienpalast» (*komedijnaja palata*) errichtet.

Auch Simeon Polockij schrieb um diese Zeit zwei Dramen mit biblischen Stoffen, die eher dem Typus des polnischen Jesuitendramas bzw. Schuldramas entsprachen, also ohne höfische Verbrämung auskamen. Dennoch könnten sie vielleicht in Klöstern oder Kollegien auch vor dem Zaren aufgeführt worden sein. Die *Tragödie von Nebukadnezar* (*Tragedija o Navuchodonosore*, 1679) spielte wieder auf aktuelle moskovitische Verhältnisse an, wurde doch der Zar in der Propaganda der Altgläubigen mit dem grausamen und gottlosen Nebukadnezar gleichgesetzt. Das Drama nun zeigte den biblischen Unhold als Gegenstück zu dem Zaren, in dessen Herzen die Güte herrschte. Das zweite Stück *Komödie des Gleichnisses vom verlorenen Sohn* (*Komedija pritči o bludnom syne*, 1679) griff das biblische Gleichnis wohl mit der Absicht auf, das Fernweh vieler Bojarensöhne, die es nach Europa zog, zu dämpfen.

Das frühe russische Theater entwickelte sich gemächlich in den Formen des Schultheaters und theatralischer Siegesfeiern, von denen mehrere aus der Petrinischen Zeit überliefert wurden. Besondere Bedeutung kam der «Tragödokomödie» (*tragedokomedija*) *Vladimir* (1705) von Feofan Prokopovič zu, die dieser noch als Lehrer der Poetik und Rhetorik an der Kiever Akademie, also vor seinem Weggang nach Moskau, verfaßt hatte. Prokopovič, später einer der engsten Mitstreiter Peters am großen Werk der Umgestaltung des Russischen Reiches, Vizepräsident des Heiligen Synod (1721) und Erzbischof von Novgorod (1724), hatte das Stück für die Zöglinge der Akademie geschrieben, die es im Juli 1705 zur Aufführung brachten. Das Thema, die Taufe der Russen durch Vladimir den Heiligen, konnte wieder allegorisch in Bezug zum Petrinischen Umbruch gesetzt werden. Teuflische Dämonen und heidnische Priester verschworen sich, die Taufe zu hintertreiben; im Religionsdisput wurde Vladimir (in Anlehnung an den Chronikbericht) durch den griechischen Philosophen überzeugt, überstand etliche Versuchungen und ließ sich, nachdem die heidnischen Götzenbilder niedergerissen waren, taufen. Fehlte es in dem Stück auch nicht an barocken Effekten wie dem Mummenschanz der heidnischen Priester beim Perunsfest oder den süß-lockenden Liedern der verführerischen Prelest' (Liebreiz), so war es doch streng nach den Horazischen Regeln gebaut, wie sie Prokopovič in seinem Traktat *De Arte poetica libri tres* (1705) selbst vorgetragen hatte. Die Fünfaktigkeit wurde ebenso beachtet wie die Handlungsführung durch Einleitung, Verwicklung und Lösung (Protasis, Epitasis und Katastasis). Der Chor, als Kombination von Tanz und Gesang verstanden, füllte die Übergänge von Akt zu Akt. Klassische und barocke Elemente waren in diesem ersten ostslavischen *ludus caesareus* (A. Angyal) vereint.

Kapitel II

Die Literatur im Zeichen von Europäisierung und Aufklärung

Die Reformen Peters des Großen

Die russische Literatur gewann im 18. Jahrhundert einen gänzlich neuen Charakter. Die von Peter dem Großen durchgeführten Reformen leiteten eine kulturelle Wende ein, wie sie die ostslavische Welt seit der Annahme des orthodoxen Christentums nicht mehr erlebt hatte. Sie verwandelten das Land grundlegend in seinem Inneren und Äußeren. Peter hatte auf seiner Großen Ambassade 1696 die fortgeschrittene Zivilisation in Deutschland, England und vor allem in den niederländischen Generalstaaten in Augenschein genommen. Nach der Niederschlagung der Rebellion der Strelitzen und Ausschaltung der altgläubigen Opposition schritt er zur Tat. Staatsverwaltung und Militärwesen, Wirtschaft, Handwerk und Schiffbau wurden nach westeuropäischen Vorbild umgestaltet, Offiziere und Seeleute, Handwerker und Wissenschaftler ins Land gerufen, dem Hofstaat, Beamten und Bürgern westliche Sitten und Kleidung verordnet und alle Neuerungen mit dem unerbittlichen Willen des Monarchen durchgesetzt. Auch wurde die alte Patriarchatsverfassung der orthodoxen Kirche durch ein geistliches Kollegium, den Heiligen Synod, ersetzt. Die Gründung einer modernen europäischen Stadt an der Mündung der Neva, die Peter nach seinem Namenspatron Sankt Petersburg taufte, war das weithin sichtbare Zeichen des «veränderten Rußland». Bereits 1712 wurde Petersburg, gut 600 Werst nordwestlich von der alten Hauptstadt Moskoviens gelegen, zur neuen Metropole des Reiches erhoben. Im langwierigen Nordischen Krieg, in der Parteinahme Peters für August den Starken, in der Bezwingung seines verwegenen schwedischen Widersachers Karls XII. in der Schlacht von Poltava 1709 sowie durch die Erfolge in den Kriegen mit Persien und der Türkei wuchs das Petrinische Reich zu einem unübersehbaren Faktor der europäischen Politik heran. In der zweiten Hälfte des Jahrhunderts, unter Katharina II. und ihrem Sohn Paul I., sollte das Zarenreich, gefestigt durch weitere außenpolitische Triumphe, die europäische Großmacht sein, die sich anschickte, Europa vor der revolutionären Entfesselung zu bewahren, die aus Frankreich hereinbrach.

Dem unabdingbaren Wunsch Peters, Staat und Gesellschaft zu modernisieren, lag das Denken der europäischen Frühaufklärung zugrunde, wie es ihm seine Berater, darunter Gottfried Wilhelm Leibniz und Christian Wolff, nahegebracht hatten. Die zweckmäßige, rationale Gliederung der Staatsverwaltung im Geiste Samuel von Pufendorfs wurde mit der Einrichtung der zwölf Kollegien (Ministerien) vollzogen. Durch die Einführung der Dienstpflicht für die Angehörigen des Adels fand sich dieser fest in die Reformbestrebungen eingebunden. Die 1722 geschaffene «Rangtabelle» mit ihren gestaffelten vierzehn Rangstufen schuf zudem die Voraussetzung für die Entstehung eines Verdienstadels, der sich neben dem alten Geburtsadel rasch etablierte.

Die Hebung des Bildungsniveaus, eine der grundlegenden Aufgaben der Epoche, wurde mit der Schaffung von Elementar- und Militärschulen in Angriff genommen. Noch vor seinem Tode veranlaßte Peter die Gründung der Kaiserlichen Akademie der Wissenschaften. Sie nahm 1725, schon nach dem Tode des Monarchen, ihre Tätigkeit auf und stützte sich anfangs ausschließlich auf ausländische Gelehrte wie die Brüder Bernoulli, Peter Simon Pallas oder Leonhard Euler. Als erster Russe wurde Michail Lomonosov 1745 zum Professor an der Akademie ernannt. Auf Peters Geheiß wurden Werke ins Russische übersetzt, die neue Denkarten und ein europäisches Geschichtsverständnis befördern sollten, darunter Äsops Fabeln, ein Rhetorikkompendium, die Emblemenzyklopädie *Symbola et emblemata* (1705) sowie die Geschichtsdarstellungen von Caesar Baronius, Samuel von Pufendorf und Mauro Orbini.

Sprache und Literatur im Umbruch

Die mit Brachialgewalt durchgeführte Europäisierung des rückständigen Moskoviterstaates schuf namentlich im Bereiche der materiellen Kultur ein chaotisches Vielerlei, das sich nicht zuletzt in der Sprache und den literarischen Ausdrucksformen niederschlug. In die russische Kanzleisprache, eine Mischung von Kirchenslavisch und volkssprachlichem Russisch, drangen massenhaft, teils in grausiger Verballhornung, Fremdwörter und Lehnübersetzungen zur Bezeichnung all der maritimen, militärischen, gewerblich-industriellen und modischen Neuerungen ein, die die neue Wirklichkeit ausmachten. Es sollte fast 50 Jahre dauern, bis die sprachliche Unordnung in einer Folge von regulierenden Schritten überwunden werden konnte. Für die Literatur entstand daraus ein langanhaltendes Dilemma. Hoffeste und Siegesfeiern erforderten nach europäischen Maßstäben andere Formen als die der vorpetrinischen Panegyrika. Wo aber versucht wurde, eine Siegesdeklamation, etwa nach der Schlacht von Poltava, auf neue Art zu präsentieren, kam ein sprachlich und stilistisch fragwürdiges Gemisch heraus. In der Feuerwerks- und Illuminationskunst allerdings übertraf der Zarenhof an Prunk und Pracht bald die meisten europäischen Residenzen.

Einige der in Rußland wirkenden Deutschen schrieben russische Verse nach den metrischen und strophischen Standards der deutschen Barockpoesie. Der von Peter für die Sprachenschule in Moskau gewonnene Pastor Ernst Glück – in seinem Hause in Marienburg hatte Martha Skavronskaja, die spätere Kaiserin Katharina I., als Magd gedient – übersetzte protestantische Kirchenlieder und verpflanzte so bis dahin unbekannte strophische Formen ins Russische. Sein Nachfolger, der aus Thüringen stammende spätere Akademie-Übersetzer Johann Paus, schrieb russische Gedichte, darunter im Jahre 1715 das erste Sonett in russischer Sprache auf die Geburt des Thronfolgers Petr Alekseevič (Peter II.). Eine galante, intim-erotische Poesie hatte es in Rußland vordem nicht gegeben. Im Umkreis Katharinas bildete sich ein Kreis deutschschreibender Literaten. Ihr Kammerherr, der unglücklich endende Vilim Mons, schrieb in lateinischer Schrift russische galante Verse, in denen die petrarkistische Liebesmetaphorik, wenn auch in arg trivialisierter Form, noch zu erkennen war. In den für die höfischen Zwecke verfaßten Oden der Akademiepoeten Gottlob Friedrich Wilhelm Juncker und Jacob Stählin kamen bereits deutlich die neuen Tendenzen der deutschen «Vernunftschule» zur Geltung, die das schwülstige Barock der Zweiten schlesischen Schule überwunden hatte. Ihr standen Trediakovskij und Lomonosov in ihren Anfängen nahe. Der eine pries deren Vertreter in seiner *Epistel der russischen Poesie an Apoll (Ėpistola ot Rossijskija poëzii k Apollinu*, 1735), während der andere, an Gottsched geschult, gehalten war, Junckers und Stählins dichterische Elaborate ins Russische zu übersetzen.

Für die russische Literatur bedeutete der ungeheure Europäisierungsschub, daß die Werke der Antike und der westlichen Literaturen seit der Renaissance für die eigene Kultur gewonnen werden mußten. Kaum ein russischer Autor des 18. Jahrhunderts, der nicht zugleich als Übersetzer hervvorgetreten wäre. Das gilt für Kantemir, Trediakovskij und Lomonosov ebenso wie für Fonvizin, Deržavin und Karamzin. Ihren Höhepunkt erreichte die russische Übersetzungskultur an der Schwelle zur Puškin-Zeit bei Vasilij Žukovskij und Konstantin Batjuškov.

Die Besonderheit der russischen Literatur im 18. Jahrhundert ergab sich vorwiegend aus der «sekundären Originalität» der Rezeptionsbedingungen, nämlich daraus, daß die unterschiedlichen Entwicklungsphasen – Renaissance, Barock, Klassizismus, Rokoko, Sentimentalismus – entstammenden Werke gleichzeitig in einem Rezeptionsraum aufgenommen wurden, der die altrussischen Traditionen weitgehend verdrängt hatte und der über lange Zeit hinweg nicht über ein integrierendes oder auch nur irgendwie funktionierendes Sprach- und Stilsystem verfügte. Die Frage, ob und mit welchen zeitlichen Begrenzungen Formationen des Barock, des Klassizismus oder des Sentimentalismus anzusetzen wären, kann demnach für die russische Literatur des 18. Jahrhunderts nur so beantwortet werden, daß es eher Funktional- und Gattungsstile waren, die die Literatur bestimmten, und weniger Epochenstile. Die höfische Ode blieb seit Lomonosov bis zu Karamzin an das barocke Modell der Gattung gebunden, die Tragödie an das klassizistische. Bei vielen der zeitgenössischen Dichter fand sich je nach Thema oder Gattung nebeneinander barocker, klassizistischer oder empfindsamer Stil. Auch die europäischen Leitkulturen, an denen sich die Russen orientierten, unterlagen dem Wandel. Hatten in der Petrinischen Zeit Übersetzungen aus dem Deutschen und dem Italienischen überwogen, so lagen nach 1740 solche aus dem Französischen an der Spitze. Mit dem Vordringen der sentimentalistischen Strömung gewann neben der deutschen und nun auch die englische Literatur größere Bedeutung.

Kultur und Literatur unter Peters Nachfolgerinnen

Die Nachfolgerinnen Peters hielten grundsätzlich am Kurs der Europäisierung und der aufklärerischen Verbreitung von Gesittung und Bildung fest. In der Regierungszeit der Kaiserin Anna Ioannovna, d. h. in den 1730er Jahren, konnten zwar deutschstämmige Günstlinge wie der fragwürdige Ernst Johann von Biron gravierenden politischen Einfluß gewinnen, der von der russischen Geschichtsschreibung oft als Fremdherrschaft und kulturelle Überfremdung verteufelt wurde. Gleichwohl setzten 1735, also während der «Bironovščina», mit der Gründung der «Russischen Versammlung» (*Rossijskoe sobranie*), die Bemühungen um eine umfassende Neufundierung der russischen Sprache ein. In seiner Grundsatzrede *Über die Reinheit der russischen Sprache* (*O čistote rossijskogo slova*) stellte Vasilij Trediakovskij ein Programm auf, wonach an der Akademie, nach dem Vorbild der Académie Française, eine Grammatik und ein Wörterbuch der russischen Sprache sowie eine Rhetorik und Versifikationsregeln erarbeitet werden sollten. Den Hauptteil dieser Aufgaben erfüllte später in gültiger Form Michail Lomonosov.

Aus dem 1732 gegründeten Kadettenkorps, an dem den jungen Adeligen eine weitgefächerte, nicht zuletzt auch literarische Bildung vermittelt wurde, gingen alsbald Dichter hervor, die nicht nur die Zwecke des Hofes, sondern die Belange des europäisierten Adels bedienten.

Kaiserin Elisabeth, die «Tochter Peters» (*dščer' Petrova*), sah sich als legitime Fortsetzerin des Werks ihres Vaters. Unter ihrer Herrschaft kam es zu einer Rückbesinnung auf die russischen Traditionen, auch näherte sie den verwestlichten Staat der orthodoxen Kirche wieder an, während die außenpolitischen Optionen des Reiches – gegen das Preußen Friedrichs II. – auch wieder den französischen Einfluß stärkten. Während der zwanzig Jahre währenden Herrschaft der Kaiserin wurden wichtige kulturelle Institutionen wie das Hoftheater (1751), die Moskauer Universität als erste Hochschule im Lande (1755), das Nationaltheater (1756) und die Akademie der Künste (1757) geschaffen. Mit Trediakovskij, dem als antiquiert geltenden ehemaligen Hofdichter der Kaiserin Anna, mit Lomonosov, dem Universalgelehrten und Odendichter, und dem vielseitigen Adelsdichter Sumarokov zeichnete sich erstmals in Petersburg ein literarisches Leben ab. Seine Dynamik gewann es aus dem permanenten Streit dieser drei unleidigen Dichter, die im Bezug auf Kunstauffassung, Stil und Poetik sehr unterschiedliche Auffassungen vertraten.

Die Epoche Katharinas II., von August Ludwig Schlözer als das «neuverändertе Rußland» herausgestellt, war durch unerhörte Prachtentfaltung des Hofes, durch geistigen und künstlerischen

Reichtum und bedeutende militärische Erfolge in den Türkenkriegen gekennzeichnet. Die Kaiserin hatte zu Beginn ihrer Herrschaft große Erwartungen auf die Einführung einer Verfassung geweckt. Die von ihr entworfene *Große Instruktion* (*Bol'šoj nakaz*), auf deren Grundlage die 1767 einberufene Gesetzeskommission arbeiten sollte, zählte zu den bedeutenden Dokumenten des aufgeklärten Absolutismus. Wegen des russisch-türkischen Krieges wurden die mühseligen Beratungen jedoch bereits nach einem Jahr abgebrochen.

In den Jahren 1773-75 machte der Aufstand der Kosaken, Bauern und Baschkiren des Jaik-Gebietes (der Fluß wurde 1775 in Ural umbenannt) unter Emel'jan Pugačëv die letzten verbliebenen liberalen Hoffnungen zunichte. Die Pugačëvščina brachte die Monarchie an den Rand des Abgrundes, zumal sich Pugačëv als Zar Peter III. ausgab, den Katharina nach der Machtübernahme hatte beseitigen lassen. Zugleich aber festigte der Aufstand den Bund von Monarchin und Adel, der bis in die Napoleonische Zeit Bestand haben sollte. In der Atempause, die nun folgte, entfaltete sich die Kultur in ungeahnter Fülle. Mit Gavrila Deržavin trat ein Dichter in Erscheinung, der die bisherigen Entwicklungen, namentlich den Odenstil Lomonosovs und die Satire Sumarokovs, bündelte und zu vollkommenerer Kunstübung führte. Mit der Gründung der «Russischen Akademie» (*Rossijskaja akademija*) durch Katharina II. und ihre Mitstreiterin Ekaterina Daškova entstand ein wirksames Instrument der Sprachpflege. Erst jetzt, in den Jahren 1789-94, konnte das langerwartete Akademie-Wörterbuch erstellt werden. Ferner initiierte die Akademie eine umfangreiche Übersetzungstätigkeit mit dem Ziel, die wichtigsten Werke der alten und neuen Literatur in russischer Sprache vorzulegen. In der Katharinensischen Zeit entstand, durch die verlegerischen Aktivitäten der Moskauer Freimaurer um Nikolaj Novikov ebenso mächtig vorangetrieben wie durch literarische Salons liebenswürdig ergänzt, ein ansehnliches literarisches Leben. Stand auch die Figur Deržavins, der 1782 durch seine auf die Kaiserin gemünzte *Felica*-Ode ins höfische Licht gerückt war, im Mittelpunkt der zeitgenössischen Literatur, so hatten sich doch inzwischen in verschiedenen Gattungen besondere Talente hervorgetan: Denis Fonvizin als Komödiendichter, Ivan Chemnicer als Fabeldichter und Michail Cheraskov als Schöpfer des russischen Nationalepos.

Das seit der Petrinischen Zeit fortbestehende «sprachliche Interregnum», wie man es genannt hat, verhinderte vorerst, daß literarische Werke entstanden, die dem neuen Geist und der veränderten Welt hätten gerecht werden können. Die noch von Peter selbst eingeleiteten sprachpflegerischen Maßnahmen wie die Schaffung einer Zivilschrift, die die kirchliche Kyrilliza im weltlichen Bereich ersetzen sollte, oder die Neuausgabe der kirchenslavischen Grammatiken von Meletij Smotrickij (1721) und Feodor Maksimov (1723) mochten es nahelegen, ein zivil-weltliches Schrifttum auf der Basis des Russisch-Kirchenslavischen fortzuschreiben. Doch scheiterten auch die begabtesten Dichter an der Aufgabe, mit dem chaotischen Sprachwust ins Reine zu kommen. Fast tragisch nimmt sich das literarische Schicksal des Fürsten Antioch Kantemir aus. Er war der Sohn des moldauischen Fürsten Dimitrie Cantemir, der sich nach dem Pruth-Feldzug Peter angeschlossen hatte. Hochbegabt und weitgebildet, seit 1732 diplomatischer Vertreter Rußlands zunächst in London, dann, von 1738 bis zu seinem Tod, in Paris, stand Kantemir auf der Höhe seiner Zeit und verkehrte mit führenden Geistern der Epoche wie Montesquieu und Voltaire. Unter seinen Versdichtungen – Oden, Fabeln, Epigrammen – stachen die in den 1730er Jahren entstandenen *Satiren* (*Satiry*) hervor, die lange vor der posthumen russischen Ausgabe von 1762 in französischer (1749) und deutscher Übersetzung (1752) erschienen waren. Horaz und Boileau nacheifernd, geißelte Kantemir darin die Verächter der Wissenschaft, den Adelsstolz und die Flegelhaftigkeit der Menschen, dachte über die menschliche Niedertracht, das wahrhafte Menschenglück und die rechte Erziehung nach, um im letzten Stück, der neunten Satire, ein ironisches Bild vom Zustand dieser Welt zu geben. Das ungetrübte aufklärerische Ansinnen und der jeder Satire beigefügte gelehrte Apparat konnten freilich nicht darüber hinwegtäuschen, daß Sprache und Vers der Dichtungen jegliche Durchformtheit vermissen ließen. Die syllabischen 13-Silber wirkten mit dem verwendeten heterogenen Sprachmaterial wie ungelenke Prosa, in der an zufälligen Stellen Reime auftauchten. Kantemir erkannte offenbar die Notwendigkeit, die russische Sprache und den Vers zu reformieren. Sein eigener Beitrag zur Versreform, der Traktat *Brief des Chariton Makentin an einen Freund über die Verfertigung von russischen Versen* (*Pis'mo Charitona Makentina k prijatelju o složenii stichov*

russkich, 1744) lief jedoch darauf hinaus, die metrische Unverbind-
lichkeit der Syllabik nicht, wie es die russische Prosodie erforderte,
zu straffen, sondern nach italienischem Vorbild noch zu vergrößern.
Die von ihm propagierten reimlosen syllabischen Verse wären von
einer syntaktisch erschwerten Prosa nicht mehr zu unterscheiden
gewesen. Als Kantemir sein Konzept in den russischen Versdiskurs
einbrachte, waren die Weichen allerdings durch Trediakovskij und
Lomonosov bereits in entgegengesetzter Richtung gestellt worden.

Vasilij Trediakovskij

Vasilij Trediakovskij, Sohn eines Popen aus Astrachan' und ähnlich
wie Kantemir und Lomonosov an der Moskauer Slavisch-Griechisch-Lateinischen Akademie (*Slavjano-Greko-Latinskaja Akademija*) in den freien Künsten und der kirchenslavische Sprache ausgebildet, reiste 1727 nach Paris und studierte bis 1730 an der Sorbonne.
Seine Versuche, den galanten Stil der französischen Poesie im Russischen nachzuvollziehen, scheiterten an der Ungeordnetheit der
sprachlichen und poetologischen Mittel. Obwohl für ihn außer Frage stand, daß ein allegorischer Liebesroman, wie die *Reise auf die
Liebesinsel* (*Ezda na ostrov ljubvi*), 1730 nach einer Vorlage von
Paul Tallemant verfaßt, unter Verwendung des Kirchenslavischen
ein Unding war, verfing sich Trediakovskij gleichwohl in der fatalen
Sprachmischung, an der alle damaligen Werke krankten. Unter den
beigefügten galant-erotischen Gedichten waren die, die er auf französisch geschrieben hatte, die einzig gelungenen. Trediakovskijs
Erfahrungen schienen ihn gelehrt zu haben, daß die französische
(syllabische) Versifikation als Vorbild für die russische Dichtung
nicht taugte. Nur so läßt sich die starre Einseitigkeit in seinem metrischer Traktat *Neue und kurzgefaßte Anleitung zum Verfassen russischer Verse* (*Novyj i kratkij sposob k složeniju rossijskich stichov*,
1735) erklären, mit der er jambische Lösungen und namentlich den
Alexandriner, den in der französischen Literatur vorherrschenden
Vers, verwarf. Überhaupt erwies sich seine metrische Reform schnell
als Stückwerk. Anstatt den russischen Vers auf das wägende Prinzip,
d. h. die konsequente Beachtung der Wortbetonung, einzuschwören,
beschränkte sich Trediakovskij darauf, lediglich den syllabischen
13- und 11-Silber mit trochäischen Versfüßen auszustatten; kürzere
Verse verblieben weiterhin syllabisch. An den aus der polnischen
Prosodie stammenden weiblichen Versschlüssen wagte er nicht zu

rütteln. Man mag Trediakovskijs Halbheiten mit einem fast scholastischen Beharrungsvermögen erklären, eine tragbare Lösung der metrischen Probleme bot er seinen Zeitgenossen damit nicht, auch wenn er in der Folgezeit immer wieder versuchte, die Gleichwertigkeit seines heroischen Verses mit dem Alexandriner zu beweisen, sei es in den Übersetzungen aus der *Argenis (Argenida*, 1751) des John Barclay, den Äsopschen Fabeln (1752) und sogar in seinem von Alexander Pope und Fénelon inspirierten physikotheologischen Poem *Gottesschau (Feoptija*, 1754), das, seinerzeit von der geistlichen Zensur unterbunden, erst 1963 veröffentlicht wurde.

Von weit größerer Bedeutung als die metrischen Regeln waren in Trediakovskijs Traktat die Ausführungen zur Stilistik der Verse und vor allem eine Reihe poetischer Gattungsmuster. Die Gedichtformen Rondeau und Sonett, ferner Epistel, Elegie, Ode, Madrigal und Epigramm wurden nicht nur in ihrer künstlerischen Eigenart beschrieben, sondern auch in Exempeln vorgestellt, die freilich, namentlich das Madrigal, stilistisch ungeschlacht daherkamen. Von Trediakovskij stammten Übersetzungen grundlegender Werke aus dem europäischen Fundus, darunter auch Boileaus *L'Art poétique* (*Nauka o stichotvorstve*, 1752), die *Histoire romaine* (*Rimskaja istorija*, 1761-67) von Charles Rollin sowie Fénelons heroischer Roman *Les Aventures de Télémaque, fils d'Ulisse*, den er in ein Versepos aus daktylo-trochäischen Hexametern umwandelte. Mit dieser seiner *Tilemachida, ili Stranstvovanija Tilemacha syna Odiseeva* (1766) knüpfte er an die antike Epentradition an und schlug damit die neueren Modelle des christlichen wie des nationalen Epos aus. Heroisches Abenteuer und staatsgründerische Tugend verbanden sich in den bei Homer ausgesparten Fahrten des Telemach. Daß zugleich auch der (jambische) Alexandriner vermieden wurde, wie ihn etwa in Deutschland Benjamin Neukirch in seiner Fénelon-Übersetzung verwendet hatte, konnte nicht verwundern. Dennoch waren die metrischen und sprachlichen Innovationen des Epos erstaunlich. Zu einer phonetisch und syntaktisch erschwerten Sprache traten neue Wortschöpfungen und die für Homer typischen Komposita (Homerismen), die den Zeitgenossen freilich nur Spott abnötigten. (So wurden in der Hofgesellschaft Katharinas Verstöße gegen die Etikette durch das Lesen und Auswendiglernen Trediakovskijscher Hexameter geahndet.)

Michail Lomonosovs Sprachreform

Es war Michail Lomonosov, ein weitausgreifender Geist, Naturwissenschaftler, Historiker, Philologe und Dichter in einem, der in den Jahren zwischen 1739 und 1757 das neue Fundament der russischen Literatursprache legte, auf dem alsbald der Aufschwung der Nationalliteratur erfolgen sollte. 1736 war er zum Studium an die Universität Marburg und später an die Bergakademie Freiberg abgeordnet worden. Durch seine intensive Auseinandersetzung mit der deutschen Poesie und Dichtungslehre, namentlich mit Gottscheds *Critischer Dichtkunst*, gewann er die Vorstellungen für seine Sprachreform, die er in vier Schritten entfaltete: von der Metrik über die Rhetorik und Grammatik zur stilistisch-funktionalen Gliederung des Wortschatzes. Dabei mußte er die Frage lösen, wie das in Rußland vorfindliche Sprachmaterial, nämlich Kirchenslavisch, die alte südslavische Kultsprache der Slavia Orthodoxa, und das eigentliche Russisch, ein ostslavisches Idiom, zu einem einheitlichen Sprachmodell vereinigt werden konnte. Zudem mußte die Literatursprache, um den neuen soziokulturellen Anforderungen der europäisierten Literatur zu genügen, einer Stilhierarchie unterworfen werden. Lomonosovs erster Schritt, die Reform der russischen Versifikation, geschah in unmittelbarer Reaktion auf den Reformversuch Trediakovskijs. Gegen ihn polemisierte Lomonosov, wenn er in seinem *Brief über die Regeln der russischen Versifikation* (*Pis'mo o pravilach rossijskogo stichotvorstva*, 1739), angelehnt an die deutsche Verstheorie, die Grundregeln der russischen Metrik aus den prosodischen Gegebenheiten des Russischen entwickelte. Jetzt endlich wurde das sog. syllabotonische (silbenzählend-wägende) Verssystem mit seinem breiten Repertoire an Metren sowie der Gebrauch männlicher, weiblicher und daktylischer Reime für die russische Versdichtung freigegeben. Selbst gemischte Metren aus 2- und 3silbigen Versfüßen sah Lomonosov schon vor, womit er die künftigen daktylotrochäischen Hexameter und die erst Ende des 19. Jahrhunderts gebräuchlichen sog. *Dol'niki* vorwegnahm. Der zweite Schritt, die Erstellung eines Rhetorikhandbuches, das den Anforderungen an ein weltliches Schrifttum gerecht wurde, beschäftigte Lomonosov in den 1740er Jahren. Die erste Fassung seiner Rhetorik (*Ritorika*, 1744) wurde von der Petersburger Akademie abgelehnt und konnte erst nach gründlicher Überarbeitung 1748 unter dem Titel

Kurze Anleitung zur Redekunst (*Kratkoe rukovodstvo k krasnore-
čiju*) im Druck erscheinen. Das Handbuch vermittelte in den drei
Teilen *Inventio* (*O izobretenii*), *Ornatus* (*O ukrašenii*) und *Dispo-
sitio* (*O raspoloženii*) nicht nur rhetorische Techniken und Begriffe
in zeitgemäßer Bestimmung, sondern erwies durch die große Zahl
der Textbeispiele zugleich auch die universale Ausdruckskraft der
russischen Sprache. Lomonosovs *Russische Grammatik* (*Rossijskaja
grammatika*, 1755) bildete die dritte Säule seines Sprachgebäudes.
Auf der Basis des Moskauer Dialektes wurden Phonetik, Nominal-
und Verbalflexion ausführlich erörtert und normativ festgelegt. Da
die besondere Aussprache oder Schriftform volkssprachlicher Wörter herausgestellt wurde, deutete Lomonosov stilistische Differen-
zierungen auch im grammatischen System des Russischen an.

Im *Vorwort über den Nutzen der kirchlichen Bücher in der russischen Sprache* (*Predislovie o pol'ze knig cerkovnych v rossijskom
jazyke*), das er der Ausgabe seiner Gesammelten Werke 1757 vor-
anstellte, trug er schließlich seine Stillehre vor. Als Kriterium für
die Differenzierung des verfügbaren Wortschatzes dienten ihm die
«kirchlichen Bücher», d. h. die in kirchlicher Kyrillica verbreiteten
Bücher, da deren Lexik eindeutig als kirchenslavisch einzustufen
war. Auf der anderen Seite stand das Wortmaterial der russischen
Umgangssprache. In einem Überlappungsbereich fand sich eine
große Zahl gemeinslavischer Wörter, die sowohl im Russischen als
auch im Kirchenslavischen vorkamen. Die drei lexikalischen Gruppen wurden den Stilebenen in der Weise zugeteilt, daß der hohe Stil
(*vysokij stil'*) aus Wörtern der ersten und zweiten Gruppe, der mitt-
lere Stil (*posredstvennyj stil'*) aus Wörtern der zweiten und dritten
Gruppe, der niedrige Stil (*nizkij stil'*) allein aus der dritten Gruppe
gespeist werden sollte. Den Stilen waren Themenbereiche und Gattungen im Sinne der traditionellen Ständeklausel zugeordnet.

Lomonosovs Oden

Lomonosov legte mit seiner Reform den Sprachgebrauch für alle
gängigen Stile und Gattungen normativ fest. In der eigenen dichterischen Praxis aber widmete er sich vorwiegend den hohen Gattungen. Er schrieb feierliche Oden auf die verschiedensten dynastischen
Anlässe, klassizistische Tragödien, ein Peter-Epos, Aufschriften für
Illuminationen und Denkmäler, Prunkreden. Seine erste Ode, die er
1739 in Freiberg auf die Einnahme der türkischen Grenzfestung

Chotin (*Oda na vzjatie Chotina*) abfaßte, folgte dem Vorbild Johann Christian Günthers und spielte in Stil, Vers (4füßiger Jambus) und Strophe (AbAbCCddEE) die poetologischen Neuerungen aus. Der lyrische Dichter schwebte, von dem zu besingenden Gegenstand in Begeisterung versetzt, in den Äther empor und nahm ferne und nahe Gegenden in den Blick. Die von Boileau geforderte «lyrische Unordnung» (*désordre lyrique*) übernahm Lomonosov als Strukturprinzip der Gattung. Das im Grunde noch barocke Panoptikum der Bilder ließ jedoch oft eine thematische Leitlinie erkennen, die sich etwa an der alten topischen Licht- oder Blumensymbolik orientierte. Lomonosov begleitete mit seinen feierlichen Lobpreisoden (*ody pochval'nye*) auf Geburts- und Namenstage, Hochzeiten, Siege und Ankünfte die dynastischen Feste der Epoche der Kaiserin Elisabeth.

Unter den geistlichen Oden (*ody duchovnye*) stachen zwei 1743 entstandene naturbetrachtende Gedichte hervor: *Abendliches Nachdenken über Gottes Größe bei Gelegenheit des großen Nordlichtes* (*Večernee razmyšlenie o božiem veličestve pri slučae velikogo severnogo sijanija*) und *Morgendliches Nachdenken über Gottes Größe* (*Utrennee razmyšlenie o božiem veličestve*). Beide Texte standen in der Tradition der Physikotheologie und besaßen Vorbilder in Barthold Heinrich Brockes' *Irdischem Vergnügen in Gott*. Der Dichter und Naturforscher konnte in ihnen zwei Erkenntnisweisen miteinander verbinden, wenn er das barocke Concetto – die Sonne am nördlichen Himmel bzw. als Flammenmeer – als geophysikalische Erscheinung beschrieb und im Sinne der Leibnizschen Theodizee erklärte. Die Theologia naturalis lag auch der *Epistel über den Nutzen des Glases* (*Pis'mo o pol'ze stekla*, 1752) von Lomonosov – er betrieb selbst eine Glasmanufaktur – und den Lehrgedichten anderer Autoren zugrunde. Die didaktische Ausbreitung einer Wissensmaterie, wie sie Haller, Delille und Fénelon vorgeführt hatten, entsprach den Aufklärungsbestrebungen in besonderem Maße. Alexander Popes *Essay on Man* wurde bereits 1754 von Nikolaj Popovskij übersetzt und erlebte mehrere Auflagen.

Aleksandr Sumarokov

Aufklärung (*prosveščenie*, *prosvetitel'stvo*) und Rationalismus bestimmten als bewegende geistige und kulturelle Kraft im 18. Jahrhundert weitgehend die Inhalte und den Stil der Literatur. Mehr und mehr richtete sich das Gattungssystem an kognitiv-didaktischen Funktionen aus. Hinzu traten für die galant-intimen Zwecke der Adelsgesellschaft spielerische Formen und eine Liebes- und Freundschaftspoesie, die sich seit den 1760er Jahren mit wachsender Emotivität anreicherte und endlich in den 1790ern zur Karamzinschen Empfindsamkeit führte. Aleksandr Sumarokov begründete in den Jahren 1747-59 die neue Poetik und schuf ein Gattungsspektrum, das der rationalistischen Kunsttheorie entsprach. Sein 1748 in den Episteln *Über die russische Sprache* (*O russkom jazyke*) und *Über die Dichtkunst* (*O stichotvorstve*) vorgelegtes Programm konnte noch am ehesten als «klassizistisch» bezeichnet werden, da es die Überbleibsel des barocken Schwulstes zurückwies und, im ganzen Boileau verpflichtet, dringlich das Postulat der Vernünftigkeit des Inhalts und der Klarheit des Ausdrucks erhob. Sumarokov formulierte einen neuen Gattungskanon, in welchem die hohe Ode und das heroische Epos hinter den dramatischen Gattungen, Tragödie und Komödie, deutlich zurücktraten, während den belehrenden Gattungen Satire, Epigramm und Fabel besonderes Gewicht eingeräumt wurde. Auch die dichterischen Spielereien, das Lied (*pesnja*) – bei Boileau ausgespart – und die Elegie hatten ihren Platz in Sumarokovs Gattungsfächer. Selbstverständlich war es Aufgabe des Dichters, die Reinheit der Gattungen sorgfältig zu beachten. Doch was auch immer er schreibe, verkündete Sumarokov, er gebe dem Geist Bildung.

Tragödie und Komödie

Zu den als Praeceptum vorgestellten Gattungen legte Sumarokov alsbald passende Exempla vor. Da für die Theateraufführungen bei Hofe dramatische Texte erforderlich waren, wandte er sich zuerst dem dramatischen Genre zu. Von ihm stammte, auch wenn Trediakovskij und Lomonosov auf Anordnung der Kaiserin einige Stücke beisteuerten, das Grundrepertoire des russischen Nationaltheaters (*Rossijskij teatr*), zu dessen Direktor er 1756 im Range eines Brigadiers bestellt wurde. Seine 1747 verfaßte Tragödie *Chorëv* (so hieß in der Nestor-Chronik der Bruder von Kij, dem Gründer Kievs) umgab nach klassizistischem Muster einen moralisch-didaktischen Satz mit einer erfundenen Handlung, die historisch verkleidet war. Die Handlungskonstruktion wurde in den folgenden Stücken geringfügig variiert, zu den russischen Einkleidungen – *Sinav und Truvor* (*Sinav i Truvor*, 1750) – traten antike – *Ödipus* (*Edip*), *Aristona*, *Semira* (alle 1750) – und sogar der Hamlet-Stoff (*Gamlet*, 1748), den Sumarokov freilich nicht von Shakespeare selbst, sondern über eine französische Bearbeitung kennengelernt hatte. Als Tragödienvers gebrauchte er den Alexandriner, der sich nun rasch als klassizistischer Hauptvers durchsetzte.

Die Komödien, die Sumarokov 1750 anbot, waren satirische Typenkomödien, die sich vor allem in groben Scherzen und Situationsulk ergingen. Sie waren in einer Prosa verfaßt, die alle Register des Sprachwitzes zog. Der gelehrte Pedant in der Komödie *Tresotinius* (von frz. *très sot*, «sehr dumm») war unverkennbar eine Karikatur des verachteten Trediakovskij. Da die dramatischen Muster, die Sumarokov gegeben hatte, in der Folgezeit recht schematisch fortgesetzt wurden, versuchte Sumarokov in den 1770er Jahren selbst, der Tragödie durch die Behandlung nationalhistorischer Stoffe, wie des Falschen Demetrius (*Dimitrij Samozvanec*, 1771), einen neuen Impuls zu geben. Doch ähnlich wie in seinen späten Komödien bewies er nur, daß seine Zeit abgelaufen war. Vor allem wurde es als Mangel der Sumarokovschen Komödie empfunden, daß sie, allzu sehr französischen Vorlagen verhaftet, an der russischen Wirklichkeit vorbeischoß und damit ihre sittenverbessernde Wirkung verfehlte. Im Umkreis des Hoftheaterdirektors Ivan Elagin dachte man deshalb über die »Anpassung an die russischen Sitten» (*sklonenie na russkie nravy*) nach, die in den Komödien Vladimir Lukins und des jungen Denis Fonvizin alsbald verwirklicht wurde.

Denis Fonvizin

Von Fonvizin stammen die ersten gelungenen Gesellschaftskomödien in Rußland. Sein entscheidendes Anliegen war die angemessene Bildung des Adels. Hatte er als 15jähriger mit der Übersetzung der Fabeln des Dänen Ludwig Holberg (*Basni nravoučitel'nye… barona Gol'berga*, 1761) debütiert und 1764 die Komödie *Korion* von Gresset «adaptiert», so schuf er mit seinem *Brigadier* (*Brigadir*,

1769) eine Komödie, die sich, in Anlehnung an Holbergs *Jean de France*, mit der in Rußland grassierenden Gallomanie, der unkritischen Nachahmung der französischen Moden, auseinandersetzte. Das Stück machte Fonvizin mit einem Schlage berühmt und begründete seine Karriere in der russischen Diplomatie als Gehilfe des Grafen Panin. Die Liebesintrige war in der Komödie so konstruiert, daß die beteiligten Personen sich kreuzweise ineinander verliebten und in verschiedenen Idiomen daherredeten. Das Mißverständnis infolge mangelnder Beherrschung einer kultivierten Sprache war in *Brigadir* das eigentliche komische Element. Sprache fungierte als Indikator für Bildung und Vernunft. Ging es hier um verschiedene Formen falscher Bildung, so brachte Fonvizins Komödie *Der Landjunker* (*Nedorosl'*, 1781) die schlechte Bildung, d.h. die auf den Landsitzen übliche Erziehung durch ungeeignete Hauslehrer, auf die Bühne: Drei verkrachte Existenzen vermittelten Mitrofan, dem mit Dummheit geschlagenen Sohn der Gutsbesitzerin Prostakova, als Hauslehrer verschiedene Unterrichtsmaterien. Der Primitivismus der Lehrer Mitrofans wurde nur durch die Bosheit und Gemeinheit der Prostakova noch überboten. Fonvizins Komödien warnten mit satirischer Schärfe und abschreckenden Beispielen vor falscher Aufklärung.

Neben Fonvizin konnten andere Komödiographen kaum bestehen. Lediglich in der Verskomödie *Prozeßschikane* (*Jabeda*, 1793) von Vasilij Kapnist, in der eine Justizintrige durch das rechtzeitige Eingreifen des Petersburger Senats verhindert wurde, kamen gravierende Probleme des Rechtswesen und die allfällige Korruption in einem breiten Gesellschaftsbild zur Sprache.

Fabel und Satire

Die Ode spielte ins Sumarokovs Schaffen keine große Rolle. Höchstens war sie ihm Anlaß zu ätzenden Parodien, wie in den gegen Lomonosov gerichteten *Unsinnsoden* (*Ody vzdornye*, 1750er Jahre). Neben Gedichten, die das emtionale und geistige Leben der Adelsgesellschaft ausdrückten, pflegte Sumarokov besonders die lehrhaften Genres. Immer ging es ihm darum, die Moralität, das rechte Handeln und Denken des Edelmanns zu umreißen. Das konnte, anhand negativer Beispiele, auch in der Fabel und der Satire geschehen. Sumarokovs Fabelwerk bildete – nach den ungelenken

Versuchen von Kantemir und Trediakovskij – den eigentlichen Beginn der für die russische Literatur so wichtigen Gattung. Nicht weniger als 378 Fabeln hat er geschrieben und mit ihnen jenen Fabeltypus geprägt, dessen Grundzüge bis hin zu Krylov konstant blieben. Das Vorbild dieser erzählerisch ausgeschmückten, stilistisch bunten Tierfabeln in freien Jamben war La Fontaine, nicht Lessing. Thematisch konnten sich die seit 1762 in sechs Büchern gesammelten Fabeln (*pritči*) Sumarokovs auf jeden denkbaren Gegenstand erstrecken. Nicht selten waren sie derb-komisch oder parodistisch, oft dienten sie der Literatursatire. Sumarokovs Nachfolger führten die Fabel in verschiedenen Richtungen weiter: Vasilij Majkov verlieh ihr in seinen *Moralischen Fabeln* (*Nravoučitel'nye basni*, 1766) volkstümlich-derbe Züge, während Aleksej Rževskij die Gattung um manieristische Varianten bereicherte.

Als erstes Beispiel der Satire legte Sumarokov 1759 das Gedicht *Falscher Sinn* (*Krivoj tolk*) vor, in dem er gleichsam programmatisch einen Katalog lasterhafter Typen aufstellte, bemüht, sie den russischen Verhältnissen anzupassen. In seinen *Satiren* (*Satiry*, 1774) geißelte er vor allem die bestechlichen, geldgierigen Beamten. Zu den herausragenden Beispielen der Gattung zählten weiter Ivan Elagins *Satire wider Petit maître und Koketten* (*Satira na petimetra i koketok*, vor 1765) und Ivan Dmitrievs *Fremder Sinn* (*Čužoj tolk*, 1794), eine Verhöhnung der hohen Ode aus der Sicht der Empfindsamkeit. Satirische Inhalte fanden sich zuhauf auch in benachbarten Gattungen, etwa der nach einem strengen Strophenschema gebauten «Stanze» (*stans / stansy*), in Epigramm und Epitaph, Sonett und Rondeau.

Der Cheraskov-Kreis

Nach der Gründung der Universität sammelte sich seit 1760 in Moskau eine Gruppe junger Dichter aus dem Adelsstande um Michail Cheraskov, der schon bald zum einflußreichen Direktor der Universität aufstieg. In den Zeitschriften des Cheraskov-Kreises, die Sumarokovs kurzlebigen Versuch einer reinen Literaturzeitschrift, «Trudoljubivaja pčela» (Die arbeitsame Biene, 1759), fortsetzten, zeigte sich nun reicher Ertrag einer moralisch-didaktischen, doch zunehmend auch empfindsamen und galanten Poesie. Cheraskov selbst übte sich vorwiegend im moralisierenden Genre. Seine philosophischen Meditationen rechnete er der «anakreontischen Dichtart» zu, worunter er eine metrische Form – reimlose kurze Metren mit starker syntaktischer Gliederung – und nicht, wie die französischen oder deutschen Anakreontiker, eine Dichtung des Lebensgenusses verstand.

Aleksej Rževskij, der spätere Vizedirektor der Petersburger Akademie, Gesundheitsminister und Senator, veröffentlichte zwischen 1760 und 1762 gut 250 Gedichte, die nominell allesamt dem Gattungsspektrum Sumarokovs entsprachen. Rževskij, ein Versvirtuose *par excellence*, experimentierte mit verschiedenen Verfahren und griff dabei tief in die Trickkiste des Manierismus. Vieles in seinen Gedichten war reines, übermütiges Spiel, «Wortornament», wie Grigorij Gukovskij es nannte. Doch führte er durch manches Experiment auch ungeklärte Probleme der russischen Metrik und Poetik ins Bewußtsein, etwa den prosodischen Status einsilbiger Wörter im Vers, das Problem der sog. Positionslänge oder das Repertoire freijambischer Verse. So schrieb er die Fabel *Mann und Frau* (*Muž i žena*, 1761) in Form eines Rhombus, stellte eine Ode aus einsilbigen Wörtern zusammen (*Oda, sobrannaja iz odnosložnych slov*, 1761) oder bastelte Spaltsonette, die, je nachdem wie man sie las, mehrfachen Sinn ergaben. In seiner *Stanze, geschrieben am 19. Juli 1761* (*Stans, sočinjen 1761 goda ijulja 19 dnja*) kamen bereits die typischen Motive der Empfindsamkeit zum Ausdruck: Abschied, Freundschaft, Einsamkeit und Glück des Landlebens. In späteren Jahren hat Rževskij zwei Tragödien, aber kaum noch Gedichte geschrieben. Dennoch fanden gerade seine experimentellen Gedichte Nachfolge in den Kreisen der Moskauer Freimaurer der 1780er Jahre.

Ippolit Bogdanovič, einer der Jüngsten im Cheraskov-Kreis, pflegte die galante Poesie. In dem Bändchen *Lyra* (*Lira*, 1773) sammelte er seine oft nach französischen Vorlagen gefertigten Gedichte. In gewisser Weise bildeten sie die Fingerübung für sein späteres Hauptwerk, das antikisierende Märchenpoem *Psyche* (*Dušen'ka*, 1778, 1783), das in eigenwilliger Weise La Fontaines *Les amours de Psyché et de Cupido* in russische Verse umsetzte. Die anmutige Darstellung der antiken Götterwelt geschah in jenem gepflegten Plauderstil, der sich in der russischen Adelsgesellschaft allmählich verbreitete.

Das Epos

Daß endlich auch die der Literatur gestellte staatspolitische Aufgabe, das russische Nationalepos zu schaffen, gelöst wurde, war Michail Cheraskov zu verdanken. Zuvor hatten sich auch Kantemir, Lomonosov und andere daran versucht, doch erst Cheraskov, der bereits mit seinem epischen Gedicht auf den Sieg der russischen Flotte in der Seeschlacht von Cesme (*Česmesskij boj*, 1771) eine beeindruckende Probe geliefert hatte, gelang der Durchbruch mit seiner nach allen Regeln der Kunst ausgeführten *Rossijada* (1779). Als epischen Stoff wählte er die Eroberung der Tatarenfestung Kazan' durch den jungen Zaren Ivan IV. Dadurch konnte er den Gedanken der inneren und äußeren Sicherung des Staates, wie ihn Voltaire in seiner *Henriade* gestaltet hatte, mit der Tendenz des christlichen Epos verbinden, für das Torquato Tasso im *Befreiten Jerusalem* das maßgebliche Muster geliefert hatte. (Tassos Epos war 1772 von Michail Popov ins Russische übersetzt worden.) Eine gewisse Asymmetrie in der Komposition der *Rossiada* ließ darauf schließen, daß Cheraskov wohl zunächst die Zehnteiligkeit des Voltaireschen Epos vorschwebte, die dann aber in Tassos Zwölfteiligkeit aufging. Bestens in der europäische Epentradition bewandert, prunkte Cheraskov mit vielfältigen Imitationen und Zitaten aus der alten und neuen Epik. In den «zärtlichen» Passagen kamen bereits auch Stilelemente der Empfindsamkeit und des Rokoko zum Tragen. Die späteren epischen Dichtungen Cheraskovs, teils historisch-heroischen, teils philosophisch-freimaurerischen Inhalts, konnten den Prestigeerfolg der *Rossijada* nicht wiederholen. Im Klima der aufkommenden Romantik verlor das klassizistische Epos sehr bald jegliche Relevanz.

Gavrila Deržavin

In den 1780er Jahren erreichte die russische Poesie in der Odendichtung Gavrila Deržavins ihren ersten Höhepunkt. Deržavin stammte aus einer wenig begüterten Adelsfamilie und hatte lange Zeit im Preobraženskij-Garderegiment gedient. Zwar hatte er bereits Mitte der 1770er Jahre Gedichte veröffentlicht, doch erst mit der Katharina gewidmeten Ode *Felica* (1783) konnte er sich als Erneuerer der Odendichtung profilieren. Die Kaiserin wurde hier in orientalischer Verkleidung als Herrscherin der Kirgis-Kajsakischen Horde besungen. Odisches Lob der tugendhaften Monarchin und satirische Schelte ihrer oberflächlichen Trabanten trugen die Sinnstruktur der Ode. Deržavin fügte damit zwei Stränge der vorangegangenen Literaturentwicklung zusammen. In prächtigen Beschreibungen, wie sie die Poetik der malenden Poesie nahelegte, vergegenwärtigte er die Feste und Bankette, die Vergnügungen, mehrspännigen Ausfahrten und Prunkjagden der Katharinensischen Zeit. Mehrere Oden waren hohen Würdenträgern gewidmet. Fürst Potëmkin wurde nach der Einnahme der Festung Izmail (*Na vzjatie Izmaila*, 1790/91) pathetisch gefeiert, doch auf seinen Tod schrieb Deržavin die Ode *Der Wasserfall* (*Vodopad*, 1791-94), die den Glanz der Großen mit dem einfachen Leben der gewöhnlichen Menschen im Bild von Wasserfall und Bach verglich. Zu seinen bedeutendsten Gedichten zählte die Ode *Gott* (*Bog*, 1784), die als Zeugnis der literarischen Reife der Russen schon früh auch in fremde Sprachen übersetzt wurde. In physikotheologischer Argumentation verfocht der Dichter die These, daß der Mensch vor Gott zwar ein Nichts sei, gleichwohl aber erst des Menschen Größe und Vollkommenheit auf den Schöpfer schließen lasse.

Außer seinem Odenschaffen widmete sich Deržavin, angeregt durch seinen Freund Nikolaj L'vov, den Kunsttheoretiker und Übersetzer der *Gedichte des Anakreon von Teos* (*Stichotvorenija Anakreona Tijskogo*, 1794), in den 1790er Jahren auch der anakreontischen Poesie. Mit seinen gesammelten *Anakreontischen Liedern* (*Anakreontičeskie pesni*, 1804) gewann er in den Jahren des launischen Zaren Pauls I. Abstand von den Unwägbarkeiten der Politik, womit er sich zugleich dem literarischen Zeitgeschmack annäherte. Einige der Gedichte, etwa das auf den Laut «r» verzichtende *Die Nachtigal im Schlaf* (*Solovej vo sne*, 1797), waren virtuose Übungen, die den Meister des Verses verrieten. Die 1807 entstandene Idylle *An Eugen. Das Leben in Zvanka* (*Evgeniju. Žizn' Zvanskaja*), dem befreundeten Bischof Evgenij Bolchovitinov gewidmet, beschrieb ein behagliches Landleben auf Deržavins Landsitz am Ilmensee.

In den Auseinandersetzungen um Stil und Poetik der russischen Literatur, der Anfang des 19. Jahrhunderts zwischen «Archaisten» und «Neuerern» ausbrach, war Deržavin die Galionsfigur der Archaisten. In seinem nicht vollendeten Traktat *Abhandlung über die lyrische Poesie* (*Rassuždenie o liričeskoj poëzii*, 1811/12) versuchte er, die alte Dichtungslehre noch einmal zu behaupten.

Sentimentalismus – Der «neue Stil» Karamzins

Es gab eine Reihe von Gründen, die bewirkten, daß der von Sumarokov vertretene poetische Rationalismus im letzten Drittel des
18. Jahrhunderts langsam, aber unaufhaltsam überwunden wurde.
Rousseaus Fundamentalkritik an der Kultur, die Korrektur des Ver-
nunftprinzips, die Wiedereinsetzung von Gefühl und Intuition sowie die Neuentdeckung der Natur zeigten eine ideengeschichtliche
Wende an, die von der auch in Rußland kräftig ausgreifenden Frei-
maurerbewegung ebenso aufgenommen wurde, wie sie sich in einer
neuen Gefühlskultur in der Adelsgesellschaft niederschlug. Was
sich in der Dichtung an empfindsamer Haltung, Gefühlsausdruck
und Naturbegeisterung schrittweise verstärkt hatte, stand in den
1790er Jahren dann als der «neue Stil» (*novyj slog*) Nikolaj Karamzins im Raum. Dabei war für den russischen Sentimentalismus
kennzeichnend, daß sich in ihm die weichherzige Emotionalität mit
der spielerischen Galanterie des Rokoko verband. Beides bedeutete,
nach der Französischen Revolution und namentlich der Jakobiner-
diktatur, zugleich den Rückzug ins Private, wie gerade das Beispiel
Karamzins beweist. In Freundschaft vereinte Literaturzirkel traten
zusammen, wie 1801 die «Freundschaftliche literarische Gesellschaft» (*Družeskoe literaturnoe obščestvo*) in Moskau. Karamzin
entdeckte – in seinem *Sendschreiben an die Frauen* (*Poslanie k žen-
ščinam*, 1795) – die Damen der Salons als sein bevorzugtes Publikum, dem er seine hübsch gestalteten Lyrikalmanache widmete.
Man könnte von einer Poetik der Bagatellen sprechen, denn eben
unter diesem Begriff (*bezdelka*) versammelten die beiden führenden
Poeten der 1790er Jahre ihre zeittypischen galanten und gefühlvol-
len Gedichte: Karamzin 1794 (*Moi bezdelki*) und Ivan Dmitriev
1795 (*I moi bezdelki*).

Drama und erzählende Prosa

Die sentimentalistischen Anwehungen hatten zunehmend auch das
dramatische Genre erfaßt. Der von Denis Diderot angestoßene dra-
maturgische Diskurs um die *comédie larmoyante*, das «Rührstück»,
war auch nach Rußland gedrungen. Die Absenkung der tragischen
Handlung auf eine «bürgerliche» Ebene, d. h. die Aufhebung der alten Ständeklausel, führte ebenso wie die Anreicherung der Komö-

die mit «rührseligem» Inhalt zu einem Ausgleich der Gattungen, der auch in Rußland begierig aufgegriffen wurde. Schon Cheraskov hatte in den 1770er Jahren einige «rührende» Komödien geschrieben, in denen das stimmungsmäßige Element hervortrat, etwa in nächtlichen Szenen bei Fackelschein oder Gewitter. Später hatte Pëtr Plavil'ščikov beträchtlichen Erfolg mit Stücken, die in vielem dem Vorbild August von Kotzebues folgten.

Stärker als in den westlichen Literaturen hatten in Rußland bislang die Versgattungen in der «schönen Literatur» dominiert. Prosa besaß ihren geachteten Ort in Geschichtswerken, philosophischen Traktaten und vor allem in der feierlichen Prunkrede. Die moralischen oder satirischen, oft in Briefform gehaltenen Texte, mit denen sich Nikolaj Novikov in seinen Zeitschriften gegen Unbildung, Eitelkeit, Geiz und Stutzertum wandte, brachten einen frischen Ton in die Prosa. Auch der junge Ivan Krylov verfaßte für seine eigenen Zeitschriften scharfsinnige Satiren. Als beste unter ihnen kann die als *conte oriental* verkleidete Erzählung *Kaib* (1792) gelten, die in der Manier Voltaires die durch die Literatur erzeugten Illusionen zerstörte. Minderer Rang kam hingegen der Romanliteratur zu. Der Roman war ein mißachtetes, ja anrüchiges Genre. Es dauerte lange, bis die stilistischen, erzählerischen Verfahren soweit beherrscht wurden, daß eine ansehnliche Erzählliteratur entstehen konnte.

Die Reiseromane Radiščevs und Karamzins

In zwei bedeutsamen Werken, an der Schwelle zu den 1790er Jahren entstanden, war im Rückblick der Beginn der großen russischen Prosaliteratur zu erkennen: in Aleksandr Radiščevs *Reise von Petersburg nach Moskau* (*Putešestvie iz Peterburga v Moskvu*, 1790) und Karamzins *Briefen eines reisenden Russen* (*Pis'ma russkogo putešestvennika*, 1791-95). Es ist bemerkenswert, daß beide Werke eine Reise als Kompositionsschema verwendeten: Radiščev die gängige Route zwischen der neuen und der alten Hauptstadt, Karamzin eine sorgfältig geplante Bildungsreise ins westliche Ausland, nach Deutschland, in die Schweiz, nach Frankreich und England. Beide gewannen aus den zufälligen Eindrücken und Begebnissen der Reise ein Gesamtbild der bereisten Gegenden und arrangierten ihren Stoff so, daß er als authentischer Bericht erscheinen mußte. Auch war der empfindsame Zuschnitt der Texte, vor allem in der freundschaftlichen Zuwendung an die Widmungs- bzw. Briefadressaten unverkennbar. Und doch unterschieden sich beide Werke in ihrer politischen Intention wie auch in der stilistischen Machart sehr deutlich voneinander. Radiščev nahm die zwischen den Hauptstädten gelegenen Poststationen zum Anlaß, um die offenkundigen oder verborgenen Mißstände des Reiches, vor allem die Leibeigenschaft und die Lasterhaftigkeit des Adels, scharf zu geißeln. Utopische Projekte zur Behebung der sozialen und politischen Probleme wurden abgehandelt sowie, in einer «Lobrede auf Lomonosov», Fragen der russischen Sprache und Metrik. Den Höhepunkt des Werkes aber bildete die Ode *Freiheit* (*Vol'nost'*), die in der Form der höfischen Ode unter Berufung auf das Naturrecht zum Tyrannenmord aufrief, sofern der Monarch sich gegen das Gesetz stellte. Es verwundert nicht, daß Katharina, als sie das von Radiščev privat gedruckte Buch vorgelegt bekam, aufs heftigste reagierte. Der junge Radiščev war von ihr einst großzügig gefördert worden. Zur selben Zeit wie der gleichaltrige Goethe hatte er in Leipzig studiert und über das Leben seines Kommilitonen Fëdor Ušakov eine dokumentarische Erzählung (*Žizn' F.V. Ušakova*, 1789) geschrieben. Jetzt erkannte die Kaiserin in ihm eine Bedrohung, «schlimmer als Pugačëv». Radiščev wurde zum Tode verurteilt, das Urteil aber, dank der Intervention mächtiger Freunde, zu Verbannung in Sibirien umgewandelt.

Karamzin hingegen vermittelte in seinen Reisebriefen vor allem die aktuellen europäischen Diskurse, wie sie sich ihm aus seinen Gesprächen mit namhaften Schriftstellern und Gelehrten der Zeit, darunter Kant in Königsberg, Karl Philipp Moritz in Berlin, Herder und Wieland in Weimar, darstellten. Goethe schien, wohl wegen unguter Erinnerungen an den «unglücklichen L.» (Jakob Michael Reinhold Lenz), der Karamzin in Moskau instruiert hatte, an einer Begegnung nicht interessiert. Lavater in Zürich und Bonnet in Genf waren weitere Ziele des bildungshungrigen Russen. Er erlebte endlich das Paris des Jahres 1790, in das nach den ersten revolutionären Erschütterungen wieder Ruhe eingekehrt zu sein schien. So entstand ein facettenreiches Kompendium des geistigen, kulturellen und literarischen Lebens in Europa, in das mit sicherer Hand Episoden, Erzählungen und Naturbeschreibungen hineinkomponiert waren.

Hatte Radiščev in seinem Reisebuch die Möglichkeiten des Russischen nach Lomonosovs Stillehre funktional je im Hinblick auf die thematischen Anforderungen ausgenutzt, was zu sprachlicher

Unausgeglichenheit führte, so stellten sich Karamzins Reisebriefe dagegen stilistisch aus einem Guß dar. Welche Begebenheiten er auch beschrieb, welchen Gegenstand er auch ansprach – alles bewies, daß sein «neuer Stil», der in den wesentlichen Zügen dem von Lomonosov vernachlässigten «mittleren Stil» entsprach, dem Mitteilungsbedürfnis eines ebenso gefühlsreichen wie wißbegierigen jungen Reisenden voll gerecht wurde.

Karamzins Erzählungen

In seinen Erzählungen der 1790er Jahre baute Karamzin den sentimentalistischen Prosastil weiter aus und gab damit folgenreiche Anstöße. Die Erzählung von der *Armen Lisa* (*Bednaja Liza*, 1792) war nicht die erste, die Karamzin veröffentlichte, doch brachte sie ihm bleibenden Erfolg. Mit der Geschichte vom naiven Bauernmädchen Lisa, das von dem gewissenlosen Edelman Erast verführt und endlich verlassen wurde, nahm er das virulente Motiv der Liebe zwischen den Ständen auf und gestaltete die Gefühlslagen und Stimmungen in der neuen empfindsamen Manier so eindrucksvoll, daß die liebenswerte Heldin der Erzählung zur Kultfigur wurde. Die folgenden Erzählungen zeigten je besonderen Zuschnitt und ein aus den zeitgenössischen Diskursen zu erschließendes Motivationsgefüge. Die Erzählungen *Die Insel Bornholm* (*Ostrov Borngol'm*, 1794) mit dem heiklen Inzestmotiv und *Sierra Morena* (1802/03) mit dem Motiv des wiederkehrenden totgeglaubten Gatten knüpften an die den Lesern wohlvertrauen Situationen aus den Reisebriefen an. In seinen letzten Erzählungen, *Moja ispoved'* (*Meine Beichte*) und *Ein Ritter unserer Zeit* (*Rycar' našego vremeni*, beide 1802/03) stellte Karamzin bereits die von Langeweile (*skuka*) und Charakterschwäche geprägten Helden vor, die auf den künftigen «überflüssigen Menschen» vorauswiesen. Während in *Natal'ja, die Bojarentochter* (*Natal'ja, bojarskaja doč'*, 1792) eine empfindsame Liebesgeschichte lediglich in eine unbestimmte Vergangenheit verlegt war, fand Karamzin in der Erzählung *Marfa-posadnica, ili Pokorenie Novagoroda* (*Marfa-Posadnica oder Die Unterwerfung von Novgorod*, 1802/03) zur echten Geschichtsdarstellung, die nun auch mit authentischen Akteuren und historischem Kolorit arbeitete. Der Kampf der Witwe des letzten Statthalters (*posadnik*) der Stadtrepublik Novgorod und der Sieg des Großfürsten und Zaren Ivan III. besaßen für die Gegenwart paradigmatische Bedeutung. Karamzin betrat mit der Erzählung den Weg des Geschichtsschreibers. 1803 wurde er zum Hofhistoriographen bestellt. Seine *Russische Reichsgeschichte* (*Istorija gosudarstva Rossijskogo*), ein Werk von epochaler Bedeutung, erschien in den Jahren 1818-25.

Der Aufschwung der russischen Erzählprosa wäre ohne Vorbildwirkung westlicher Autoren nicht denkbar gewesen. Radiščev gewann die Komposition seiner *Reise* von Laurence Sterne; Pavel L'vov verwandelte in seiner *Russischen Pamela* (*Rossijskaja Pamela*, 1789) Samuel Richardsons Heldin in eine russische Bäuerin; Goethes *Leiden des jungen Werther*, bereits 1781 erstmals ins Russische übersetzt, lösten auch in Rußland eine Werther-Mode aus und schlugen sich in Folgewerken nieder wie *Werthers Empfindungen oder Der unglückliche M-v* (*Verterovy čuvstvovanija, ili Nesčastnyj M-v*, 1793) von Aleksandr Klušin oder *Der russische Werther* (*Rossijskij Verter*, 1801) des 16jährigen Michail Suškov, der aus der Unbedingtheit des Gefühls heraus den Werther-Tod an sich selbst vollzog.

Rückgewinnung altrussischer Literatur

Nicht ohne das Zutun Karamzins wurde an der Schwelle zum neuen Jahrhundert das *Igor'-Lied* (*Slovo o polku Igoreve*) ausgegraben, das fortan – neben den Chroniken – als das bedeutendste Denkmal der altrussischen Literatur galt. Karamzin, der es zuerst bekanntmachte und 1800 edierte, stellte es in den Zusammenhang mit dem damals in Rußland grassierenden Ossianismus – und damit unwillentlich in den Ruch der Fälschung. Bald schon erschien auch die erste Bylinen-Sammlung des Kirša Danilov (*Sbornik Kirši Danilova*, 1804). Da August Ludwig von Schlözer in jenen Jahren zudem seine kritische Edition der *Nestor-Chronik* (*Nestor. Russische Annalen in ihrer Slavonischen Grundsprache*, 1802-09) im fernen Göttingen vorantrieb, mochte sich endlich eine genauere Vorstellung vom altrussischen Schrifttum bilden. Erst jetzt konnte die altrussische Literatur, die im klassizistischen Rationalismus des 18. Jahrhunderts abgesehen vom nationalhistorischen Interesse keinen rechten Ort gefunden hatte, allmählich in das Gesamtbild der russischen Literatur eingeordnet werden.

Kapitel III

Russische Romantik – Die Puškin-Zeit

Von Alexander I. zu Nikolaus I.

Zu Beginn des 19. Jahrhunderts festigte sich in vielen russischen Köpfen die Überzeugung, daß Rußland eine kulturelle Reife erlangt habe, die es befähige, zu seinen unstrittigen Erfolgen im politischen System nun auch in den Wissenschaften und Künsten Bedeutendes zu leisten. Solche Hoffnungen gründeten sich auf die liberalen Versprechungen des neuen Zaren, Alexanders I., der 1801 den Thron bestiegen hatte, auf die wachsenden kulturellen, vor allem literarischen Anstrengungen und natürlich auf die moralische Festigkeit des russischen Volkes, das im Vaterländischen Krieg Napoleon niedergerungen hatte.

Alexander, der Enkel Katharinas II., war auf das Herrscheramt sorgfältig vorbereitet worden. Er versuchte, liberale Reformen im Bereiche der Staatsverwaltung, des Bildungswesens, der Finanzen, der Wirtschaft wie auch im Rechtswesen durchzuführen. Nicht weniges von diesem Programm wurde, inspiriert vom «geheimen Komitee» und vorangetrieben durch einen beweglichen Geist wie Michail Speranskij, in die Tat umgesetzt. Zu den Glanzpunkten der Herrscherzeit Alexanders zählte die Umwandlung der Petrinischen Kollegien in moderne Fachministerien, die Gründung neuer Universitäten – freilich auch mit dem Ziel, das Auslandsstudium junger Russen überflüssig zu machen –, sowie die Einrichtung neuartiger Lehranstalten wie des Lyzeums in Carskoe Selo und des Gymnasiums der höheren Wissenschaften in Nežin. Doch scheiterte Alexander mit dem Ansinnen, die Bauernfrage, die drückende Leibeigenschaft der Bauern, in einem humanen Sinne zu lösen. Daß er die Ermordung seines Vaters, Pauls I., durch eine Palastrevolte hatte geschehen lassen, blieb wie ein Schatten an seiner Gestalt haften. Nach dem Vaterländischen Krieg, der Alexander zum «Retter Europas» werden ließ, schwanden Reformwille und Liberalität bei dem Zaren schnell dahin, während sie in der Adelsintelligenz, die im Krieg die kulturellen Einrichtungen und politischen Werte Westeuropas kennengelernt hatte, stürmisch anwuchsen. In Alexander festigte sich vielmehr ein mystisches Sendungsbewußtsein, das sich politisch in der mit Preußen und Österreich geschlossenen «Heiligen Allianz» (*Svjaščennyj Sojuz*) dokumentierte. Seltsamerweise war dieser Zar, der sich zunächst der inneren Erneuerung Rußlands verschrieben hatte, einer der großen Erweiterer des Russischen Reiches. Er gewann seinem Land 1801 Georgien, 1809 Finnland, 1812 Bessarabien und 1813 Aserbaidschan hinzu.

Nikolaus I., der jüngere Bruder und Nachfolger Alexanders, war unvorbereitet auf den Thron gelangt. Er hatte zuvor eine militärische Ausbildung erhalten, galt als fähiger Organisator und zeichnete sich durch Tatkraft und Mut aus. Seine Herrschaft stand unter der von dem Volksbildungsminister Graf Uvarov formulierten Devise «Autokratie, Orthodoxie und Vaterlandsliebe» (*samoderžavie, pravoslavie, narodnost'*). Der streng gegliederte Ordnungsstaat, den er zu verwirklichen suchte, setzte in der Außenpolitik den expansiven Kurs aller Zaren fort. 1828/29 führte Nikolaus erfolgreich Krieg gegen die Türken; 1830/31 schlug er den polnischen Aufstand nieder und inkorporierte Kongreßpolen dem Russischen Reich; 1849 intervenierte er auf Seiten Habsburgs gegen die aufständischen Ungarn. Nur im Krimkrieg mußte er eine empfindliche Schlappe hinnehmen, die er nicht überlebte. Zar Nikolaus war zu seiner Zeit beides: Objekt der Bewunderung der Konservativen wie des Hasses der Liberalen und Revolutionäre.

Die Revolte der Dekabristen

Da Nikolaus die Zarenherrschaft in dem Augenblick antrat, als die Dekabristenrevolte losbrach, ergriff er sofort rigorose Maßnahmen, um weitere oppsitionelle Regungen im Keime zu ersticken. Über die Verschwörer, die sich aus den besten Familien des Adels rekrutierten, hielt er scharfes Gericht. Unter den Bestraften befanden sich mehrere Dichter: Kondratij Ryleev, als Verfasser der balladenartigen *Dumy* (1825) bekannt und beliebt, wurde als Drahtzieher der «Nördlichen Gesellschaft» (*Severnoe obščestvo*) ebenso gehängt wie Oberst Pestel', der führende Geist der Dekabristen und Verfasser ihrer politischen Programmschrift *Russische Wahrheit/Gerechtigkeit* (*Russkaja Pravda*). Die Dichter Vil'gel'm Kjuchel'beker, ein Lyzeumsfreund Puškins, Aleksandr Odoevskij und der unter dem Pseudonym Marlinskij schreibende Erzähler Aleksandr Bestužev wurden nach Sibirien verbannt. Aleksandr Griboedov und Pavel

Katenin standen den Verschwörern nahe und mußten Verhöre über sich ergehen lassen. Puškin geriet nur deshalb nicht ins Gemenge, weil er auf dem mütterlichen Gut Michajlovskoe konfiniert war. Im schicksalhaften Gespräch mit dem neuen Zaren bekannte er allerdings im September 1826 freimütig seine Sympathien für die Dekabristen.

Die Adelskultur

Der Adel war zu jener Zeit die wichtigste kulturtragende Schicht in Rußland. Gewiß, auch der Hof war mit seinem gewaltigen Macht- und Finanzpotential ein keineswegs zu unterschätzender kultureller Faktor, ebenso wie die orthodoxe Kirche in ihrem Bereich. In der Breite aber schlugen sich die neuen Einflüsse und Impulse am stärksten im Milieu des hohen und mittleren Adels nieder; der Kleinadel auf dem Land galt als «verbauert». Nach dem Adelscomment konnte die Beschäftigung mit den Wissenschaften, mit Literatur, Musik und Kunst nur als Liebhaberei, nicht aber zum Broterwerb getrieben werden. Viele der heute bewunderten Werke waren deshalb Zeugnisse eines Dilettantentums – von hohem Rang. Berufsmäßig beschäftigten sich mit den Wissenschaften und Künsten vor allem Leute aus den zwischen Adel und Bauern angesiedelten Ständen (Popensöhne, Kaufleute, kleine Beamten usw.), die sog. «Raznočincy». Allerdings erkannte bereits der stets von Geldnot geplagte Puškin, wie sein *Gespräch des Buchhändlers mit dem Dichter* (*Razgovor knjigoprodavca s poétom*, 1824) beweist, den kommerziellen Wert der Dichtung.

Die eleganten Adelssalons der Hauptstädte wurden zu Treffpunkten der führenden Geister der Puškin-Zeit, wo künstlerische Beschäftigungen, geistreiche Gespräche mit liebenswürdiger Geselligkeit und eleganter Lebensführung verschmolzen. Meist stand im Mittelpunkt eines solchen Salons eine geistreiche, gebildete Dame. Berühmt war in Petersburg der Salon des Direktors der Kaiserlichen Öffentlichen Bibliothek, Aleksej Olenin, wo um 1820 der Fabeldichter Krylov, der Balladendichter Žukovskij und der junge Puškin verkehrten. In Moskau glänzte der Salon der Fürstin Zinaida Volkonskaja, dessen Atmosphäre mit Whist- und Bostonspiel, Ballgemurmel und den Spielen Apolls Puškin in einem Gedicht eingefangen hat. Im Umkreis der Salons entstand eine Art gehobener Gelegenheitspoesie: Albumverse, galante Madrigale, geistreiche

Epigramme, Widmungsgedichte. Selbst das Sonett, von Baron Del'vig und Puškin bald durch das Thema des Künstlertums geadelt, gewann in solcher Umgebung erneut Bedeutung und Rang. Viktor Šklovskij sollte später behaupten, die hohe Dichtung der Puškin-Zeit sei aus der zeitgenössischen Stammbuchpoesie hervorgegangen.

Übergänge

Seit Beginn des Jahrhunderts verstärkten sich in Rußland all jene philosophischen, kulturologischen und kunsttheoretischen Diskurse, die in Richtung Romantik verliefen. Anstelle von Rationalismus und Didaktizismus, die das Aufklärungszeitalter bestimmt hatten, traten in der romantischen Weltauffassung Gefühl, Intuition und Imagination. Träume, Visionen, Phantasien des inspirierten Künstlers verdrängten das vernunftgestützte Kalkül trockener Pedanten. Der neue, emotionsgeladene Stil Karamzins diente dabei als Ausgangspunkt für die Gewinnung des romantischen Terrains. Nach Übergangserscheinungen unterschiedlichen Charakters etwa in den Werken Krylovs, Žukovskijs und Batjuškovs kam die romantische Orientierung in den 1820er Jahren, namentlich im Schaffen Puškins, voll zum Ausdruck. In den Werken dieses einzigartigen Dichters flossen die wesentlichen künstlerischen Tendenzen der Zeit ineinander, fanden die Lebensprobleme von Individuum, Gesellschaft und Staat eine so eindrucksvolle Gestaltung, daß für die Epoche oft die Bezeichnung «Puškin-Zeit» gebraucht wurde, die man teils enger (1820-37), teils weiter (etwa 1815-40) ansetzte. Puškin und der Kreis seiner Freunde, die sog. «Puškin-Plejade» (*Puškinskaja plejada*) vertraten, durch einen Grundkonsensus zum höchsten Streben in der Kunst verbunden, verschiedene romantische Muster und Möglichkeiten. In der russischen Romantik vereinigten sich deutsche, englische, italienische, teils auch noch französische und, durch den nach Rußland verbannten Adam Mickiewicz, polnische Impulse mit einer inzwischen herangewachsenen genuin russischen Tradition. Die Romantik der Puškin-Zeit war demnach die erste große Epoche der russischen Literatur, in der das Eigene und das Fremde, das Russische und das Europäische zu erstaunlicher Größe zusammenwuchsen.

Archaisten und Novatoren

An der Schwelle zur Puškin-Zeit spielte der Streit zwischen «Archaisten» und «Novatoren» eine große Rolle, der die literarischen Gemüter über zwei Jahrzehnte erregte. Es ging, ausgelöst durch den Traktat *Erörterung über den alten und neuen Stil der russischen Sprache* (*Rassuždenie o starom i novom sloge rossijskogo jazyka*, 1803) des Admirals Aleksandr Šiškov, zunächst um Sprach- und Stilfragen der russischen Literatur. Wenn die Anhänger Šiškovs jedoch auf der überkommenen Stilhierarchie bestanden und den «neuen Stil» Karamzins als läppisch und unrussisch abtaten, so verbarg sich dahinter die verständliche Einsicht, daß die staatspolitischen Belange einer heroischen Zeit nicht im gefühligen Stil des Sentimentalismus, sondern allein im hohen Stil behandelt werden konnten. Gleichzeitig versuchten die Archaisten, klassizistische Positionen in Kunsttheorie und Poetik, wie sie etwa in Frankreich Jean François La Harpe vertrat, zu behaupten. Die Fronten verhärteten sich, als sich die Archaisten, darunter immerhin auch Deržavin und Krylov, 1811 zu der literarischen «Gesprächsrunde der Liebhaber des russischen Wortes» (*Beseda ljubitelej russkogo slova*) zusammenschlossen. Mit strengem Reglement und gesellschaftlichem Pomp hielten sie an den literarischen Normen der Katharinensischen Zeit fest. Als Gegengewicht zur «Beseda» bildete sich 1815 die Dichtervereinigung «Arzamas», benannt nach einem satirischen Gedicht des Grafen Bludov, in der die Anhänger Karamzins und Žukovskijs sich in maliziösen Parodien auf die Archaisten ergingen. Statt des hohen Stils und der hohen Gattungen pflegte man einen der Umgangssprache angenäherten mittleren Stil und übte sich in Elegien, Stimmungsgedichten und Balladen. Welche Bedeutung diese letztere Gattung für den Kreis besaß, zeigte der Umstand, daß die Mitglieder des Kreises ihre Namen nach den Balladen Žukovskijs erhielten.

Ivan Krylov

Mit Ivan Krylov, dem großen Fabeldichter, gewann die russische Literatur erstmals weltliterarischen Rang. Seine Fabeln, die sich auf die reiche russische Tradition der Gattung gründeten und wesentliche Anregungen aus den alten und den westlichen Literaturen verwerteten, schöpften alle denkbaren stilistischen Valeurs der russischen

Sprache aus und brachten damit erstmals den unerschöpflichen Reichtum des Russischen zur Geltung. Zwar war die Fabel im überkommenen Verständnis eine «niedere» Gattung, doch konnte sich Krylov, da in den Fabeln Löwen und Adler als Herrscher, Ochsen und Esel als «Niedervolk» erschienen, ganz zu schweigen vom Seufzen gefühlvoller Täuberiche, auch auf hohen, mittleren oder niedrigen Stil einstellen. Zudem machte er höchst effektvoll Gebrauch vom angestammten Fabelvers (*basennyj stich*), d. h. Jamben mit wechselnder Zahl der Versfüße. Die Meisterschaft, mit der all dies geschah, bewirkte, daß die Texte, die einerseits kindgemäß und belehrend waren, andererseits aber höchsten literarischen Ansprüchen genügten, sich für Jung und Alt gleichermaßen eigneten. Krylov schrieb Tier- und Menschenfabeln, die ein ganzes Universum von anthropologischen Typen und Verhaltensweisen abdeckten. Oft bezogen sich die Fabeln, über ihre allgemein-menschliche Bedeutung hinaus, auf sehr konkrete Ereignisse wie den Vaterländischen Krieg. So wurde in einer Reihe von Fabeln, etwa *Der Wolf im Hundestall* (*Volk na psarne*, 1812), für jeden erkennbar Napoleons Überfall auf Rußland dargestellt. In den Fabeln *Der Dukaten* (*Červonec*, um 1812) konnte man an einen Erlaß über Erziehungspensionate, in *Bunte Schafe* (*Pëstrye ovcy*, 1822) an die Entlassung liberaler Professoren der Petersburger Universität, in *Der Trigamist* (*Troeženec*, 1825) an einen spektakulären Scheidungsprozeß denken.

Die Meisterschaft, die Krylov in seinen Fabeln unter Beweis stellte, war nicht von ungefähr gekommen. Ehe er sich seit 1806 der Gattung fast ausschließlich verschrieb, hatte er bereits eine umtriebige literarische Laufbahn hinter sich gebracht. Das «Vorfabelschaffen» begann damit, daß es der zehnjährige Krylov, nach dem Tod seines Vaters, eines Armeeoffiziers, auf sich nahm, die Familie durch literarische Arbeiten zu ernähren. Er versuchte sich in fast allen Genres der Zeit: in der Tragödie, der komischen Oper und Komödie ebenso wie in den lyrischen Gattungen. In der Zeitschrift *Geisterpost* (*Počta duchov*, 1789) erprobte er die Skala der satirischen Verfahren, in der Possen-Tragödie (*šuto-tragedija*) *Trumf* (1798-1800), einer bösen Karikatur der Herrschaftsattitüden Pauls I., und weiteren Komödien die Parodie des hohen und empfindsamen Stils. Nach diesen unterschiedlichen Fingerübungen entstanden kontinuierlich bis 1834 die neun Bücher seiner Fabeln, 198 an der Zahl – eine großangelegte Monokultur, wohlgegliedert und sorgfältig verbessert.

Vasilij Žukovskij

Vasilij Žukovskij war einer der wichtigsten Vorbereiter der Romantik in Rußland. Ihm verdankte die russische Literatur bleibende Werte. Sohn eines russischen Gutsbesitzers und einer Türkin, wurde Žukovskij, wie zuvor Karamzin, im Adelspensionat der Moskauer Universität erzogen. Zusammen mit den Söhnen des Universitätkurators Ivan Turgenev, Andrej und Aleksandr, sowie Aleksej Merzljakov und Andrej Kajsarov bildete er die «Freundschaftliche Literaturgesellschaft», die ganz auf die Gefühlspoesie Karamzins eingeschworen war und sich einem Goethe- und Schiller-Kult ergab. Überschwengliche Freundschaft, literarischer Enthusiasmus, aber auch Patriotismus und historische Interessen prägten den Kreis, der wie kein anderer in die neue Geistesrichtung wies. Daß der begabte Andrej Kajsarov und Aleksandr Turgenev, später einer der engsten Freunde Puškins, ein Globetrotter und unermüdlicher Brief- und Tagebuchschreiber, sich bei Schlözer in Göttingen mit der russischen Geschichte auseinandersetzten, blieb nicht folgenlos: Kajsarov promovierte 1806 mit einer Dissertation über die Leibeigenschaft, Turgenev sammelte und edierte ausländische Quellen zur russischen Geschichte. Žukovskij aber, den es gedrängt hatte, Goethe in Weimar aufzusuchen, schrieb elegische Gedichte, schwermütige Meditationen über die Vergänglichkeit und Nichtigkeit des Lebens, die ihn bald als Dichter eines melancholischen Weltgefühls bekannt werden ließen. Besonders die Elegie *Der Dorffriedhof* (*Sel'skoe kladbišče*, 1802), eine freie Übersetzung von Thomas Grays *Elegy written in a Country Churchyard*, zeigte programmatisch die Verquickung von gefühlsbeladener Reflexion und schaurigem Ort. Stilistisch setzte Žukovskij die von Karamzin eingeschlagene empfindsame Manier fort, doch verlieh er seinen Versen eine eigenartige Musikalität, die auf der Modellierung bestimmter Intonationsarten (vor allem Ausrufe- oder Frageintonationen) beruhte. Solche «Versmelodik» (*melodika sticha*) wurde zum unverkennbaren Merkmal der Poesie Žukovskijs (B. Èjchenbaum). Außer seinen intim-elegischen Gedichten schrieb er in den Zeitläuften der Kriege auch patriotische Gedichte, die ossianischen Geist atmeten. Sein *Bardenlied über dem Grab der siegreichen Slaven* (*Pesn' barda nad grobom slavjan-pobeditelej*, 1806) und vor allem das Gedicht *Der Sänger im Lager der russischen Krieger* (*Pevec vo stane russkich voi-*

nov, 1812) waren Muster einer neuen vaterländischen Poesie, die die russischen Helden und ihre Taten feierte. Es war jedoch eine andere Gattung, die mit Žukovskij ihren festen Platz in der russischen Literatur gewinnen sollte: die Ballade.

Ballade und Balladenstreit

Die Ballade galt, weil sie das lyrische, das dramatische und das epische Element, also die Grundarten der Poesie, in sich vereinigte, im zeitgenössischen literarischen Diskurs gleichsam als die Ur-Gattung der Poesie. In der Romantik stieg sie zu einer der beliebtesten Gattungen auf. Schon Karamzin hatte einige Gedichte von balladeskem Charakter geschrieben, doch erst mit Žukovskijs *Ljudmila* (1808) wurde die Ballade in Rußland eingebürgert. Das Gedicht war eine Nachdichtung von Gottfried August Bürgers *Lenore*. Das Geschehen, das Motiv des heimkehrenden toten Bräutigams, wurde aus dem Siebenjährigen Krieg (bei Bürger) in den Livländischen Krieg (16./17. Jahrhundert) verlagert, russisches Kolorit tauchte auf, vor allem aber wurde Bürgers volkstümlich-grobe Darbietung merklich durch sentimentalistische Stilmittel abgemildert. In *Svetlana* (1813), einer weiteren Bearbeitung der Bürgerschen Ballade, erschien der *Lenore*-Stoff inmitten von Hochzeitsvorbereitungen als bedrohlicher Traum der bangenden Braut. Žukovskijs sentimentalistische Zurichtung der Ballade löste im Klima der Auseinandersetzungen zwischen Archaisten und Novatoren Widerspruch aus: Pavel Katenin legte unter dem Titel *Ol'ga* (1816) eine konträre Version der Bürgerschen *Lenore* vor, die den Stoff in die Petrinische Zeit verlegte und mit volkssprachlicher Drastik nicht sparte. Nikolaj Gnedič, der künftige *Ilias*-Übersetzer, überzog Katenins Gedicht mit harscher Kritik, während der junge Aleksandr Griboedov seinem Freunde beisprang und gerade die ungeschminkte Sprache und Darstellung pries. Da die Archaisten in ihrem literarischen System keinen rechten Platz für die Ballade bereithielten, sollte sie wenigstens im Sinne patriotischer und didaktischer Zielsetzungen verwendet werden. Für Žukovskij und die Seinen jedoch war sie eine Gattung, die Gefühlswerte, Magie und Phantastik aufnehmen konnte. Bemerkenswert war, daß die beiden konkurrierenden Balladenmodelle, die die Gattung in Rußland begründeten, auf Bürgers *Lenore* zurückgingen.

Žukovskij hat in der Folgezeit etwa 40 Balladen geschrieben, bei denen es sich zum überwiegenden Teil um Übersetzungen oder Nachdichtungen handelte. Es befanden sich darunter Schillers bekannteste Ideenballaden, Goethes naturmagische und Uhlands historisierende Balladen sowie einige englische Stücke von Walter Scott und Robert Southey. In dem Band *Balladen und Erzählungen* (*Ballady i povesti*, 1831) gab Žukovskij alle einschlägigen Texte gesammelt heraus. Vom russischen Publikum wurden seine einfühlsamen Übertragungen, etwa *Der Erlkönig* (*Lesnoj car'*) oder *Der Fischer* (*Rybak*, beide 1818), aufgenommen, als seien sie Hervorbringungen der russischen Muse.

Žukovskij war in der Tat einer der hervorragendsten russischen Literaturübersetzer. Vor allem seine letzten Lebensjahre waren umfangreichen Übersetzungvorhaben gewidmet. Er lebte, nachdem er seine verantwortungsvolle Tätigkeit als Tutor (Erzieher) des Thronfolgers, des späteren Zaren Alexander II., beendet hatte, hochgeehrt in Deutschland, zuerst in Düsseldorf, später in Frankfurt und Baden-Baden. In den 1840er Jahren übertrug er, auf die Übersetzungen von Johann-Heinrich Voß und Alexander Pope zurückgreifend, Homers *Odyssee* (*Odisseja*). Zuvor schon hatte er die Herdersche Version des spanischen Romanzenzyklus *Der Cid* (*Sid*, 1831) sowie die altindischen bzw. -persischen Epen *Nal und Damayanti*, (*Nal' i Damajanti*, 1837-41) und *Rustem und Zorab* (*Rustem i Zorab*, 1846/47), beide nach der Verdeutschung von Friedrich Rückert, übersetzt. Žukovskijs Vermittlungsbemühungen bildeten den Höhepunkt der Europäisierungstendenz in Rußland, zeigten aber gleichwohl bereits auch ihr Umschlagen an: Das Fremde, auf so gelungene Art und Weise assimiliert, wurde zum Eigenen, das in den russischen Kanon übergehen konnte.

Konstantin Batjuškov

Wie Žukovskij so war auch Konstantin Batjuškov ein Bindeglied zwischen den Epochen Karamzins und Puškins. Dieser Dichter hatte sich wie kein anderer der «leichten» Poesie verschrieben und ihr in seiner *Rede über den Einfluß der leichten Poesie auf die Sprache* (*Reč' o vlijanii lëgkoj poëzii na jazyk*, 1816) die Fähigkeit zuerkannt, die Hauptwerte des poetischen Stils, Bewegung, Kraft und Klarheit, besser als die großen Gattungen zu verwirklichen. Nach Gedichten, die Ereignissen des Vaterländischen Krieges gewidmet waren, trat er 1817 mit seinen *Versuchen in Versen und Prosa* (*Opyty v stichach i proze*) hervor, die ihn als Fortsetzer der galanten Bagatellen der 1790er Jahre zeigten. Schon 1809 hatte er in dem boshaften Pamphlet *Vision an den Ufern des Flusses Lethe* (*Videnie na beregach Lety*) geschildert, wie der Totenrichter Minos die kümmerlichen «warägisch-rossischen» Dichter, allen voran ihren Anführer Slavenofil (d.i. Admiral Šiškov), dem Vergessen überantwortete. In den Anfangsjahren des «Arzamas» war Batjuškov eine der maßgeblichen Figuren. Für die Auswahl aus der *Anthologia Graeca* (*Iz grečeskoj antologii*, um 1817/18) des Altphilologen und damaligen Akademie-Präsidenten Sergej Uvarov besorgte er die russischen Übersetzungen der klassischen epigrammatischen Texte – eine neue Quelle für die russische Poesie. In seinen elegischen Gedichten dominierten die gefühligen Stimmungsadjektive, in seinem *Sendschreiben an I.N. Gnedič* (*Poslanie k N.I. Gnediču*, 1805) erging er sich in einer synkretistischen Mythologie, die von Ossian über die griechische Götterwelt bis zu Fatima, der jüngsten Tochter des Propheten reichte. Vieles übernahm er von der *poésie fugitive* der Franzosen. Sein Gedicht *Die Bacchantin* (*Vakchanka*, 1815), ein Höhepunkt der «leichten Poesie» in Rußland, war eine freie Bearbeitung eines Poems von Evariste Désiré Parny. Kein Wunder, daß man in Batjuškov bald den «russischen Parny» erblickte. Eine andere Quelle seiner Dichtung waren die Italiener, die erst durch ihn wieder stärker ins russische Blickfeld traten. Neben den Übersetzungen aus Tassos *Befreitem Jerusalem* trugen die diesem Dichter gewidmeten Hommage-Gedichte Batjuškovs Auffassung vom romantischen Dichtertum. Wenige Jahre, nachdem er der russischen Gesandtschaft in Neapel zugeteilt worden war, erkrankte Batjuškov an einer unheilbaren Geisteskrankheit. Schon 1817 hatte er in dem intimen Bekenntnis *Das Fremde ist mein Schatz* (*Čužoe – moë sokroviŝče*) von den zwei Seiten in seinem Charakter geschrieben: einer weißen, gefühlvoll und aufopferungsfähig, und einer schwarzen, hart und egoistisch. Symptome der Paranoia traten seit 1822 bei ihm hervor. Dem unglücklichen Hölderlin vergleichbar, verbrachte er bis zu seinem Tode fast drei Jahrzehnte in geistiger Umnachtung.

Das Lyzeum in Carskoe Selo

Die wichtigste Bildungsanstalt der Epoche Alexanders I. war das exklusive, nur den Sprößlingen des höchsten Adels vorbehaltene Lyzeum in Carskoe Selo, aus dem Puškin und sein Kreis, die Puškin-Plejade, hervorgehen sollten. Das Lyzeum war 1811 mit dem Ziel gegründet worden, junge Edelleute für die wichtigsten Staatsämter auszubilden. Die Zöglinge des ersten Jahrgangs sollten im Umkreis des Hofes erzogen werden. Speranskij hatte die Satzung des Lyzeums abgesegnet. Das Lehrprogramm war außerordentlich vielseitig. Es umfaßte Sprachen, Naturwissenschaften, Literatur und Rhetorik, Geschichte, Architektur, Morallehre, dann auch Zeichnen, Tanzen, Fechten, Reiten. Ob dieses universale, systematisch gegliederte Lehrangebot tatsächlich auf das Berufsfeld der künftigen Staatsdiener vorbereitete, mag bezweifelt werden, doch steht außer Frage, daß die jungen Adeligen hier eine Allgemeinbildung erwerben konnten, wie sie in ganz Europa kaum zu finden war. Der universale Geist eines Puškin oder Del'vig wäre ohne die Lyzeumsausbildung nicht denkbar gewesen.

Die neue Lehranstalt war sorgfältig geplant und vorbereitet worden. Eine Handvoll junger Wissenschaftler wurde bereits 1808 zum Studium nach Deutschland abgeordnet, um sich auf ihre Lehrtätigkeit am Lyzeum vorzubereiten. So hatten fünf von ihnen in Göttingen studiert, darunter Aleksandr Kunicyn, der Morallehre unterrichtete, und Aleksandr Galič, der das Lateinische vertrat. Kunicyn, dem die Russen die erste Darstellung des Naturrechts (*Pravo estestvennoe*, 1818-20) verdankten, und Galič, der eine *Geschichte der philosophischen Systeme* (*Istorija filosofskich sistem*, 1818/19) und einen romantisch angewehten *Versuch einer Wissenschaft vom Schönen* (*Opyt nauki izjaščnogo*, 1825) schrieb, zählten zu den Lieblingslehrern Puškins und seiner Freunde. Da Puškin bald weitere «Göttinger Russen» (*russkie gёttingency*) kennenlernte, vor allem die Brüder Aleksandr und Nikolaj Turgenev, war die «göttingische Seele» (*duša gёttingenskaja*), die er später Vladimir Lenskij, dem Gegenspieler seines Romanhelden Evgenij Onegin, zusprach, kein Hirngespinst, sondern Teil des Lyzeumsgeistes in Carskoe Selo.

Aleksandr Puškin

Aleksandr Puškin, der größte russische Dichter, legte in den zwanzig Jahren seines literarischen Schaffens ein großartiges, vielseitiges Werk vor, das die höchsten ästhetischen Ansprüche erfüllte. Es tauchten darin alle wesentlichen Themen, die verschiedensten Stile und alle wichtigen Gattungen seiner Zeit auf. Es verarbeitete die Möglichkeiten der vorausgegangenen Epoche, brachte aber auch die virulenten Zeitströmungen mit ein. Es vereinte in sich Geistesreichtum und poetische Vollkommenheit, das Universale und das Persönliche wie nur bei wenigen Großen der Weltliteratur – Goethe, Byron oder Mickiewicz. Die spielerische Leichtigkeit, die Eleganz und den nie ausbleibenden Ernst seines Schaffens hat man mit Mozarts ähnlich gearteter Kunst verglichen – eine Analogie, über die Verschiedenheit der Zeiten, Räume und soziokulturellen Verhältnisse hinweg, die viel für sich hat. In seinem Dramolett *Mozart und Salieri* (*Mocart i Salieri*, 1830) problematisierte Puškin selbst den Zusammenstoß von genialem Künstlertum und handwerklichem Kunststreben. Für die Russen erbrachte Puškin eine wichtige Errungenschaft: Erst in seinem Werk wurden die seit Lomonosov bereitgestellten, aber schwer zu handhabenden stilistischen Kategorien der russischen Literatursprache mit der größten Leichtigkeit und Selbstverständlichkeit eingesetzt.

Dabei war Puškin, Sproß eines alten Bojarengeschlechts – sein Urgroßvater mütterlicherseits war Abram Gannibal, der Hofmohr Peters des Großen –, in einem Milieu aufgewachsen, in dem man französisch sprach. Sein Vater, Sergej Puškin, war ein erwiesener Kenner der französischen Literatur ebenso wie sein Onkel Vasilij Puškin, der das literarische Paris aus eigener Anschauung kannte und im Arzamas-Kreis als Verfasser «leichter Poesie» und vor allem des burlesken Poems *Der gefährliche Nachbar* (*Opasnyj sosed*, 1811) geschätzt war.

Schon im Lyzeum fiel Puškin durch seine dichterische Begabung auf. Schnell fand sich ein Kreis junger Poeten zusammen, die miteinander in Wettstreit traten. Vor Puškin, Del'vig und Kjuchel'beker galt zunächst Aleksej Illičevskij mit seinen geschliffenen Epigrammen als der begabteste Poet. Puškin übte sich vorerst im anakreontischen Genre. Die Franzosen und namentlich Batjuškov waren seine Vorbilder. Schon in dem ersten erhaltenen Gedicht, *An*

Natal'ja (*K Natal'e*, 1813), verhehlte der frühreife Dichter nicht seine Bekanntschaft mit Cupido. Das erste gedruckte Gedicht Puškins, *An den Dichterfreund* (*K drugu stichotvorcu*, 1814), war Kjuchel'beker gewidmet. Die Poesie scheinbar schmähend, wies er darin bereits die existentielle Bedeutung der Dichtertums auf. Von den Gedichten aus den Lyzeumsjahren blieben etwa 130 erhalten, einige davon in französischer Sprache. Es waren darunter Sendschreiben, Madrigale und Epigramme, aber auch liedhafte und balladeske Gedichte. Die Poeme *Der Mönch* (*Monach*, 1813) und *Bova* (1814) knüpften an die burleske Tradition an. Seinen ersten großen Auftritt erlebte Puškin beim Examen im Januar 1815, als er vor dem Zaren und dem alten Deržavin seine Ode *Erinnerungen an Carskoe Selo* (*Vospominanija o Carskom Sele*) deklamierte. Zu dem odischen Gedicht, das die Kriegstage aus der Sicht der Lyzeumszöglinge ins Gedächtnis zurückrief, hatte ihn sein Lehrer Galič bewogen.

Die ersten Petersburger Jahre

Nach Abschluß des Lyzeums lebte Puškin als Kollegiensekretär – das war die unterste Rangklasse – des Außenministeriums in Petersburg. Die geheime Gesellschaft «Grüne Lampe» (*Zelënaja lampa*) nahm ihn auf, und er pflegte engen Kontakt zu den Brüdern Turgenev. In deren Hause schrieb er die Freiheitsode (*Vol'nost'*, 1817) die in einem bei ihm früh ausgeprägten höheren Gerechtigkeitssinn die Schärfe des Gesetzes nicht nur dem Tyrannen, sondern auch dem Tyrannenmörder androhte. Wohl wegen dieser Ode und einiger Schmähverse wurde Puškin alsbald in den Süden strafversetzt; die zunächst beabsichtigte Verbannung nach Sibirien war durch Intervention Žukovskijs abgewendet worden.

Der entscheidende Ertrag der Petersburger Jahre war das Märchenpoem *Ruslan und Ljudmila* (*Ruslan i Ljudmila*, 1820). Mit ihm errang Puškin einen so gewaltigen Erfolg, daß er sich mit einem Mal in die erste Reihe der russischen Dichter gestellt sah. Die Fabel des Poems verschmolz Märchenmotive und altrussisches Kolorit: Ljudmila, die Tochter des Kiever Fürsten Vladimir, sollte mit dem Recken Ruslan verheiratet werden, doch in der Hochzeitsnacht entführte sie der Zauberer Černomor. Die Abenteuer, die zu ihrer Befreiung führten, waren in ein spritziges Erzählfluidum gehüllt und mit sprachlicher Bravour dargeboten. Als metrisches Vehikel verwendete Puškin 4füßige Jamben, die fortan sein Hauptvers wurden.

Die Erfahrungen, die Puškin während seiner Strafversetzung in Kišinëv (Chişinău) und Odessa, auf Reisen in den Kaukasus und auf
die Krim sammelte, erweiterten den Horizont seines Schaffens ganz
ungemein. Er kam in Berührung mit den Dekabristen des Südbun-
des, war aber wohl in die Verschwörung nicht eingeweiht. Der griechische Aufstand bewegte ihn. Er lernte das freie Leben der noma-
disierenden Zigeuner kennen. Die Nostalgie nach der Hauptstadt
legte ihm den Vergleich mit Ovid nahe, den Augustus aus Rom ans
Schwarze Meer verbannt hatte. In der Ode *An Ovid* (*K Ovidiju*,
1820) und im Poem *Die Zigeuner* (*Cygany*, 1825) gestaltete er in
vielfältiger Brechung das Motiv des verbannten Dichters.

Aus der Berührung mit der exotischen Welt des Südens gingen
seine «südlichen Poeme» (*južnye poėmy*) hervor. Das erste Poem,
Der Gefangene im Kaukasus (*Kavkazskij plennik*, 1822) handelte
von einem russischen Offizier, der in tscherkessische Gefangen-
schaft geraten war. Er gewann die Liebe eines Tscherkessenmäd-
chens, das ihm zur Flucht verhalf, wobei das Mädchen im Fluß
ertrank. In dem ungenannten Offizier bot Puškin den neuen romantischen Helden, der des Lebens in der Zivilisation überdrüssig war
und ein freies, kämpferisches Leben in der Natur suchte. Da er jedoch seinen zynischen Egoismus nicht zu besiegen vermochte, richtete er, zum Leidwesen des Publikums, ein liebendes Naturkind
zugrunde. Wie so oft hatte Puškin für die «südlichen Poeme» eine
fremde Anregung aufgenommen: Byrons romantische Verserzäh-
lungen. Aber wenn auch wesentliche Verfahren und thematische
Elemente mit solchen von Byron übereinstimmten, entstand unter
Puškins Feder gleichwohl etwas Neues. *Der Springbrunnen von
Bachčisaraj* (*Bachčisarajskij fontan*, 1824) bot ein Eifersuchtsdrama
im Harem des Krim-Khans Girej. Die Polin Marija, in die der Khan
sich verliebte, und seine ehemalige Favoritin Zarema standen für
verschiedene Kulturen und Mentalitäten. In die romantische Poem-
form konnten allerlei Textsorten eingebracht werden, die die herge-
brachte «Selbigkeit» des epischen Vortrages überwanden. Puškin
machte von dieser Neuerung weidlich Gebrauch, namentlich in den
Zigeunern, wo Lieder, Dialoge, Beschreibungen und die Ovid-Le-
gende erschienen. Die gleiche lockere epische Darbietung, forciert
noch durch den Einsatz eines vorlauten, quicklebendigen Autoren-
Ichs, wählte Puškin auch für seinen Versroman *Eugen Onegin* (*Ev-

genij Onegin), an dem er seit 1823 schrieb, ohne noch zu ahnen, in welches Neuland ihn sein exzentrischer Held und die neuartige Form führen würden.

Wegen eines abgefangenen Briefes, der bei den Behörden den Verdacht des Atheismus nährte, wurde Puškin 1824 aus dem diplomatischen Dienst entlassen und auf das mütterliche Gut Michajlovskoe verbannt. In der ländlichen Abgeschiedenheit schrieb er einige seiner schönsten Gedichte, darunter die Anna Kern gewidmeten Verse (*K****), in denen er, mittels komplexer Wiederholungsverfahren, die Erinnerung an eine frühere Begegnung mit dieser selbstverantwortlichen, wunderbar schönen Frau zurückrief. Die Lektüre der Reichsgeschichte Karamzins lenkte seinen Blick in die Zeit der Wirren, in der sich die nach wie vor brisanten Probleme Rußlands, wie die Legitimität und die moralische Integrität der Herrscher, die Thronfolge und das Verhältnis der Zaren zum Volk, gebündelt darboten. Puškin gestaltete sie in seinem *Boris Godunov* (1831) nach dem Vorbild von Shakespeares *chronicle plays* in einer Folge von 23 Szenen, ohne die klassizistische Einheiten des Ortes und der Zeit noch zu beachten. Die tragische Schuld, die Zar Boris auf sich geladen hatte, bestand in der Ermordung des Knaben Dmitrij, des jüngsten Sohnes Ivans des Schrecklichen und potentiellen Thronfolgers. Auch die guten Taten des Zaren konnten diese Schuld nicht tilgen. Dramaturgisch lag Puškin, da er die alte Herrschertragödie nicht völlig aus den Angeln hob und die Rolle, die er dem Volk verlieh, an den Chor der antiken Tragödie denken ließ, weit vor seiner Zeit. Ein Bühnenerfolg allerdings wurde sein *Boris Godunov* erst in der mächtigen Vertonung von Modest Musorgskij.

Nach Aufhebung der Verbannung – eine Folge der Audienz beim Zaren – lebte Puškin bald in Moskau, bald in Petersburg. Sein Bericht *Reise nach Erzerum* (*Putešestvie v Arzrum*, 1830) entstand, als er sich auf eigene Faust zur operierenden Armee des Generals Paskevič in den Kaukasus begeben hatte. Es war das einzige Mal, daß er die Grenzen Rußlands überschritt.

In enger Verbundenheit mit Del'vig verfocht er das hohe, romantische Kunstideal, das von den Vertretern einer staatstragenden Trivialliteratur wie Faddej Bulgarin oder Nikolaj Greč als Aristokratismus diskreditiert wurde.

Vor seiner Eheschließung mit Natal'ja Gončarova, einer jungen Moskauer Schönheit, unternahm Puškin im September 1830 eine Reise in das entfernte Boldino, um sein väterliches Erbgut in Besitz zu nehmen. Die wegen der Choleraepidemie verhängte Quarantäne hielt ihn drei Monate fest. In dieser Zeit entstand wie in einem Schaffensrausch eine Reihe von Werken, die den Dichter auf neuen Wegen zeigten. Der Einschnitt fiel um so deutlicher ins Auge, als in Boldino auch der *Eugen Onegin*, Puškins Hauptwerk, abgeschlossen wurde. Gut sieben Jahre hatte er an dem Versroman gearbeitet. Jetzt rundete er die ursprünglich vorgesehenen zehn Kapitel auf acht ab. Das *Bruchstück aus Onegins Reise* (*Otryvok iz putešestvija Onegina*) wurde gesondert veröffentlicht, das X. Kapitel, das Onegin wohl zu den Dekabristen hätte führen sollen, blieb nur in chiffrierten Skizzen erhalten. Das Sujet war zweipolig: Das Landfräulein Tat'jana verliebte sich in den Dandy Onegin, der aus Petersburg aufs Land gekommen war, doch er wies sie ab; wegen einer Lappalie erschoß er seinen Freund und Antipoden Lenskij im Duell; nach Jahren traf er erneut auf die einst Verschmähte, die inzwischen einen General geheiratet hatte; diesmal verliebte er sich in sie, doch sie wies ihn ab. Natürlich ging es in Puškins Roman nicht nur um eine Liebesgeschichte mit wechselnden Rollen, sondern es waren die drei wichtigsten Lebenssphären des adeligen Rußland, die beiden Hauptstädte und das ländliche Ambiente, mit ihren typischen Vertretern, ihrem Lebensstil und ihren überkommenen Verhaltensweisen eingefangen. Das zwischen den Romanfiguren und dem Leser moderierende Autoren-Ich ließ sich auf alle möglichen Themen ein, besonders aber apostrophierte es die Literatur. So war *Eugen Onegin* nicht nur, wie Belinskij meinte, eine «Enzyklopädie des russischen Lebens», sondern nicht weniger auch eine der Literatur. Daß der Roman trotz solcher Themenfülle und solch lockerem Plauderstil konsistent blieb, verdankte er dem gewählten epischen Medium, der 14zeiligen, dem englischen Sonett nachgebildeten Onegin-Strophe (*oneginskaja strofa*). In ihr konnte Puškin jeden Gegenstand, jedes Verfahren und jegliches Sprachmaterial unterbringen, nicht zuletzt krasse Prosaismen und Fremdwörter.

Zu den bemerkenswerten Werken der Wochen in Boldino zählten die vier «kleinen Tragödien», Einaktdramen, die in äußerster Verkürzung der Szenen philosophische Fragen aufwarfen, die in kaum verhüllter Weise auch den Autor in seiner damaligen Verfassung betrafen. Den Streit um den *nervus rerum* zwischen Vater und Sohn im *Geizigen Ritter* (*Skupoj rycar'*) beruhte auf eigener bitterer Erfahrung. Auch *Der steinerne Gast* (*Kamennyj gost'*), die eigenartige Gestaltung des Don-Juan-Stoffes, konnte als Sublimierung der eigenen Liebesfähigkeit aufgefaßt werden: Don Juan starb in dem Augenblick, da sich seine reine Liebe zu Donna Anna zu erfüllen schien. *Das Gelage zur Pestzeit* (*Pir vo vremja čumy*), nach einem Dramolett von John Wilson, feierte bei einem Gastmahl die Lebensfreude im Angesicht der Seuche. Und das Zweipersonenstück über Mozart und Salieri (*Mocart i Salieri*) vermittelte kunsttheoretische Einsichten, die, recht bedacht, nicht nur als Verneigung vor dem Genie, sondern auch vor dem eifrigen Handwerker der Kunst zu verstehen waren.

Mit den *Erzählungen des seligen Ivan Petrovič Belkin* (*Povesti pokojnogo Ivana Petroviča Belkina*), ebenfalls in Boldino entstanden, trat Puškin erstmals mit novellistischer Prosa vor die Öffentlichkeit. Puškin schrieb, im Unterschied etwa zum romantischen, ornamentalen Stil von Bestužev-Marlinskij, eine Prosa von äußerster Konzisität. Obwohl er auf Ausschmückungen fast ganz verzichtete, gewannen die Erzählungen durch die Fülle «allusiver Potentiale», d. h. durch eine hohe Dichte von intertextuellen Verweisen und Anspielungen, ihren eigentlichen Sinnaufbau, der eine «poetische Lektüre», also ein «räumliches Lesen» wie bei einem Gedicht, nahelegte (W. Schmid). Die Erzählungen nahmen gängige Handlungsklischees wie «die entführte Unschuld», «die Liebe zwischen verfeindeten Familien», «das verschobene Duell», «die verwechselte Braut» oder «der einkömmliche Tod» auf, die in sinnreicher Weise verfremdet wurden. In der wohl bekanntesten der fünf Erzählungen, *Der Stationsaufseher* (*Stancionnyj smotritel'*, dt. auch *Der Postmeister*) erschienen Karamzins traurige Geschichte von der armen Lisa und das Gleichnis vom verlorenen Sohn umgedreht: Dunja, die schöne Tochter des Samson Vyrin, wurde zwar von einem adeligen Offizier entführt, doch machte sie ihr Glück, während der Vater im Unglück verkam. Solche Kontrafakturen, die bei Puškin immer wieder begegneten, waren zugleich eine Überprüfung der Literatur: Das Leben war immer anders, als es die literarischen Modelle vorgaben.

In der Boldino-Phase entstanden ferner volkstümliche Märchen in rein tonischen Versen und das prickelnde Poem *Das Häuschen in Kolomna* (*Domik v Kolomne*), das sich, über einer banalen Geschichte, mit den Kunstmitteln beschäftigte, die in ihm verwendet waren. Boldino bildete einen Höhepunkt und eine Wende im Schaffen Puškins.

Die letzten Jahre

Die letzten Jahre vor seinem Tod im Duell verbrachte Puškin in Petersburg. Als kaiserlicher Historiograph mit Studien zur Geschichte Peters des Großen betraut – auf eigene Faust erforschte er den Aufstand Pugačëvs – und zugleich in die Hofgesellschaft eingebunden, war der Dichter zu einem aufwendigen Lebensstil verpflichtet, der seine Einkünfte weit überforderte. Aus der Beschäftigung mit der russischen Geschichte entstanden die beiden Peter-Poeme, *Poltava* (1829) und *Der eherne Reiter* (*Mednyj vsadnik*, 1834). Das erstere behandelte Verrat und Untergang des zwiespältigen ukrainischen Hetmans Mazepa, der sich mit Karl XII. gegen Peter verbündet hatte. In einem hymnischen Epilog wurde Peter, der Held von Poltava, gefeiert. Auch der *Eherne Reiter*, eines der diffizilsten Werke Puškins, pries den gewaltigen Herrscher, aus dessen Gedanken die prächtige Neva-Metropole entstanden war. Doch hatte er die Stadt an einer Stelle gegründet, die gefährlichen Überschwemmungen ausgesetzt war. Das katastrophale Hochwasser im November 1824 mit seinen verheerenden Folgen bot dem Dichter Anlaß, über das Verhältnis von herrscherlicher Größe und den erbarmungswürdigen Opfern der Macht nachzudenken. Doch formulierte er, wie stets, keine Lösung. Mit dem Roman *Die Hauptmannstochter* (*Kapitanskaja dočka*, 1836) schloß sich Puškin unverhohlen der Mode der historischen Romane an. Wiewohl Puškin die Ereignisse des Pugačëv-Aufstandes in verblüffender Übereinstimmung mit dem Scottschen Modell verarbeitete, erhielt seine Darstellung eine neue Qualität durch Unschärfen der Erinnerung des in seine Maša verliebten Helden Grinëv, dessen Loyalität zur Kaiserin beim Hin- und Herirren zwischen den Lagern ins Wanken geraten war.

Puškin war in den letzten Lebensjahren kein echter literarischer Erfolg mehr vergönnt. Nicht nur seine Feinde verbreiteten, daß er sich ausgeschrieben habe. Trotz der Faszination, die die zwischen Wirklichkeit und Phantastik oszillierende Spielernovelle *Pique Dame* (*Pikovaja dama*, 1834) auslöste, trotz nach wie vor wunderbarer

Gedichte und kluger Essays sprachen seine Pläne und Skizzen zu neuen Werken von einer Unentschiedenheit in der Frage, wie er weiterschaffen könne. Große Gesellschaftsromane wurden angepeilt, ein Werk über Christus, kulturhistorische Panoramen über die europäischen Epochenbrüche, das romantische *Rusalka*-Drama – alles war bedeutsam in sich, doch ließ sich keine ausschlaggebende Richtung erkennen. Dies mag, zusammen mit familiären Wirren, einer riesigen Schuldenlast und schändlichen Intrigen aus dem Umkreis des Hofes, zu seiner Bereitschaft geführt haben, sich dem Duell, einem Gottesgericht, auszusetzen.

Die romantische Plejade

Mit dem Begriff der Plejade wurde die Vielzahl bedeutender dichterischer Talente bezeichnet, die sich, durch Freundschaft und Kunstauffassung vereint, um Puškin versammelten. Sie bildeten das eigentliche kulturelle Magnetfeld der Epoche. Durch ein feinmaschiges Netz aus Korrespondenzen, Sendschreiben, Widmungsgedichten und gemeinsamen Publikationsprojekten waren sie miteinander verbunden. Der Keim der Plejade wurde im Lyzeum von Carskoe Selo gelegt, doch traten auch ältere und jüngere Geistesgenossen in ihren Kreis.

Einer der ältesten war Fürst Pëtr Vjazemskij, ein überaus geistreicher, spöttischer Lebemann, der die Poesie als Liebhaberei betrieb. Es reichte ihm, bestimmte Situationen in Gesellschaft und Salon in leichten Versen festzuhalten. Ja, er trug sich mit dem Gedanken, eine neue *Rossijada* zu schreiben – doch meinte er damit kein heroisches Epos, sondern eine «Enzyklopädie aller Russismen», d. h. eine russische *Chronique scandaleuse*. Seine Tagebücher und sein Privatarchiv (*Ostaf'evskij archiv*, 1899-1913; benannt nach dem Stammsitz Ostaf'evo) gehörten zu den ergiebigsten literarhistorischen Quellen der Puškin-Zeit. In Vjazemskijs Gedichten war die Spannung zwischen rationalem und romantischem Denken ausgeprägt. Er begeisterte sich für Benjamin Constant und Lord Byron. Da er die polnische Literatur während seiner Tätigkeit in der Warschauer Kanzlei des Vizekönigs kennengelernt hatte, förderte er Mickiewicz während dessen russischer Verbannung. Unmittelbar nach ihrem Erscheinen übersetzte und kommentierte er Mickiewiczs *Krim-Sonette* (*Sonety krymskie*, 1826). Vor allem aber blieben Vjazemskijs geniale Spottgedichte lebendig, darunter das bitterböse *Der russische Gott* (*Russkij Bog*, 1828), das alle Unbilden des Landes aufzählte und mit dem Refrain quittierte: «Das ist, das ist der russische Gott». In seinen satirischen Versen setzte er die verschiedensten Kunstmittel ein: phraseologische Wendungen, Nonsens-Aufzählungen und Makkaronismen, d. h. die Mischung von russischem und fremdsprachigem Wortmaterial.

Baron Del'vig und Vil'gel'm Kjuchel'beker waren mit Puškin seit dem Lyzeum bekannt. Schon dort hatte der junge Del'vig antiken Vorbildern nachgestrebt. Als Sohn eines deutschbaltischen Generals war er bestens mit der deutschen Literatur vertraut. Zu seinen ersten Gedichten zählten traditionelle Idyllen. Später konnte sich die Gattung, wie in dem Gedicht *Der verabschiedete Soldat* (*Ostavnoj soldat*, 1829), zur patriotischen Veteranenidylle wandeln. Auch das «russische Lied» (*russkaja pesnja*) gewann durch Del'vig in teils noch salonhaft-elegischer, teils volkstümlicher Stilisierung neue Züge. Vor allem aber war er der Erneuerer des Sonetts. Diese Gattung, die im Sentimentalismus zu verkommen drohte – das unmittelbare Gefühl ließ sich nicht in einer gestanzten Form ausdrücken –, gewann bei Del'vig neues Gewicht, indem er mit ernstem Anspruch die streng verstandene Form an das hohe Thema des Dichtertums band. In dem Sonett *Eingebung* (*Vdochnovenie*, 1822) sprach er von dem seltenen inspirierten Augenblick, der den Dichter mit den unsterblichen Göttern verbinde. Nach seinem und Mickiewiczs Vorbild griffen bald auch Dichter wie Kjuchel'beker, Vasilij Tumanskij, Michail Delarju und selbst Puškin zur Sonettform.

Vil'gel'm Kjuchel'beker (Wilhelm von Küchelbecker), der Sohn eines sächsischen Adeligen, der unter Paul I. zum Staatsrat aufgestiegen war, besaß, vielleicht weil er das Russische erst spät erlernt hatte, eine Vorliebe für das Kirchenslavische und die hohe Poesie. Lernbegierig, doch immer ein wenig zerstreut und von den Kameraden gehänselt, schrieb er bereits in jungen Jahren hochtrabende Gedichte und übersetzte die Hymnen von Homer und Kallimachos. Als Reisebegleiter des Oberkämmerers Aleksandr Naryškin suchte er 1820 im Zuge einer großen Europareise Goethe in Weimar auf, dem er das exaltierte Gedicht *An Prometheus* (*K Promefeju*) widmete. Die Nähe zu den Geheimgesellschaften, die Freundschaft mit Ryleev und anderen Verschwörern sowie vor allem ein leidenschaftliches Freiheitsstreben trieben Kjuchel'beker zur Teilnahme an der

Rebellion im Dezember 1825. Da er zwei Schüsse aus der Pistole abgefeuert hatte, traf ihn das Strafgericht mit unerbittlicher Strenge. Zehn Jahre verbrachte er, in Ketten geschmiedet, in Festungshaft, den Rest seines Lebens in sibirischer Verbannung. Erst 1908 konnte eine Ausgabe seiner Werke erscheinen. Die antikisierenden Dramen und großen epischen Dichtungen über biblische und antike Themen wurden noch später durch Jurij Tynjanov nachgetragen.

Auch Evgenij Baratynskij traf ein hartes Dichterschicksal. Wegen eines unbesonnenen Bubenstreiches war er aus dem Pagenkorps ausgeschlossen worden und diente lange Jahre als einfacher Soldat in Finnland. Die geheimnisvolle nördliche Landschaft speiste die melancholischen Stimmungen des jungen Dichters, der mit dem elegischen Gedicht *Finnland* (*Finljandija*, 1820) zuerst aufhorchen ließ und bald als Elegiendichter seinesgleichen suchte. In dem Poem *Festmähler* (*Piry*, 1820) feierte der enge Freund Del'vigs und Puškins die «kleinen Gelage» des Petersburger Dichterkreises. In dem «finnischen» Poem *Ėda* (1824/25) stellte er der südlichen Exotik des Puškinschen *Gefangenen im Kaukasus* eine nördliche Variante entgegen. Auch in den späteren Poemen war der Wettstreit mit Puškin nicht zu übersehen. Die tragische Eifersuchtsgeschichte *Der Ball* (*Bal*) erschien 1828 mit Puškins Burleske *Graf Nulin* in einer gemeinsamen Ausgabe. Baratynskijs Elegien und poetische Sendschreiben kreisten immer neu um die Fragen der Dichtkunst und des Künstlertums. Namentlich die Ode auf den Tod Goethes (*Na smert' Gëte*, 1832) oder die Gedichte *Der letzte Dichter* (*Poslednij poët*, 1835) und *Der Bildhauer* (*Skul'ptor*, 1841) waren Gipfelpunkte der russischen Poesie.

Auch Nikolaj Jazykov zählte zum engsten Kreis um Del'vig und Puškin. Er hatte an der livländischen Universität Dorpat studiert und brachte von daher «deutsches Wissen» mit. Er kannte das Leben der Studiker und schrieb anfangs Burschenlieder, doch seine patriotischen Verse und balladenhaften Gedichte wie *Uslad* oder *Bajan an den russischen Krieger* (*Bajan k russkomu voinu*, beide 1823), denen er eine altrussische Stilisierung verlieh, wiesen in eine neue Richtung. Mit dem Gedicht *Hallo!* (*Au!*, 1832) verabschiedete sich Jazykov von der leichten Lebensart und forderte für sich die heilige Begeisterung und die Inspiration durch das eigene Volk. In den späteren Gedichten traten religiöse Themen in den Vordergrund. Seit 1838 hielt sich Jazykov krankheitshalber vorwiegend im westlichen Ausland auf. Mit Gogol' schloß er in Hanau einen Freundschaftsbund. In mehreren Gedichten fing er Naturbilder und städtische Szenen aus Deutschland ein. Seine späteren Gedichtbände, etwa *Neue Gedichte* (*Novye stichotvorenija*, 1845), gerieten, ähnlich wie zuvor Baratynskijs *Dämmerungen* (*Sumerki*, 1842) bereits ins Kreuzfeuer der antiromantischen Kritik.

In Moskau hatte sich in den 1820er Jahren die «Gesellschaft der Weisheitsliebe» (*Obščestvo ljubomudrija*) gebildet, in der sich Dmitrij Venevitinov, Fürst Vladimir Odoevskij, Ivan Kireevskij und andere schwärmerische Geister mit der Philosophie Fichtes und Schellings auseinandersetzten. Der frühverstorbene Venevitinov, ein entfernter Verwandter Puškins, gab sich, unter dem Einfluß von Novalis und Jean Paul, einer romantischen Spiritualität hin, in der Idee und Realität miteinander verschwammen. Auch der eigenwillige Stepan Ševyrёv stand den Moskauer Schellingianern nahe. Er sandte Goethe 1827 die Übersetzung des Helena-Aktes aus *Faust II* samt einem Kommentar, den Goethe freundlich beantwortete. Während eines längeren Italienaufenthaltes setzte er sich mit der italienischen Literatur auseinander. Sein Versuch, die russische Versifikation durch Rückgriff auf die freiere italienische Metrik zu erneuern, blieb folgenlos. Anders die Oktave: diese achtzeilige Strophe wurde wesentlich durch das Bemühen Ševyrёvs für die russische Literatur gewonnen. Seit 1840 ordentlicher Professor der Moskauer Universität, legte er mit seiner *Geschichte des russischen Schrifttums* (*Istorija russkoj slovesnosti*, 1846, ²1859/60) das Fundament zur russischen Literaturgeschichtsschreibung.

In der nicht geringen Zahl ansehnlicher Poeten der Puškin-Zeit seien schließlich noch genannt: Andrej Podolinskij, durch seine Balladen und Wundererzählungen so geschätzt, daß ihn viele für den Fortsetzer Puškins hielten; der blinde Ivan Kozlov, Übersetzer Mickiewiczs und Byrons, dessen Rächer-Poem *Der Mönch* (*Černec*, 1823) äußerst erfolgreich war, sowie Aleksandr Vel'tman, Nestor Kukol'nik und Vladimir Benediktov, romantische Epigonen, die freilich in den 1830er Jahren, als Puškins Stern zu sinken schien, beträchtlichen Ruhm einheimsten.

Aleksandr Griboedov

In Aleksandr Griboedovs schmalem literarischen Werk nahm die Komödie *Wehe dem Verstand* (*Gore ot uma*, dt. auch *Verstand schafft Leiden*, 1824) den herausragenden Platz ein. Sie konnte erst nach dem Tode des Dichters, der 1829 als russischer Gesandter in Teheran einer antirussischen Verschwörung zum Opfer fiel, die Bühne erobern. In ihr wurde die Moskauer Gesellschaft um 1822, zehn Jahre nach dem Sieg über Napoleon, drei Jahre vor der Dekabristenrevolte, lebensecht dargeboten und satirisch gerichtet. Čackij, der scharfzüngige Räsoneur und Aufklärer, war nach dreijährigem Auslandsaufenthalt nach Moskau zurückgekehrt. Im Hause des hohen Staatsbeamten Famusov hatte sich dessen Tochter Sof'ja, die ihm einst vertraut war, inzwischen dem Heuchler Molčalin zugewandt. Čackij traf auf eine Gesellschaft von verweichlichten, stumpfsinnigen Gestalten, die sich den westlichen Moden verschrieben haben. Verbittert stellte er sich ihnen entgegen: einer gegen alle. Auf dem Ball am Abend verbreitete sich in einer raschen Szenensequenz das Gerücht, Čackij habe den Verstand verloren. Am Ende sollte Čackij den Irrtum erkennen, dem er erlegen war. Čackij verließ mit dem sprichwörtlichen Ruf «Meinen Wagen, meinen Wagen!» das ihm feind gewordene Moskau.

Griboedov fand für seine Komödie ein besonderes metrisches Vehikel: freie Jamben, deren wechselnde Länge spritzige Reimeffekte und geistreiche Pointen geradezu herausforderten. *Wehe dem Verstand* wirbelte die seit dem Klassizismus eingefahrenen Gattungsvorstellungen der Zeitgenossen arg durcheinander. War es wirklich eine Komödie, in der Čackij als Träger eines Lasters, gleich Molières Misanthropen, für seine Menschenfeindschaft und sein galliges Wesen bestraft wurde? Oder war es eine Tragödie, in der ein edler, klarsichtiger Geist durch die Niedertracht und Dummheit seiner Umgebung um sein Glück gebracht wurde? Griboedov brach auch mit der aristotelischen Handlungskonstruktion, der bereits die Vieraktigkeit der Komödie widersprach. Die Intrige tauchte erst im dritten Akt auf. Dafür erstreckte sich die Exposition in ungewöhnlicher Breite über das ganze Stück. Der Tagesablauf im Hause eines hohen Staatsbeamten geriet zu einer Milieustudie über die Moskauer Adelsgesellschaft.

Michail Lermontov

Unter den jüngeren Dichtern, die den Höhenflug Puškins erlebten, war Michail Lermontov derjenige, der sich dem verehrten Vorbild am stärksten verschrieb. Nach dem Tod der Mutter war der Knabe auf dem Gut der Großmutter, die dem russischen Hochadel entstammte, erzogen worden. Im Moskauer Adelspensionat hatte er eine gründliche literarische Bildung empfangen. 1832 trat er in die Petersburger Gardekavallerieschule ein und gehörte seit 1834 dem Leibhusarenregiment in Carskoe Selo an. Seine frühen Gedichte und Poeme knüpften, erkennbar bei Puškin, Baratynskij und vor allem Byron an. Seine Epigonalität ging anfangs so weit, daß er etwa in dem frühen Poem *Der Gefangene im Kaukasus (Kavkazskij plennik*, 1829) sowohl den Titel als auch ganze Verspassagen einfach von Puškin übernahm. Daß er schon bald als der «russische Byron» galt, wurde durch das Bekenntnis des 18jährigen, er sei nicht Byron, sondern «ein anderer, noch unbekannter Auserwählter, ... jedoch mit einer russischen Seele», eher bekräftigt als in Zweifel gestellt. In den stark autobiographisch ausgerichteten frühen Dramen waren die Einflüsse von Schiller und Lessing zu spüren. Erst mit dem Eifersuchtsdrama *Maskerade (Maskarad*, 1835; in der dritten Fassung *Arbenin*), gelang Lermontov ein Gesellschaftsbild, das als Petersburger Gegenstück zu Griboedovs Komödie gelten konnte.

Erstaunlich rasch fand der junge Dichter seinen eigenen Stil. Dabei bauten seine Gedichte oft einprägsame Symbole oder Gleichnisse auf oder verwendeten ein festes Aufbauschema wie in dem bekannten Gedicht *Das Segel (Parus*, 1832), wo in drei Strophen jeweils ein Bildeindruck und ein lyrischer Kommentar erschienen.

Puškins Tod wurde für Lermontov zur Wende in Leben und Schaffen. Unter diesem Eindruck schrieb er das Gedicht *Der Tod des Dichters (Smert' poėta*, 1837), das in einer Aufwallung von Trauer und Zorn der Hofkamarilla die Schuld am Tod des großen Dichters zuwies. Da das aufrührerische Gedicht in Abschriften kursierte, wurde Lermontov verhaftet und in den Kaukasus zu kämpfenden Truppe strafversetzt. Als Soldat bewies verwegenen Mut und sparte nicht mit Bewunderung für die kriegerische Kühnheit der kaukasischen Freiheitskämpfer. Obwohl seine Bestrafung auf Bitten der Großmutter und Žukovskijs vom Zaren 1838 aufgehoben wurde, bot eine Duellaffäre schon bald erneuten Anlaß, den inzwischen berühmten Dichter in den Kaukasus zu verschicken. Nach einem kurzem Urlaub in Petersburg kam Lermontov, Puškin auch hierin folgend, bei einem Duell im Sommer 1841 in Pjatigorsk ums Leben. Kurz vor seinem Tod schrieb er einige seiner schönsten Gedichte, darunter *Der Felsen (Utës)* und das schmerzliche Abschiedsgedicht *Einsam geh' ich hinaus auf den Weg (Vychožu odin ja na dorogu).*

Erst mit dem Tod Puškins fand Lermontov die schöpferische Freiheit, die ihn zum dritten großen Dichter Rußlands – nach Puškin und neben Gogol' – werden ließ. Die Werke, die er in der kurzen Spanne, die ihm noch gegeben war, schrieb, zählen zum goldenen Bestand der russischen Literatur. Abgesehen von einigen Versuchen, das Poem auf historische Themen auszuweiten wie in dem *Lied vom Zaren Ivan Vasil'evič, dem jungen Opričnik und dem kühnen Kaufmann Kalašnikov (Pesnja pro carja Ivana Vasil'eviča, molodogo opričnika i udalogo kupca Kalašnikova,* 1837), das den Bylinenvers mit neuem Leben erfüllte, variierten die Poeme das Thema des zerrissenen Helden. In der lyrisch-epischen Dichtung *Der Dämon (Demon)*, an der Lermontov von 1832 bis 1841 arbeitete, wurde es ins Mythische gewendet. Der Urmythos vom gefallenen Engel, der allein von einer reinen Jungfrau erlöst werden konnte, wurde in die exotische Landschaft Georgiens verlegt und in ruhigem Legendenton dargeboten. Erlösung heischend, umgarnte der Dämon die Fürstentochter Tamara. Doch konnte der Dichter sich in den acht erhaltenen Textversionen nicht entscheiden, ob Tamaras Seele nach der Vereinigung mit dem Dämon in dessen Macht verbliebe oder gerettet würde. Man hat vom «Finalproblem» Lermontovs gesprochen, d. h. von der Schwierigkeit des Dichters, ähnlich wie in *Maskerade*, einen eindeutigen Schluß zu finden.

In Lermontovs Werk war das psychosoziale Syndrom des von Lebensüberdruß und Langweile befallenen Adeligen das beherrschende Thema. Er gestaltete es in Gedichten, Poemen und Dramen, verkleidete es in Allegoresen und Mytheme, doch erst in seinem Hauptwerk, dem Roman *Ein Held unserer Zeit (Geroj našego vremeni*, 1840), fand er die geeignete Form, das Thema auf neue Art auszuloten. Vor Lermontovs Roman reichte die Palette der romantischen Erzählliteratur in Rußland von den Erzählungen Bestužev-Marlinskijs, die die Feudalzeit oder den Vaterländischen Krieg beschworen, über die von Scott beeinflußten Geschichtsromane, die satirischen Deskriptionen Rußlands des Grafen Sollogub – etwa in *Tarantas* (*Der Reisewagen*, 1845) – bis hin zu den romantisch-philosophischen *Russischen Nächten* (*Russkie noči*, 1844) von Vladimir Odoevskij, die das Kompositionsverfahren von E.T.A. Hoffmanns *Serapionsbrüdern* wiederholten. Hinzu traten die überaus geistreichen, mit orientalischen Details angereicherten, erzähltechnisch beinahe postmodern anmutenden Prosatexte des Baron Brambeus – unter diesem Pseudonym schrieb erfolgreich der Orientalist Osip Sen'kovskij –, sowie Nikolaj Gogol's phantastisch-groteske ukrainische Novellen. Vor diesem Hintergrund bedeutete Lermontovs Roman einen gewaltigen Sprung nach vorn. Immer die authentische Berichtform wahrend, setzte er aus verschiedenen Teilen das Porträt eines russischen Offiziers im Kaukasus zusammen, der zuerst von außen geschildert wurde, ehe er sich von innen in seinen Tagebuchaufzeichnungen selbst offenbarte. Einen psychologisch-sezierenden Zugriff von vergleichbarer Präzision, der zugleich auch das gesellschaftliche Umfeld, die Garnisonen oder die Badeorte im Kaukasus, fest im Blick behielt, hatte es in der russischen Literatur bisher nicht gegeben. Da der Roman aber als eine Folge gängiger Erzähltexte – Reiseaufzeichnungen, Schmugglernovelle, Tagebuch, philosophische Erzählung – konzipiert war, verstieß er auch nicht gegen die verbreiteten Lesererwartungen. Mit seinem psychologischen Gesellschaftsroman wies Lermontov die mentale Malaise junger, befähigter Helden auf, die unter den gegebenen Verhältnissen kein angemessenes Tätigkeitsfeld für sich finden konnten.

Nikolaj Gogol'

Das dichterische Schaffen Nikolaj Gogol's schöpfte aus ganz anderen Quellen. Gogol' stammte aus der Ukraine. Er hatte des anspruchsvolle Gymnasium in Nežin absolviert und kam nach Petersburg, um hier sein Glück zu machen – als Beamter, Geschichtsprofessor oder als Literat. Die Versidylle *Hans Küchelgarten* (*Ganc Kjuchel'garten*, 1829), auf die er, Disparates mit einem Hymnus auf Goethe verbindend, seine Hoffnungen gesetzt hatte, geriet zum krassen Fehlschlag. Anders die Erzählungen aus dem ukrainischen Volksleben, die er unter dem Titel *Abende auf einem Weiler nahe Dikan'ka* (*Večera na chutore bliz Dikan'ki*, 1831/32) folgen ließ.

Mit ihnen traf er eine «kleinrussische» (ukrainische) Strömung, die das russische Publikum erfaßt hatte und damals bereits von Autoren wie Orest Somov und Michail Maksimovič bedient wurde. Für die Großrussen verband sich die Vorstellung vom «Kleinrussischen» mit dem Humor und der Sangesfreude, den alten Volksbräuchen, Legenden und magischen Überlieferungen der Ukrainer. Ihre Sprache galt als ein rustikaler, komisch gefärbter Dialekt des Russischen. Bei Gogol' trat zu solchen ukrainischen Komponenten die nachhaltige Beschäftigung mit der deutschen Literatur im Nežiner Gymnasium. Kants Idealismus und Schillers Idee von der ästhetischen Erziehung des Menschen bildeten die bleibende Grundlage seines Kunstverständnisses. In den *Abenden* und bald darauf in dem Erzählband *Mirgorod* (1835) spielte Gogol' die ukrainische Karte unverblümt aus: Ukrainische Hochzeits- und Weihnachtsbräuche, das Treiben in der Johannisnacht, Sagen von Teufeln, Hexen und Nixen, aber auch Anekdoten aus dem Volksleben lieferten den Stoff der Erzählungen. Eine von ihnen, *Taras Bul'ba*, bot ein heroisches Bild vom Kampf der Dnjepr-Kosaken gegen die polnische Herrschaft. Gogol' sparte in seinen Erzählungen nicht mit Witz und Groteske, er erfand verblüffende Kompositionsverfahren.

Der Revisor

In seiner Komödie *Der Revisor* (*Revizor*, 1835) entfaltete Gogol' aus einer «rein russischen» Anekdote, die ihm Puškin an die Hand gegeben hatte, ein Feuerwerk an Witz, wie man es bisher nicht erlebt hatte. Die Honoratioren einer Provinzstadt hielten einen zufällig durchreisenden kleinen Beamten, Chlestakov, für den hochmächtigen Revisor, der ihre großen und kleinen Verfehlungen aufdecken sollte. Chlestakov wiederum nahm bedenkenlos Gastfreundschaft und Geldgeschenke entgegen und verlobte sich mit der Tochter des Stadthauptmanns. Doch machte er sich rechtzeitig aus dem Staube, ehe die versammelte Gesellschaft zur Erkenntnis der Wahrheit kam. In der berühmten Schlußszene verharrten die Honoratioren nach der Ankündigung, der echte Revisor sei soeben eingetroffen, in sprachlosem Entsetzen – anderthalb Minuten lang, wie der Autor vorschrieb. Eine durchgehende Situation und ein beherrschendes Gefühl, die gegenseitige Angst, – mehr benötigte Gogol' nicht für den Bau seiner Komödie. Er verzichtete auf die herkömmliche Liebesintrige ebenso wie auf die konstruierte Handlung. Dafür wurden die Rangunterschiede auf groteske Weise ins Spiel gebracht. Liebe erschien nur noch als Parodie in zwei Szenen, in denen Chlestakov nacheinander Mutter und Tochter einen Heiratsantrag machte. Als drittes durchgehendes Thema kam die Bestechung in ihren verschiedenen Abarten ans Licht. Zu den Vorläufern des *Revisors* zählten Kapnists *Prozeßschikane*, Kotzebues *Deutsche Kleinstädter* und eine Komödie des Ukrainers Kvitka-Osnov'janenko. Doch selbst wenn Gogol' das eine oder andere Motiv übernommen haben sollte, lag seine Komödie auf einer ganz anderen künstlerischen Ebene. Man konnte sie als scharfe Gesellschaftssatire nehmen. Zugleich bot sie sich aber auch als Allegorie der menschlichen Verblendung und sogar – in einer Eigendeutung Gogol's – als «Seelenstadt» dar, in der Chlestakov als das windige weltliche Gewissen erschien, während der echte Revisor als das erwachte Gewissen auftrat, das den Menschen zwang, sich selbst ins Angesicht zu schauen.

Die Petersburger Novellen

Außer dem *Revisor* hat Gogol' einige Komödienfragmente und die Posse *Die Heirat* (*Ženit'ba*, 1835) hinterlassen, in der er seine umwerfende Komik erneut, diesmal am Motiv der Brautwerbung, beweisen konnte. Die 1840er Jahre standen im Zeichen der Prosa. Schon der Band *Arabesken* (*Arabeski*, 1835) hatte einige Erzählungen enthalten, die in der russischen Metropole spielten. Diese *Petersburger Novellen* (*Peterburgskie povesti*) wiesen das schillernde Teufelswerk auf, das sich in der modernen Großstadt Petersburg hinter glänzenden Fassaden verbarg. In *Nevskij prospekt* entdeckten zwei Freunde, die im schummerigen Licht der Prachtstraße zwei schönen Damen nacheilten, daß die eine eine dümmliche deutsche Handwerkersgattin, die andere eine Dirne war. Schillers Schönheitsideal – sein Name war hier einem biederen Handwerksmeister zugedacht – konnte sinnfälliger nicht in Frage gestellt werden. In *Die Nase* (*Nos*) trieb Gogol' die Groteske ins Extrem: Dem Kollegienassessor Kovalëv kam seine Nase abhanden. Erst entdeckte man sie in ein Brot eingebacken, dann wandelte sie sogar in der Uniform eines Staatsrates auf der Straße umher. Doch endlich fand sie sich plötzlich wieder im Gesicht ihres Besitzers. Wie könnten, fragte der Erzähler kopfschüttelnd am Schluß, Autoren nur solche Dinge zum Gegenstand ihrer Erzählung machen. Die Novelle *Der Mantel* (*Šinel'*) sollte sich als ein sozialkritischer Appell erweisen, aus dem alsbald die mächtige Formation der Literatur des sozialen Mitleids hervorgehen konnte. Jedenfalls sahen es Autoren wie Dostoevskij oder Turgenev so, wenn sie behaupteten, sie alle seien aus Gogol's *Mantel* hervorgegangen. (Von wem der Ausspruch wirklich stammt, blieb umstritten.) Die Novelle war freilich nicht nur Anklage in der Sache des kleinen Beamten Akakij Akakievič Bašmačkin, der sich durch lange Entbehrungen seinen Traum, einen prächtigen Wintermantel zu erwerben, erfüllte. Der Mantel wurde ihm alsbald wieder von Straßenräubern entrissen, und niemand half ihm, ihn zurückzugewinnen. Die Novelle war auch eine Parabel von der Versuchung des Menschen durch den Teufel, der in allerlei Verkleidungen auftauchte; sie war eine Variation der Vita des heiligen Akakij und vor allem ein Operieren und Kontrapostieren mit verschiedenen Ausdruckskomplexen (B. Ejchenbaum).

Die toten Seelen

Gogol' hatte sich nach dem vermeintlichen Mißerfolg des *Revisors* auf Reisen begeben. Er lebte in Deutschland, Frankreich, der Schweiz, vor allem aber in Italien. In dieser Zeit arbeitete er bereits an seinem großen Roman, *Die toten Seelen* (*Mërtvye duši*), dessen ersten Teil er 1841 in Rom abschloß. Nach Erscheinen des Romans (1842) schrieb Gogol' fast zehn Jahre am zweiten Teil, den er aber kurz vor seinem Tod verbrannte. Nur die vier Eingangskapitel und «Eines der letzten Kapitel» blieben erhalten. Was hatte Gogol' mit diesem Werk beabsichtigt? Briefäußerungen ließen erkennen, daß ihm ein monumentales dreiteiliges Prosaepos vorschwebte, ähnlich der *Göttlichen Komödie* Dantes, das einen sündigen Menschen auf dem Wege durch Inferno und Fegefeuer ins Paradies zeigen sollte. Das Sujet zu seinem Roman verdankte er wiederum Puškin. Und wieder war es eine sehr einfache Situation: Čičikov, der Held, traf in einer Provinzstadt ein und besuchte nacheinander fünf Gutsbesitzer in der Umgebung, denen er die seit der letzten Revision verstorbenen leibeigenen Bauern abzuhandeln suchte, um sie zu verpfänden. Doch waren die «toten Seelen» in Wahrheit die skurrilen Gutsbesitzertypen, die Gogol' in ihrem verkommenen Umfeld schilderte. Als Čičikovs Betrug aufzufliegen drohte, ergriff er die Flucht, und während die Trojka in schneller Fahrt dahinjagte, wurde wie zufällig jener Vergleich entwickelt, der das rasende Gefährt mit Rußland gleichsetzte: «Rußland, wo eilst du hin? Es gibt keine Antwort... und mit scheelem Blick treten die anderen Völker und Staaten zur Seite und geben ihm den Weg frei.»

Nach einer geheimnisumwitterten Pilgerreise nach Jerusalem war Gogol' 1848 endgültig nach Rußland zurückgekehrt. Offensichtlich war er als Schriftsteller bereits mit den *Ausgewählten Stellen aus dem Briefwechsel mit Freunden* (*Vybrannye mesta iz perepiski s druz'jami*, 1847) in eine Sackgasse geraten oder hatte sich, wie Vladimir Nabokov meinte, ausgeschrieben. Mehr spricht dafür, daß er die Idealität, die er für den weiteren Verlauf seines Romans anstrebte, künstlerisch nicht zu bewältigen wußte. Die in seinem Nachlaß aufgefundene *Autorenbeichte* (*Avtorskaja ispoved'*, posth. 1855) verdeutlichte noch einmal, daß sich Gogol' selbst niemals als «realistischer», sondern immer als «metaphysischer» Autor verstanden hatte. Er führte die Banalität (*pošlost'*) des Lebens vor, um die Sehnsucht nach dem Seelenheil zu wecken. Die nachfolgenden Generationen sollten das ganz anders bewerten. Gogol' wurde mit den *Petersburger Novellen* und den *Toten Seelen* zum bestimmenden Vorbild der Natürlichen Schule, der Keimzelle des Realismus.

Kapitel IV

Der russische Realismus I
Gogol'-Periode und Puškin-Richtung

Die Reformepoche Alexanders II.

Die Epoche des Realismus, die in Rußland gut vier Jahrzehnte, etwa von 1840 bis 1880, währte, brachte einen neuen Höhepunkt und endlich die Weltgeltung der russischen Literatur. Wie in den anderen europäischen Literaturen war sie nicht nur eine Gegenbewegung gegen die romantische Formation, nicht nur das künstlerische Pendant zum aufkommenden Positivismus in Wissenschaft und Philosophie. Sie entstand in Rußland auch aus der kritischen Spannung der Schriftsteller zu den politischen und sozialen Verhältnissen im Zarenreich. Das Scheitern der aus der Ferne beäugten März-Revolution, das darauf folgende «finstere Jahrsiebent» der ausgehenden Regierungszeit Nikolaus' I. und die Niederlage im Krimkrieg schufen weitere Depressionen, aus denen die Literatur nach Auswegen suchte. Vor allem das Problem der Leibeigenschaft der Bauern, das nach wie vor gleich einer offenen Wunde schwärte, ließ die Literaten nicht ruhen. Sie bereiteten etwa mit Werken wie den *Aufzeichnungen eines Jägers* (sie erschienen seit 1847) von Ivan Turgenev das Klima für Reformen vor, die in der Regierungszeit Alexanders II. endlich eingeleitet wurden.

Im Februar 1855, mitten im Krimkrieg, hatte Alexander II. die Nachfolge seines Vaters angetreten. Seine Herrscherzeit war eine der nachhaltigsten Reformperioden in der russischen Geschichte. Nicht nur hob er 1862 die Leibeigenschaft auf, sondern er ging auch daran, das Gerichtswesen, die territoriale Verwaltung, Volksbildung und Pressewesen sowie die Wehrpflicht in einem umfassenden Reformwerk neuzugestalten. Die Literatur des Realismus nahm wie ein unbeirrbarer Spiegel die überlebten alten und die neugebildeten neuen Verhältnisse in Rußland auf. Sie wurde zum Diskursmedium der Alexandrinischen Tauwetterepoche. Diese wurde freilich schon bald durch den zweiten polnischen Aufstand (Januar 1863), durch das Aufkommen der sich rasch radikalisierenden Narodniki-Bewegung und den Krieg im Kaukasus eingetrübt. Eine rigide Russifizierungspolitik in Polen, rücksichtslose Verfolgung der terroristischen Verschwörergruppen und die kolonialistische Vereinnahmung riesiger Gebiete in Mittelasien und Turkestan waren die Kehrseite der liberalen Politik des Zaren. Gegen Ende seiner Regierungszeit nahmen panslavische Tendenzen in der russischen Politik zu, sie führten 1877/78 zum Krieg gegen die Osmanen, der mit deren Vertreibung aus Bulgarien durch den «Befreier-Zaren» endete.

Westler und Slavophile

Alle Zaren seit Peter dem Großen hatten prinzipiell an der Europäisierung des Landes, d. h. an der Konstituierung Rußlands als ein modernes Staatswesen nach europäischen Muster, festgehalten. Im Vaterländischen Krieg hatte das Zarenreich Napoleon, den Störer und Zerstörer der alten europäischen Ordnung, besiegt. Zugleich aber hatten die russischen Offiziere die zivilisatorischen und kulturellen Einrichtungen des Westens kennengelernt und die Ideen des Naturrechts und des Liberalismus aufgenommen. Aus dem Zwiespalt zwischen Stolz auf die Kraft und die Traditionen des russischen Volkes einerseits und den Verlockungen des westlichen Fortschritts andererseits erwuchs in den 1830er Jahren ein grundsätzlicher Dissens in der Frage des historischen Weges und der Zukunft Rußlands: der anhaltende Streit nämlich zwischen Westlern (*zapadniki*) und Slavophilen (*slavjanofily*). Pëtr Čaadaev, ein hochgebildeter Gardeoffizier, der nach seinem Abschied im Ausland gelebt und den Kontakt zu Schelling und den französischen katholischen Denkern gesucht hatte, stellte 1836 im ersten seiner *Lettres philosophiques* die gesamte russische Kulturentwicklung in Frage. Vom Standpunkt eines katholischen Universalismus her bestimmte er Rußland als ein Land, das weder dem Westen noch dem Osten angehöre und die Überlieferungen weder des einen noch des anderen besitze. Durch seine Sonderentwicklung, durch Barbarei und Fremdherrschaft fehle den Russen ein fester Existenzrahmen, wie ihn im Westen die Ideen der Pflicht, der Gerechtigkeit, des Rechts und der Ordnung herstellten. Rußland sei von der kulturellen Einheit des (mittelalterlichen) Europa abgekoppelt worden; als Ausweg bleibe ihm nur die Rückkehr zur europäischen Einheit, die Čaadaev im Katholizismus verkörpert sah. Vom Zaren höchstpersönlich für geisteskrank erklärt, milderte Čaadaev in der Schrift *Apologie eines Wahnsinnigen* (*Apologija sumasšedšego*, 1837, zuerst 1906 veröf-

fentlicht) seine Thesen zwar ab, doch blieb er bei dem Vorwurf der
Leere der russischen Vergangenheit, die durch Peter den Großen
zwar ausgefüllt worden sei, dabei aber nur zu lächerlicher Nachahmung der westlichen Sitten, Kleidung, Sprache und Literatur geführt habe.

Čaadaevs Verdammung der vorpetrinischen Zeit löste bei den
Slavophilen helle Empörung aus. Sie hatten, an Schelling und Hegel
orientiert, Konzepte entwickelt, die den geschichtlichen Weg und
die Geistesart der Russen in schroffem Gegensatz zu den europäischen Gegebenheiten erklärten. Hierbei spielten Ivan Kireevskij,
Aleksej Chomjakov und Konstantin Akasakov eine maßgebliche
Rolle. Kireevskij versuchte in der Schrift *Über den Charakter der
Aufklärung in Europa und ihre Beziehung zur Aufklärung in Rußland* (*O charaktere prosveščenija Evropy i ego otnošenii k prosve-
ščeniju Rossii*, 1852, dt. u.d. T. *Rußland und Europa*), die europäische und die russische Geistigkeit einander gegenüberzustellen: ab-
strakt-rationales Prinzip in Wissenschaft und Theologie gegen ganz-
heitliches Denken; logisches gegen religiöses (orthodoxes) Weltbild;
Trennung und gegenseitige Feindschaft der Stände gegen einstim-
mige Gesamtheit des Volkes; gewaltsame soziale Revolutionen
gegen Reformen aus dem natürlichen Wachstum heraus; Luxus,
Künstlichkeit, Egozentrik des Einzelnen gegen Einfachheit, Solidarität, gesunde Geisteskräfte und Demut der Gemeinschaft; Zersplitterung und Verstandesmäßigkeit gegen Geschlossenheit und Ver-
nunftmäßigkeit. Der theologisch versierte Chomjakov stützte sein
slavophiles Kulturmodell auf zwei eigenständig russische Werte:
einerseits auf die «*Sobornost'*», die einigende Kommunität der
orthodoxen Kirche, zum anderen auf den «*Mir*», die russische
Dorfgemeinde, die den Bauern das Land zuteilte und darüber verfügte – Werte, die der sozialen Zersplitterung des Westens entge-
genwirken sollten. Aksakov wieder unterstrich in philologischen
Studien die linguistische Besonderheit der russischen Sprache und
Literatur. Manche Denkanstöße erhielten die Slavophilen von dem
deutschen Kulturhistoriker und Volkskundler Wilhelm Heinrich
Riehl, dessen Aufspüren des Volksprinzips in der Geschichte den
eigenen Strebungen nahekam.

Aleksandr Gercen und Nikolaj Ogarëv

In den Konzepten der Slavophilen war darin stets die Überlegung eingeschlossen, wie Rußland die inzwischen offenkundigen politischen, ideologischen und sozialen Fehlentwicklungen des westlichen Europa vermeiden könne. Meist stand dahinter unmittelbares Erleben des «Westens», und die slavophile Haltung zu diesem Problem war keineswegs die einzige. Vielmehr konnten auch die auf den Fortschritt setzenden Geister den westlichen Weg verwerfen und, unter Umgehung der Auswüchse von Industrialisierung und Kapitalismus, eine russische Lösung, einen russischen Sozialismus, ansteuern. So ergab es sich bei Aleksandr Gercen (Herzen), einem der luzidesten russischen Denker und Schriftsteller des 19. Jahrhunderts. Er war der Sohn und Erbe eines reichen russischen Aristokraten und einer Deutschen, die in einer nicht legalisierten Verbindung lebten. An der Moskauer Universität hatte er Naturwissenschaften und Naturphilosophie studiert. Schon bald befreite er sich von romantischen Auffassungen und bezog eine empirisch-materialistische Position, die er «Realismus» nannte. Seit 1840 veröffentlichte er Erzählungen, die gesellschaftliche Themen gleichsam wie in einer wissenschaftlichen Versuchsanordnung darboten. Sein Roman *Wer ist schuld?* (*Kto vinovat?*, 1846) zeigte die Zerstörung einer glücklichen Ehe durch einen hinzutretenden «überflüssigen Menschen» in einer analytischen Weise, die letztlich die gesellschaftlichen Zwänge der Adelsgesellschaft an den Pranger stellte.

Gercen reiste 1847 nach Westeuropa. Als Emigrant lebte er, durch sein Erbe abgesichert, in Frankreich, Italien und zuletzt in England. Mit publizistischen Schriften, die teils zuerst in deutscher Version erschienen, schaltete er sich in die gesellschaftspolitischen Diskurse der 1850er Jahre ein. In London gab er zusammen mit seinem Freund Nikolaj Ogarëv die Zeitschriften «Kolokol» (Die Glocke) und «Golosa iz Rossii» (Stimmen aus Rußland) heraus, die, illegal in Rußland verbreitet, die Mißstände und Repressionen im Zarenreich brandmarkten.

Gercens bedeutsamstes Buch war seine Autobiographie *Gewesenes und Gedachtes* (*Byloe i dumy*), an der er von 1852 bis 1868 arbeitete. Da Gercen den politischen Zuschnitt des Zarenreichs selbst bitter an sich erfahren hatte und ihn mit dem mehrerer europäischer Länder vergleichen konnte, da er führende Persönlichkeiten der Zeitgeschichte wie Guiseppe Garibaldi, Lajos Kossuth, Jules Michelet und Georg Herwegh kennengelernt und selbst in die ideologischen Kontroversen der Zeit eingegriffen hatte, gelang es ihm, dem glänzenden Stilisten, ein höchst lebendiges Bild von der geistigen Situation der Zeit zu vermitteln. Nicht nur waren seine Eindrücke von der europäischen kapitalistischen Bourgeoisie niederschmetternd, er fand auch in den deutschen und französischen Demokraten und Sozialisten nichts als Egoismus, Feigheit, Profitsucht und geistige Enge. Nach seiner Meinung konnte der Sozialismus nicht allein durch die Umgestaltung der Eigentumsverhältnisse errichtet werden, sondern mußte zu einer radikalen Erneuerung des Rechts- und Regierungswesens, namentlich auch der Verhältnisse in Familie, Privatleben und Moral führen. (Hier spielten bittere persönliche Erfahrungen herein.) Gercen entdeckte das Mir-Modell als eine genuin russische Form des Dorf-Sozialismus und entwickelte Ideen, die in der Narodniki-Bewegung auf lebhaften Widerhall stießen.

Nikolaj Ogarëv, Gercens engster Mitkämpfer und wie dieser als Berufsrevolutionär in der Emigration lebend, war an den publizistischen Unternehmungen des Freundes aktiv beteiligt, gab aber auch selbst Literatur heraus, die in Rußland verboten war. Seine Anthologie *Russische geheime Literatur des XIX. Jahrhunderts* (*Russkaja potaënnaja literatura XIX stoletija*, 1861) war ein Vorläufer der TAMIZDAT-Augaben der Sowjetzeit. Ogarëvs Lyrik bewegte sich, abgesehen von einigen politischen Gedichten, in melancholischen Stimmungen und besaß, wie in dem deutsch überschriebenen, an Heine anklingenden *Buch der Liebe* (1841–44) Tagebuchcharakter. Eine Besonderheit waren seine «musikalischen» Gedichte, die nicht nur die großen Komponisten, Mozart oder Beethoven, beschworen, sondern auch musikalische Formen, etwa die Sätze einer Symphonie, poetisch nachzugestalten suchten. Auch in seinen Verspoemen schlug er neue Wege ein, die über die Muster von Puškin und Lermontov hinaus führten. Da seine Dichtungen zu Lebzeiten wenig Beachtung fanden und zum Teil erst im 20. Jahrhundert veröffentlicht wurden, blieb Ogarëv lange Zeit eine unbekannte Größe in der russischen Literatur.

Realismus als Stilformation

Der Realismus bildete sich in der russischen Literatur als eine Stilformation aus, die in ihren Themen, Ausdrucksmitteln, Gattungen sowie vor allem in ihrer Funktion eine innere Logik und Folgerichtigkeit erkennen ließ wie wohl in keiner anderen Literatur. So gewann er gewissermaßen paradigmatische Qualität, und es verwundert nicht, daß von nun an die russische Literatur im Verhältnis zu ihren Nachbarinnen nicht mehr nur die Nehmende, sondern bald auch die Gebende war.

Als Generalfunktion des Realismus kam die «analytische Behandlung gesellschaftlicher Erscheinungen» zur Geltung (A. Flaker). Alle Themen, die die Literatur aufgriff – Leibeigenschaft, Leben des Adels, weniger der Bürger, in den Hauptstädten und in der Provinz, Liebe und Ehe, die Stellung der Frau, Künstler und Kunst, Literatur –, wurden mit einem bestimmten «Milieu» verbunden, das sich prägend auf die Charaktere, ihr Verhalten und ihre Beziehungen auswirkte. Dieses Milieu, als gesellschaftlicher Raum, wurde mitunter aufwendig, meist aber sehr sublim mit den Mitteln der Beschreibung ausgeführt. Die horizontale Ausbreitung des Räumlichen, des «Benachbarten» (D. Tschižewskij), galt manchen Literaturforschern als wesentliches Merkmal des realistischen Weltverständnisses. Weiter war wichtig, daß die Handlungen der Personen aus ökonomischen oder sozialpsychologischen Ursachen, also durch ein spezifisches Motivationsgefüge, erklärt wurden. Dabei war das Handlungsgerüst meist recht einfach. Entscheidend war nicht Geschehensfülle, sondern ein Konstrukt, das die Wechselwirkung zwischen Charakter und gesellschaftlichem Milieu zu analysieren gestattete. Da die Welt, wie im Positivismus, als objektiv gegeben aufgefaßt wurde, war für ihre künstlerische Wiedergabe nur eine Sprache geeignet, die auf rhetorischen und poetischen Schmuck verzichtete und ihre Gegenstände denotativ, d. h. mit dem nächstliegenden, direkten Ausdruck, bezeichnete. Eine der auffälligsten Erscheinungen, die mit dem Realismus für jedermann deutlich wurde, war folglich der Dominantenwechsel von der Versrede zur Prosa und, damit verbunden, ein Abbau rhetorischer und poetischer Verfahren, die jahrhundertelang das Wesensmerkmal der Literatur gewesen waren. Am Anfang des Realismus standen beschreibende, ja feuilletonistische Textsorten, die im Laufe der 1840er/1850er

Jahre mehr und mehr mit narrativen Elementen angereichert wurden. Die Erzählungen wuchsen sich zu Kurzromanen aus. In den 1860er Jahren wurde der breit ausgeführte Gesellschaftsroman zum Standard, der, mehrsträngig oder als Roman-Epopöe noch einmal erweitert, mit Dostoevskijs *Brüdern Karamazov* und Tolstojs großen Romanen den Höhepunkt der realistischen Formation brachte. In der Augmentierung der Erzählgattungen bestand das Hauptgesetz des russischen Realismus.

Anders als in den westlichen Literaturen war der russische Realismus keine «Literatur des Bürgertums», denn es gab in Rußland keine ausgeprägte bürgerliche Schicht wie in den europäischen Ländern. (Die Stände zwischen Adel und Bauerntum, die sog. «Raznočincy» – Kaufleute, kleine Beamte, Handwerker, Kleinbürger und niederer Klerus – bildeten keine geschlossene soziale Schicht.) Er war vielmehr in Rußland im ganzen Adelsliteratur, geschrieben von adeligen Schriftstellern – Ausnahmen waren Ivan Gončarov oder Aleksandr Ostrovskij – für ein Publikum, das sich ebenfalls im wesentlichen aus dem Adel rekrutierte. Umso mehr muß überraschen, daß entscheidende Impulse, wenn nicht die thematische und literaturtheoretische Ausrichtung der Literatur überhaupt, von Literaturkritikern aus dem Raznočincy-Stande kamen.

Die Literaturkritik

Schon Vissarion Belinskij, der erste bedeutende Kritiker und Weichensteller der russischen Literatur in der Phase der Übergangs von der Romantik zum Realismus, zählte als Sohn eines Marinearztes zu den Raznočincy. Im Zirkel der Moskauer Hegelianer um Nikolaj Stankevič war er in den 1830er Jahren mit der Philosophie Hegels, Herders und Schellings vertraut geworden. In ihrem Sinne verstand er den Begriff der «Narodnost'» (Volkstümlichkeit, Volkhaftigkeit), wenn er in seinen *Literarischen Träumereien* (*Literaturnye mečtanija*, 1834) forderte, daß in der Literatur der Volksgeist und die ewigen Ideen «zum physischen Leben» gelangen sollten. Belinskijs sukzessive Aufnahme fremder Philosopheme brachte ihn um 1840 unter dem Eindruck der Hegelschen Rechtsphilosophie – Michail Bakunin hatte dessen *Gymnasialreden* 1838 ins Russische übersetzt – zu einer bedingungslosen, fast fatalistischen Annahme der Wirklichkeit. Vor dem Hintergrund der bisherigen ästhetischen Doktrinen und ihrer metaphysischen Sinngebung der Kunst war dies ein entscheidender Schritt auf dem Wege zu einer realistischen Ästhetik. In seinem Programm der Natürlichen Schule (1846) stand ganz im Vordergrund die soziographische Bestandsaufnahme aller Regionen des Russischen Reiches. In den folgenden Jahren versuchte er, die Position der «Versöhnung mit der Wirklichkeit» durch die Idee der Negation der schlechten Wirklichkeit zu überwinden, und geriet damit unversehens ins Fahrwasser der utopischen Sozialisten.

Nikolaj Černyševskij, ein Popensohn aus Saratov, wurde zum Verfechter einer utilitaristischen Literaturkritik, die sich auf zeitgenössische philosophische Grundlagen stützte. In seiner Magisterschrift *Die ästhetischen Beziehungen der Kunst zur Wirklichkeit* (*Èstetičeskie otnošenija iskusstva k dejstvitel'nosti*, 1853) hatte er die These aufgestellt, daß das Schöne, also der Inhalt der Kunst, das Leben sei und nicht, wie etwa bei Hegel, «das sinnliche Scheinen der Ideen». Die Wirklichkeit sei nicht nur lebendiger, sondern auch vollkommener als die Bilder der Phantasie; das Naturschöne übertreffe das Kunstschöne. So forderte er vom Künstler die Abbildung des wirklichen Lebens ein, in der allerdings auch die «Lebensfülle», das eigentliche Wesen des Menschen jenseits von Unterdrückung und Armut, Leere und Luxus aufscheinen sollte. Damit gelangte ein utopisches Moment in sein Konzept, das ihn zum Vorläufer des Sozialistischen Realismus in sowjetischer Zeit prädestinierte. In seinem Roman *Was tun?* (*Čto delat'?*, 1863), mit dem Untertitel «Erzählungen von neuen Menschen», verflocht er unkonventionelle Formen des menschlichen Zusammenlebens und genossenschaftliche Produktionsweisen mit der utopischen Vorstellung einer künftigen Gesellschaft in einem riesigen Kristallpalast. Was pronihilistisch, als Polemik gegen das vermeintlich negative Bild der Nihilisten in Turgenevs Roman *Väter und Söhne*, gedacht war, löste eine lange Reihe antinihilistischer Romane der verschiedensten Autoren aus. Dies verdeutlichte, in welchem Maße die realistische Literatur zum Kampfplatz gesellschaftlicher und ideologischer Entwürfe geworden war.

Seit 1854 leitete Černyševskij, wie zuvor Belinskij, die literarische Rubrik der einflußreichen, noch von Puškin gegründeten Zeitschrift «Sovremennik» (Der Zeitgenosse). Seine *Skizzen der Gogol'schen Periode in der russischen Literatur* (*Očerki gogolevskogo perioda russkoj literatury*, 1855) zeichneten die Entwicklung von Puškin über Lermontov und Gogol' zur Natürlichen Schule nach und deuteten sie als konsequenten Weg zu realistischer Lebenswiedergabe und Gesellschaftskritik – ein Entwurf, der später eine einseitige Kanonisierung erfuhr.

Ebenso wichtig wie Černyševskijs ästhetische und literarhistorische Konzepte war für die russische Literatur seine große Monographie *Lessing, seine Zeit, sein Leben und Wirken* (*Lessing, ego vremja, ego žizn' i dejatel'nost*, 1856/57). Hier zog der «sozialistische Lessing», wie ihn Friedrich Engels nannte, nicht nur Parallelen zwischen Lessings Kampf um die deutsche Nationalliteratur und den Aufgaben der russischen Literaturkritik, sondern legte, mit dem *Laokoon* argumentierend, erstmals auch Lessings Postulat dar, daß die Poesie nicht malen dürfe, daß es vielmehr ihre Aufgabe sei, Handlungen und die Wirkung der Gegenstände auf die Seele des Menschen darzustellen. Černyševskij vermittelte den Schriftstellern der Zeit, daß die realistische Sicht der Welt über die Wahrnehmungen und Emotionen der Figuren geschah, was in der Konsequenz auf das personale Erzählen hinauslief.

Černyševskij war 1862 inhaftiert, zwei Jahre später in einer entehrenden Prozedur «bürgerlich hingerichtet» und in die Katorga verschickt worden. Nikolaj Dobroljubov, sein Nachfolger beim «Sovremennik», verfügte nicht über vergleichbares philosophisches Wissen, verstand es aber in seinen Rezensionen, die von der Literatur aufgeworfenen Probleme in griffige Parolen zu fassen. Von ihm stammten Begriffe wie «Oblomovščina» für das in Gončarovs Roman gezeigte Syndrom der adeligen Lethargie oder «das finstere Reich» (*tëmnoe carstvo*) für die dumpfe Welt der kleinen Beamten und Kaufleute in Ostrovskijs Dramen. Eine radikale Wende erlebte die Literaturkritik bei Dmitrij Pisarev und Varfolomej Zajcev. Zehn Jahre nach Černyševskijs Magisterschrift verkündigte Pisarev die *Zerstörung der Ästhetik* (*Razrušenie éstetiki*, 1865), argumentierend, daß, wenn das Schöne keine absolute Kategorie darstelle, auch die Ästhetik, die Wissenschaft vom Schönen, keinen Bestand habe. Das «ewige Schöne» sei nichts als eine Fiktion, ein Luxus der schmarotzenden Stände. Nur wenn die Kunst danach strebe, Armut und Unwissenheit auszurotten, könne sie eine nützliche Rolle, gleich den Naturwissenschaften, in der Gesellschaft spielen. Pisarev, der in der Kunst den Primat des Inhalts vor der Form verfocht, wurde der provokante Satz zugeschrieben, ein Paar Stiefel seien mehr wert als Puškin.

Literaturkritiker wie Apollon Grigor'ev, die weiterhin der idealistischen Ästhetik und den Prinzipien der «reinen Kunst» anhingen, hatten es schwer, gegen den herrschenden Trend der Utilitaristen anzuschreiben. Grigor'ev, dem Lager der Slavophilen nahestehend und später an Dostoevskijs Zeitschriften «Vremja» (Die Zeit) und «Épocha» (Die Epoche) mitwirkend, hatte sich in Anlehnung an Schellings Identitätsdenken ein ästhetisches Wertesystem geschaffen, das er «organische Kritik» nannte. Wie für Schelling war ihm die Kunst das eigentliche Organon echter Erkenntnis. Auch er leistete einen wesentlichen Beitrag zur Heldentypologie der russischen Literatur, in der sich für ihn der Kampf unterschiedlicher Bewußtseinsstufen ausdrückte, etwa wenn er zwischen einem «raubgierigen» und einem «demütigen» Typus in der Romanliteratur unterschied. Als Lyriker bewegte sich Grigor'ev auf ähnlichen Bahnen wie seine Moskauer Studienfreunde Afanasij Fet und Jakov Polonskij. Sein von Armut und Enttäuschungen verbittertes Schicksal fand in vielen seiner Gedichte bewegenden Ausdruck.

Die Natürliche Schule

Der Grundakkord des russischen Realismus wurde in den 1840er Jahren durch die sog. Natürliche Schule (*natural'naja škola*) angestimmt. Es waren vor allem zwei Impulse, die eine Reihe junger Autoren, darunter Turgenev, Gercen, Nekrasov, Grigorovič und Dostoevskij, zu einer neuen Art der Kunstübung befügelten. Das war einmal das Mitleid mit den «kleinen Leuten», mit den Benachteiligten und Unterdrückten der Gesellschaft, wie es Gogol' im *Mantel* vorgetragen hatte. Hier war erstmals die Tragik des Banalen vor Augen getreten. Der zweite Impuls war die vor allem aus Frankreich nach Rußland dringende «physiologische Methode», d. h. die systematischen Beschreibungen der Großstadt Paris mit all ihren sozialen Gruppen und Ständen. Schon um 1840 war man in Rußland auf diese neue, als Publizistik oder Feuilleton auftretende Gattung aufmerksam geworden, die immerhin von solchen Autoren wie Balzac oder Paul de Kock repräsentiert wurde. Bald erschienen russische Übersetzungen französischer und englischer «Physiologien», und selbst der achtbändigen «moralischen Enzyklopädie» *Les Français peints par eux-mêmes* (1840-42) folgte auf dem Fuße ein ähnliches Werk über die Russen: *Die Unserigen, nach der Natur gemalt von Russen* (*Naši spisannye s natury russkimi*, 1841). Die Beschreibungen von Typen aus den verschiedensten Ständen – Wasserträger, Edelfräulein, Armeeoffizier oder Kinderfrau – wurden durch Holzstiche (Polytypagen) oder Zeichnungen illustriert. In den von Nikolaj Nekrasov herausgegebenen Sammelbänden *Physiologie von Petersburg* (*Fiziologija Peterburga*, 1845) und *Petersburger Sammelband* (*Peterburgskij sbornik*, 1846) traten die in der Natürlichen Schule versammelten Autoren erstmals als Gruppe auf. Das als Schmähung gedachte Etikett, das ihnen der erzkonservative Kritiker Faddej Bulgarin angeheftet hatte, kehrte Belinskij entschlossen um, indem er die neue Natürliche Schule von der alten rhetorischen, nicht-natürlichen absetzte. Im Vorwort zur *Physiologie von Petersburg* wies er den Literaten die Aufgabe zu, die verschiedenen Landesteile und Klimazonen Rußlands, die in ihnen lebenden Völker und Stämme mit ihren besonderen Religionen und Sitten in Form von Reise- oder Exkursionsberichten, Skizzen und Beschreibungen bekanntzumachen. Dieses Programm sollte in den folgenden Jahren in umfassender Weise umgesetzt werden. Für die Literatur aber lag die Bedeutung der Natürlichen Schule in der Gewinnung neuer Verfahren der räumlichen Deskription, der sozialen Klassifikation, der Wiedergabe authentischer Soziolekte. Der unauflösliche Komplex von literarischer Figur, spezifischer Sprache und determinierendem Milieu, dessen Vertextung zuerst in den physiologischen Skizzen (*fiziologičeskie očerki*) eingeübt wurde, blieb in der gesamten Erstreckung und in allen Ausprägungen des russischen Realismus erhalten.

Die Puškin-Richtung

Seit 1855 konnten bislang verbotene oder zurückgehaltene Literaturwerke endlich erscheinen, darunter die Gesammelten Werke von Puškin und Gogol'. Gab der Blick auf Gogol's Werk Černyševskij Anlaß, eine sozialkritische Leitlinie in die Literatur einzuziehen, so entfaltete sich um die Puškin-Ausgabe herum eine Gegenbewegung, die auf dem Primat der Poesie und des Künstlerischen vor Ideologie oder politischer Tendenz bestand. Diese «Puškin-Richtung» (*Puškinskoe napravlenie*) wurde sehr entschieden von Pavel Annenkov vertreten, dem Herausgeber der Werkausgabe und Verfasser der ersten Puškin-Biographie, der zudem auch ein enger Freund Gogol's gewesen war. Auch Vasilij Botkin, seit seinen *Brie-*

fen über Spanien (*Pis'ma ob Ispanii*, 1847/48) als Autor geschätzt, stieß zu der Gruppe, ferner die Dichter der «reinen Kunst» Afanasij Fet, Apollon Majkov und Nikolaj Ščerbina sowie die bereits hochangesehenen Erzähler Turgenev, Saltykov-Ščedrin und Lev Tolstoj. Der Zufall, daß Aleksandr Družinin 1856 die weitverbreitete Zeitschrift «Biblioteka dlja čtenija» (Lesebibliothek) übernehmen konnte, schuf den Puškin-Anhängern eine willkommene Plattform. Družinin, der mit der Brieferzählung *Polin'ka Saks* (1847) die Selbstbestimmung der Frau thematisiert und sich als Shakespeare-Übersetzer einen Namen gemacht hatte, kritisierte das Konzept der Gogol'-Periode und behauptete forsch, Puškin wäre, hätte er länger gelebt, mit Gewißheit zum Widerpart der von Černyševskij propagierten Richtung geworden. Man könne bei aller Verehrung für Gogol' nicht nur von den *Toten Seelen* leben; was man vor allem brauche, sei inspirierte Poesie. Artismus, die vollkommene Kunstübung, stellte er gegen den didaktischen Anspruch an die Kunst. Homer, Shakespeare und Goethe waren seine Kronzeugen. Turgenev, Tolstoj, Pisemskij und selbst Saltykov-Ščedrin wurden durch Družinins «artistische Theorie» in ihrem Streben nach Objektivität bekräftigt. Die Radikalisierung der Redaktion des «Sovremennik» stieß die aus dem Adel stammenden Autoren ohnehin ab, so daß sie der Zeitschrift um 1860 den Rücken kehrten. Tolstoj zog sich auf sein Gut Jasnaja Poljana zurück und entsagte vorübergehend der Schriftstellerei; Turgenev schrieb Romane, die als Schmähung der «Sovremennik»-Clique aufgefaßt wurden. Die Poeten der Puškin-Richtung aber blieben lange Jahre als Vertreter der «reinen Kunst» erbarmungsloser Herabwürdigung seitens der utilitaristischen Kritik ausgesetzt. Die meisten von ihnen zogen sich während der poesiefeindlichen Zeit schweigend ins Private zurück.

Lyrik und Drama der ästhetischen Richtung

Zu den Dichtern der ästhetischen Richtung gehörten die großen russischen Lyriker Fëdor Tjutčev, Afanasij Fet und Apollon Majkov. Tjutčev war altersmäßig zwar der Puškin-Generation zuzurechnen, hatte jedoch als Diplomat viele Jahre im Ausland zugebracht. In München zählten Heine, Schelling und Jakob Philipp Fallmerayer zu seinen Bekannten. So trat er erst spät vor das russische Publikum. Noch 1854, als Turgenev seine Gedichte herausgab, galt er als Außenseiter. Tjutčevs Gedichte gerannen, auch wenn sie zufällige Gelegenheiten aufgriffen oder aus der Betrachtung der Natur entstanden, immer zu Reflexion und Kontemplation. Er spürte das Geistige in der Natur auf. Um dem Materiellen Sinn einzuhauchen, griff er auch wieder auf die verschütteten Quellen der alten Symbolcodes oder der Emblematik zurück. So wirkte seine spröde Lyrik in vielem archaisch, während sie andererseits bereits auf den kommenden Symbolismus vorauswies. Die Nacht erschien bei ihm, wie bei vielen Romantikern, als das abgründige Element, aus dem das Chaos hervorlugte. Oft waren seine Naturgedichte als Allegorese auf aktuelle Ereignisse zu verstehen. Außer in seiner Publizistik drückte er auch in Versen seine politischen Maximen aus. Unverbrüchliches Vertrauen in die Autokratie, die Überzeugung, daß Rußland als Führungsmacht der Slaven das Christentum vor dem antichristlich-revolutionären Prinzip des Westens zu erretten habe, ja, ein unguter imperialer Panslavismus artikulierten sich in Tjutčevs Poesie. Unter den ca. 350 Gedichten, die er schrieb, befanden sich einige von einzigartiger Schönheit wie *Frühlingsgewitter* (*Vesennjaja groza*, 1829), das die Naturerscheinung als einen mythologischen Vorgang erklärte, oder das berühmte *Silentium!*, in dem sich der tiefe Zweifel an der poetischen Aussagefähigkeit vernehmen ließ. Namentlich auch die späten Liebesgedichte des sog. *Denis'eva-Zyklus* (*Denis'evskij cikl*), der Gefährtin seiner letzten Jahre gewidmet, zeigten, wie Tjutčev das Persönlichste ins allgemein Menschliche umzudeuten wußte.

Auch Afanasij Fets maßgebliche Gedichtsammlungen (1850, 1856) gerieten in den Diskurs um die Puškin-Richtung und wurden sofort von Vasilij Botkin als Markstein der «reinen Kunst» vorgestellt. Fet, der Sohn eines russischen Obristen und einer verheirateten Deutschen, der zeitlebens um die Anerkennung des väterlichen Namens kämpfte, war zweifellos einer der begabtesten Dichter der Zeit. Als Studiosus stand er unter dem Einfluß der Moskauer Schellingianer. Die Auffassung von der Korrespondenz zwischen Natur und Geist, Landschaft und Seele bildete das philosophische Fundament seiner Lyrik. So widmete er seine Gedichte eigentlich nur zwei Themen: Liebe und Natur, beides oft zueinander in symbolische Analogie gestellt. Seine Verse waren zudem mit so feinen Stimmungsvaleurs und einer einzigartigen Musikalität ausgestattet, daß man vom Impressionismus Fets gesprochen hat. In einigen Gedichten, etwa

Frühlingsregen (*Vesennij dožd'*, um 1857) brachte er die optischen und akustischen Wahrnehmungen während eines Regenschauers ganz ähnlich in den Text ein, wie es gleichzeitig im «personalen» Erzählen bei Turgenev und Tolstoj geschah. In dem berühmten Liebesgedicht *Flüstern, zages Atmen* (*Šepot, robkoe dychan'e*, 1850) genügten die Reihung von Substantiven und eine durchgehende Intonation, um eine wunderbare Liebesnacht zu evozieren. Es verwundert nicht, daß die Utilitaristen gerade diesen Dichter zur Zielscheibe bitterböser Angriffe nahmen. Fet zog sich auf sein Landgut zurück – sein Gutsnachbar war Lev Tolstoj –, übersetzte Goethes *Faust* und Schopenhauers *Die Welt als Wille und Vorstellung* und trat erst nach dem Wechsel des politischen Klimas in den 1880er Jahren wieder mit einer Gedichtsammlung, *Abendliche Feuer* (*Večernie ogni*, 1883), an die Öffentlichkeit.

Apollon Majkov wurde zu Lebzeiten von der Literaturkritik viel gewürdigt, aber auch gescholten. Er kam aus einem wohlbestellten, kunstliebenden, herrscher- und glaubenstreuen Elternhaus. In seinem ersten Gedichtband (*Stichotvorenija*, 1842) bestach der Zyklus *In der Gattung der Anthologie* (*V antologičeskom rode*), der die anakreontische Richtung Batjuškovs fortführte. In den 1840er Jahren stand Majkov in der Spannung zwischen den Bestrebungen der Natürlichen Schule, dem sozialrevolutionären Petraševskij-Kreis und dem slavophilen Denken. Mit den gesellschaftskritischen Poemen *Zwei Schicksale* (*Dve sud'by*, 1844) und *Mašen'ka* (1846) bewegte er sich im Fahrwasser der Natürlichen Schule, und selbst in den auf einer Italienreise entstandenen *Rom-Skizzen* (*Očerki Rima*, 1847) versuchte er, die «physiologische Methode» mit seinem poetischen Stil zur Deckung zu bringen. Allerdings löste das 1854 geschriebene Gedicht *Die Kutsche* (*Koljaška*) mit seiner kriecherischen Verehrung für den Zaren Entrüstung beim Publikum aus. Damals bildete Majkov mit den Dichtern Fet und Polonskij einen poetischen Dreibund, der bald zum Kern der Puškin-Richtung zählte. Majkov stieg im Laufe seiner Beamtenkarriere bis zum Vorsitzenden des Komitees für ausländische Zensur (1875) im Range eines Wirklichen Staatsrates auf. In seinem reichhaltigen, wandlungsfähigen Werk nahmen neben Naturgedichten vor allem patriotische und kulturgeschichtliche Dichtungen einen wichtigen Platz ein, von denen *Drei Tode* (*Tri smerti*, 1857) und *Zwei Welten* (*Dva mira*, 1872) die Zeitenwende, den Übergang vom antiken Heidentum zum Christentum, zum Thema hatten. Sein bedeutendstes, bis auf den heutigen Tag lebendiges Werk jedoch war das Poem *Fürstin* *** (*Knjažna* ***, 1877), das in gewisser Weise Puškins *Eugen Onegin* fortsetzte. Die einfache Handlung stellte einen Generationskonflikt dar und bot somit ein poetisches Pendant zu den zeitgenössischen Gesellschaftsromanen.

In der dichterischen Praxis erwies sich Majkov als ein Meister der Form, der auf ein riesiges Repertoire an Verfahren der Versrealisierung zurückgreifen konnte. Nicht umsonst sahen manche Zeitgenossen in ihm den Fortsetzer Puškins.

Zu den Dichtern der «reinen Kunst» zählten ferner: Lev Mej, der seine Gedichte verschiedenen Kulturkreisen widmete und feinsinnige Übersetzungen Schillers, Heines, Mickiewiczs und der Oden des Anakreon (*Anakreonta*, 1864) vorlegte. Ferner Nikolaj Ščerbina, der, in der griechischen Kolonie in Taganrog aufgewachsen, der alt- und neugriechischen Tradition verbunden war. In seinen *Griechischen Gedichten* (*Grečeskie stichotvorenija*, 1851) versuchte er, neue Gedanken in antiker Form zu gestalten. Endlich Graf Aleksej K. Tolstoj, der wundervolle elegische Gedichte und effektreiche Balladen schrieb. Ein Grandseigneur und naher Freund des Zaren, stand Tolstoj den literarischen Coterien fern, und doch wirkte er mit seinen geistreichen Satiren und Parodien nicht wenig auf den Gang der Dinge ein. Zusammen mit seinen Vettern Aleksej und Vladimir Žemčužnikov schuf er die literarische Maske des Koz'ma Prutkov, des epigonalen, staatserhaltenden Dichters schlechthin, dessen Gedichte, Aphorismen, Projekte und Dramen nichts anderes als maliziöse Parodien darstellten, wie sie mit ähnlicher Treffsicherheit in der damaligen Zeit, wenngleich im Lager der Progressiven, wohl nur noch dem genialen Dmitrij Minaev gelangen.

Aleksej K. Tolstoj und Lev Mej boten nicht nur als Lyriker Beachtliches, sondern traten auch mit dramatischen Dichtungen hervor. Im Anschluß an Puškins *Boris Godunov* entwickelte sich in Rußland, parallel zum Aufschwung der Geschichtswissenschaften, das Genre des historischen Dramas, wobei auch hier die Epoche Ivans des Schrecklichen und die Zeit der Wirren als Stoffvorrat besonders beliebt waren. In diesen Dramen, die in aller Regel den Blankvers verwendeten, konnte nicht nur im Sinne des geltenden Historismus gezeigt werden, «wie es gewesen war», sondern immer auch auf Grundprobleme der russischen Gesellschaft gewiesen werden. Lev Mej trug zur historischen Dramatik die Versdramen *Die Zarenbraut* (*Carskaja nevesta*, 1849) und *Die Pleskauerin* (*Pskovitjanka*, 1849/50) bei, in denen vor historischem Hintergrund tragische Frauenschicksale aufgerollt wurden. Von Aleksej K. Tolstoj kam eine historische Trilogie, die mit den Stücken *Der Tod Ivans des Schrecklichen* (*Smert' Ioanna Groznogo*, 1866), *Zar Fëdor Ivanovič* (*Car' Fëdor Ivanovič*, 1868) und *Zar Boris* (*Car' Boris*, 1870) exemplarisch drei unterschiedliche Herrschergestalten auf die Bühne brachte: den grausamen, aber gerechten Ivan, den gütigen, aber politisch schwachen Fëdor und den aufgeklärten, jedoch tragisch scheiternden Boris Godunov. Selbst Aleksandr Ostrovskij, der Meister des realistischen Gesellschaftsstücks, lieferte in den 1860er Jahren einige Historiendramen, die ebenfalls in die Zeit der Wirren zurückgriffen. Das Genre konnte sich, wenn auch mit abnehmendem ästhetischen Ertrag, noch recht lange auf den Bühnen halten.

Lyrik und Drama der realistischen Richtung

Das realistische Gesellschaftsstück erlebte seine Blüte im Schaffen des Dramatikers Aleksandr Ostrovskij. Er hatte als studierter Jurist während seiner Tätigkeit bei verschiedenen Moskauer Gerichtsbehörden Einblick in das Milieu, die Mentalität und das Geschäftsgebaren der russischen Kaufleute gewonnen. So wurde er der Chronist dieses aufstrebenden Standes, der eine Metamorphose von der moskovitischen Patriarchalität zum modernen Unternehmertum durchlief. Von Ostrovskijs erster Komödie *Es bleibt in der Familie* (*Svoi ljudi – sočtëmsja*, 1846-49) bis zu seinen späten Stücken in den 1880er Jahren brachte er das Leben der Kaufleute mit allen möglichen kommerziellen Transaktionen und Manövern auf die Bühne, meist in Verbindung mit der Heiratsvermittlung. Prächtig gelang es ihm dabei, die individuelle oder professionelle Ausdrucksweise seiner Figuren auszuspielen. Die Tragödie *Das Gewitter* (*Groza*, 1859) zeigte im Kaufmannsmilieu einer Stadt an der Wolga das tragische Schicksal einer jungen Frau, die an der tyrannischen Moral der patriarchalischen Ordnung zerbrach. In vielen Stücken ging es um den Standesausgleich zwischen Kaufleuten und Adel. Den Kürzeren zogen dabei in aller Regel die romantischen, verstiegenen Adeligen, denen es genau an dem mangelte, was die Kaufleute oder Fabrikanten in Fülle besaßen: an Geld. In den späten Dramen *Der Wald* (*Les*,

1871) und *Ohne Schuld schuldig* (*Bez viny vinovatye*, 1884) machte er Schauspieler zu Protagonisten der Stücke. Nicht nur war ihm, dem langjährigen Moskauer Theaterintendanten, deren Lebenssphäre bestens vertraut, sie wurden in der Welt der antiquierten Gutsbesitzer und der prosperierenden Kaufleute auch zu Mustern großzügiger Menschlichkeit. Das dramatische Werk Ostrovskijs bestand aus weit über 50 Stücken, von denen er einige mit Koautoren verfaßte, dazu kamen Übersetzungen aus Shakespeare, Goldoni, Gozzi u. a. Sie verrieten genaue Milieukenntnis, sicheren Einsatz der sozialen Idiome und einen untrüglichen Theaterinstinkt.

An die Dramaturgie von Gogol's *Revisor* schloß sich unverkennbar Aleksandr Suchovo-Kobylin mit seiner berühmten dramatischen Justiz-Trilogie an. Sie bestand aus den Teilen *Die Hochzeit Krečinskijs* (*Svad'ba Krečinskogo*, 1855), *Der Prozeß* (*Delo*, 1861) und *Der Tod Tarelkins* (*Smert' Tarelkina*, 1869). Der Autor, ein aus dem Bojarenadel stammender Lebemann, verarbeitete darin Erfahrungen, die ihm persönlich zuteil wurden, als er unter den Verdacht geriet, seine französische Geliebte ermordet zu haben. Erst nach sieben Jahren gelang es Suchovo-Kobylin, seine Unschuld zu beweisen, doch war er jetzt in der Lage, das Räderwerk und die fragwürdigen Mechanismen des Gerichtswesens wie auch die Machenschaften seiner betrügerischen Gegenspieler in allen Facetten aufzudecken. Die nur lose miteinander verbundene Gesamthandlung der drei Stücke bewegte sich zwischen Gauner-Komödie, Tragikomödie und Groteske. Eine schärfere Dekuvrierung des zaristischen Beamtenapparates als in *Der Prozeß* war in der damaligen Zeit nicht vorstellbar. Gogol's Vorbild schlug sich auch in Saltykov-Ščedrins bekanntester Komödie *Der Tod Pazuchins* (*Smert' Pazuchina*, 1857) nieder. Wie im *Revisor* erstarrten die abergläubischen Provinzkaufleute in dieser Erbschaftskomödie aus Angst vor der Ankunft des Antichrist.

Einen gewichtigen, wenn auch sehr unterschiedlichen Beitrag zum realistischen Drama leisteten ferner Ivan Turgenev und Lev Tolstoj. Turgenevs im Landadelsmilieu spielende Komödien *Ein Monat auf dem Lande* (*Mesjac v derevne*, 1848-50) und *Der Kostgänger* (*Nachlebnik*, 1848) zeigten in der ausgreifenden Exposition und den gestörten Kommunikationsbeziehungen bereits eine Dramaturgie, wie sie erst beim reifen Čechov wieder begegnen sollte. Noch weiter ging Tolstoj im Zurückdrängen der aristotelischen Konventionen, vor allem der konstruierten Dramenhandlung. Er schrieb in den 1880er Jahren zunächst einige Volksstücke, ehe ihm mit *Die Macht der Finsternis* (*Vlast' t'my*, 1886) eines der stärksten Dramen der russischen Literatur gelang. In der zerfallenden patriarchalischen Ordnung des Dorfes griffen Geldgier und Wollust um sich und trieben den jungen Bauern Nikita ins Verderben.

In der Poesie kam der Richtungskonflikt, der die gesamte russische Literatur erfaßt hatte, nicht weniger deutlich zum Tragen als in den dramatischen Genres. Gegen die Richtung der «reinen Kunst» profilierte sich seit den 1840er Jahren ein in den Themen zeitkritisches und in der Verssprache volksverbundenes Dichten, für das der Name Nikolaj Nekrasov stand. Auch er hatte zunächst als Epigone der Romantik begonnen, doch schon in dem seit 1842 erscheinenden Versfeuilleton *Der Schwätzer* (*Govorun*) kündigte der vorgeschobene Verfasser Belopjatkin an, er werde Aufzeichnungen über die Gegenwart schreiben, in denen alle Stände, Ränge und Berufe ohne rosige Brille beobachtet und bewertet würden. Zum *Petersburger Sammelband* (1846) trug Nekrasov das Gedicht *Unterwegs* (*Na doroge*) bei, in dem der Kutscher seinem Fahrgast vom traurigen Schicksal seiner Frau erzählt, die durch die feinen Sitten der Herrschaft verdorben und zugrunde gerichtet wurde. Nekrasov bewies damit, daß die Verfahren der Natürlichen Schule, einschließlich des bäuerlichen Skaz, auch in der Versdichtung eingesetzt werden konnten. In seinem programmatischen Gedicht *Dichter und Staatsbürger* (*Poèt i graždanin*, 1856) forderte er vom Dichter, sich den Forderungen der Zeit und der Gesellschaft zu stellen. In Nekrasovs Gedichten kamen hinfort die brennenden Fragen der Gegenwart zur Sprache, von der Stellung der Frau in der Gesellschaft bis zum Eisenbahnbau. All das war in volkstümlicher Sprache ausgedrückt und meist in dreiteiligen bzw. daktylischen Metren gefaßt, so daß Kornej Čukovskij später von der «Daktylisierung» des russischen Verses durch Nekrasov sprechen konnte.

In besonderer Weise verwirklichte Nekrasov Volkstümlichkeit und Volksverbundenheit in seinen Poemen. Er flocht in sie Märchenmotive und sprachliches Material aus Volksliedern und Bylinen ein und traf so die Rede- und Denkweise der russischen Bauern wie kein anderer Dichter vor ihm. Nach dem Bauernpoem *Die Körbelträger* (*Korobejniki*, 1861) und dem Märchenpoem *Waldkönig Frost* (*Moroz, Krasnyj nos*, 1864) lief sein Hauptwerk *Wer kann in Rußland glücklich leben?* (*Komu žit' na Rusi chorošo?*, 1866-76), wiewohl nicht vollendet, auf ein neues poetisches Gesamtpanorama Rußlands hinaus, gesehen durch das Wertungsprisma der Bauern. Sieben Bauern nämlich machten sich auf den Weg, um zu erkunden, wer in Rußland am besten lebe. Sie suchten, außer ihresgleichen, Popen, Gutsherren, Gutsverwalter, Dorfvorsteher und Gouverneure auf. Nekrasov hatte 15 Jahre an dem Werk gearbeitet, ohne ihm eine endgültige Gestalt verleihen zu können. Im letzten Teil sollte wohl ein Gastmahl «vo ves' mir» geschildert werden, was sowohl «für die ganze Welt» als auch «für die ganze Dorfgemeinde» bedeuten konnte. Wie aber die vier erhaltenen Teile des Riesenepos, zusammen immerhin 8870 Verse, in der Schlußredaktion angeordnet worden wären, ob nach der Entstehungszeit, ob «kalendarisch» nach der Abfolge der Jahreszeiten oder nach ihrer «inneren Verbindung», darüber gingen die Meinungen auseinander.

Die Neuerungen, die Nekrasov für die russische Versdichtung im Gegenentwurf zur Richtung der «reinen Kunst» gewonnen hatte – vor allem die volkstümlichen Metren –, wurden von den jüngeren Dichtern, namentlich aus dem Lager der Demokraten und der Narodniki, begierig aufgenommen. Schon bald nach dem Erscheinen des Bandes *Gedichte N. Nekrasovs* (*Stichotvorenija N. Nekrasova*, 1856) bildete sich ein ganzer Kometenschweif von Nachfolgern, der in der Literaturgeschichte das Etikett «Nekrasov-Schule» (*škola Nekrasova*) oder «demokratische Dichter» (*poėty-demokraty*) erhielt. Das waren einmal Dichter wie Vasilij Kuročkin, Pëtr Vejnberg oder Dmitrij Minaev, die meist unter einer literarischen Maske in satirischen Blättern wie «Iskra» (Der Funke, seit 1859), «Gudok» (Die Sirene, seit 1862) oder «Budil'nik» (Der Wecker, seit 1865) scharfe Attacken gegen die etablierte Gesellschaft und geistreiche Parodien auf «antiquierte» Poesie veröffentlichten. Die Texte der «Iskra»-Dichter konnten Zeitgenossen wie eine Art Folklore der demokratischen Intelligenz erscheinen. Die von Nekrasov initiierte volkstümliche Dichtart fand Nachahmung auch bei Dichtern, die aus dem Bauerntum kamen und für Bauern schrieben wie Ivan Surikov oder Spiridon Drožžin.

Kapitel V

Der russische Realismus II
Die realistische Plejade

Wie in der Puškin-Zeit die «romantische Plejade», so trat auch im Realismus wieder eine Gruppe von Autoren in den Vordergrund, die, jeder für sich, eine besondere Spielart im Ensemble der Realismen repräsentierten: Ivan Gončarov, Ivan Turgenev, Aleksej Pisemskij, Fëdor Dostoevskij, Michail Saltykov-Ščedrin, Nikolaj Leskov und Lev Tolstoj. Alle diese Autoren wurden weit über Rußland hinaus bekannt und begründeten erst eigentlich den Ruhm der russischen Literatur. Vielleicht war die Kommunikationsweise unter diesen Schriftstellern, allesamt eingeschworene Prosaerzähler, weniger verzweigt als im Puškin-Kreis. Dostoevskij war mit Turgenev seit 1867 aus ideologischen Gründen zerstritten; mit Tolstoj traf er niemals persönlich zusammen. Dennoch war er es, der als erster in seinem *Tagebuch eines Schriftstellers* von der realistischen Plejade sprach.

Ivan Gončarov

Ivan Gončarov, der älteste unter den russischen Realisten, stammte aus einer Kaufmannsfamilie. Seine Ausbildung erhielt er an einer Handelsschule und an der Moskauer Philologischen Fakultät. Später war er als Beamter in Simbirsk und in Petersburg tätig. Hier begann er in der Manier der Natürlichen Schule zu schreiben. Sein erster Roman, *Eine gewöhnliche Geschichte* (*Obyknovennaja istorija*, 1847), war neben Gercens *Wer ist schuld?* eines der ersten Werke des neuen, realistischen Typus. Lange arbeitete Gončarov an seinem zweiten Roman, *Oblomov* (1859), und es dauerte weitere zehn Jahre, bis sein dritter Roman, *Die Schlucht* (*Obryv*, 1869), erschien. Die Eindrücke von einer Weltumsegelung in den Jahren 1852-54 schlugen sich in der Skizzenfolge *Fregatte «Pallas»* (*Fregat «Pallada»* 1855-57) nieder. Seine Tätigkeit in der Zensur- und Pressebehörde setzte ihn mancher Verlegenheit aus. Das Alter verbrachte er einsam in Petersburg, nur von seinen «Dienern der alten Zeit» umgeben –

er beschrieb sie in der gleichnamigen Skizze (*Slugi starogo veka*, 1885-87).

Gončarov verstand seine drei große Romane, deren Titel übrigens alle mit der Silbe Ob- beginnen, als Trilogie: Er sehe seine Romane nicht als drei, sondern als einen Roman, «ein riesiges Gebäude, einen Spiegel, in dem sich *en miniature* drei Epochen widerspiegeln: die des alten Lebens, des Schlafes und des Erwachens». Dabei dachte er weniger an die ideengeschichtliche Generationszugehörigkeit seiner Romanhelden als an ein bestimmtes, von Schiller und Goethe vorgegebenes Menschenbild, das auf die ganzheitliche Ausbildung der Humanität zielte. Allen drei Romanen lag übrigens die gleiche Personenkonstellation zugrunde: ein romantischer Edelmann und ein tatkräftiger Unternehmer, zwischen denen eine warmherzige Frauengestalt stand.

In der *Gewöhnlichen Geschichte* waren das der aus der Provinz angereiste schwärmerisch-idealistische Aleksandr Aduev und sein Onkel Pëtr Aduev, ein nüchterner Beamter und Unternehmer. Sie verkörperten zwei unterschiedliche Lebenshaltungen, die als Gegensatz zwischen Romantik und Realismus zu erkennen waren. Die romantische Haltung, die der Roman bis zur unerwarteten Schlußpointe denunzierte, wurde durch zwei Verfahren verdeutlicht: Einmal durch die romantischen sprachlichen Klischees, die der Neffe ständig verwendete und die sein Onkel unablässig korrigierte; Sprache erschien also als Ausdruck eines bestimmten Weltverständnisses. Zum anderen wurde der ganze romantische Lesekanon offengelegt, aus dem sich das schwärmerische Denken und Reden speiste.

Oblomov, Gončarovs Hauptwerk und wohl auch eine der charakteristischen Darstellungen russischer Befindlichkeit überhaupt, handelte von dem 30jährigen Adeligen Il'ja Oblomov, der lethargisch in seiner Gedankenwelt lebte, völlig unfähig, praktisch zu handeln. Selten verließ er das Haus, ständig trug er einen Schlafrock (*chalat*), weich und korpulent lag er auf dem Kanapee. Sein Freund und Gegenpart war der Unternehmer Štol'c, der Oblomovs Verlobte gewann, während sich Oblomov einem unangestrengten Leben mit dem ehemaligen Dienstmädchen Agaf'ja überließ. Oblomov und die «Oblomoverei» (*oblomovščina*) standen in Rußland bald sprichwörtlich für die passive Einstellung vieler Russen zum Leben. Nach Gončarovs Vorstellung war Oblomov wohl eher als der fragmentarische Mensch gedacht (*oblomok* bedeutet russisch «das Bruchstück»), dem die äußere und innere Bildung im Sinne Schillers nicht gelang. Oblomovs Name war somit auch mit der von Schiller verurteilten *Obesitas* (Feistigkeit) zu verbinden (P. Thiergen). Trotz seiner Willensschwäche übertraf Oblomov mit seiner «kristallklaren Seele» und seinem edlen Zartgefühl seinen praktischen, aktiven Gegenspieler Štol'c. Doch erwies sich die zwischen den beiden männlichen Gestalten stehende Ol'ga am Ende als menschlich überzeugend und überlegen. Sie war der lebendige Mensch, den Gončarov nur in seinen Frauengestalten darzustellen vermochte.

So verhielt es sich auch in *Die Schlucht*, wo Gončarov allerdings versuchte, seinen thematischen Radius durch den Künstler Rajskij und die Figur des Nihilisten Volochov zu erweitern. Volochov verlor Vera, die positive Frauengestalt, an den Holzunternehmer Tušin. Trotz solcher Sinnsteuerung bot der Roman letztlich keine Antwort auf die Frage, welche gesellschaftliche Kraft eine neue Perspektive für Rußland eröffnen werde. Die lange Entstehungsdauer der Romane Gončarovs ließ die ideologischen Prämissen, die am Anfang standen, dahinwelken, während die Charakterdarstellung wuchs und haltbar wurde. Gončarovs Romane waren keine Ideenromane, sondern Charakterbeschreibungen von langem epischem Atem und unerhörter künstlerischer Kraft.

Ivan Turgenev

Als «poetischer Realismus» wurde die von Turgenev repräsentierte Variante oft charakterisiert, da in seinen Romanen und Erzählungen, neben der analytischen Erfassung der gesellschaftlichen Realität, immer wieder zarte Liebesbeziehungen oder das Verhältnis des Menschen zu Kunst und Natur bedeutsam wurden und als Lyrisierung im Text in Erscheinung traten. Am Anfang seiner literarischen Laufbahn standen Gedichte und Poeme im romantischen Geist. In einem halben Jahrhundert ununterbrochenen Schaffens legte Turgenev, der einem alten Adelsgeschlecht im Gouvernement Orël entstammte, ein umfangreiches Œuvre vor, das nicht nur in Rußland, sondern in ganz Europa wärmste Aufnahme fand. Dank seiner breiten philosophischen und literarischen Bildung, nicht zuletzt auch seiner glänzenden Beherrschung des Deutschen, Englischen und Französischen konnte er die aktuellen Kunst- und Geistesströmungen seiner Zeit aufnehmen und verarbeiten. Ein Studienaufenthalt im hegelianischen Berlin (1838-41) und die Begegnung mit Belinskij festigten in ihm die Überzeugung, daß Rußland den Weg der westlichen Zivilisation und Kultur einzuschlagen habe.

Schon während einer kurzen Tätigkeit im Innenministerium nach dem Studium beschäftigte sich Turgenev mit der Lage der Bauern. Besonders mißbilligte er das Fehlen jeglicher Rechtsgrundlage im Verhältnis zwischen Gutsherren und leibeigenen Bauern. Unter dem Eindruck der «Physiologien» stellte er entsprechende «Sujets» (*Sjužety*, 1845/46) zusammen. Aus beidem, dem Affekt gegen die Leibeigenschaft und den Impulsen der Natürlichen Schule, entstanden die *Aufzeichnungen eines Jägers* (*Zapiski ochotnika*), eine Sammlung von Skizzen und Erzählungen, die seit 1847 im «Sovremennik» erschienen. Nach dem großen Erfolg der ersten Skizze, *Chor' und Kalinyč* (*Chor' i Kalinyč*) plante Turgenev den Zyklus zunächst mit zwölf, dann mit 15 und endlich mit 24 Texten. (Die heute gängige Version umfaßt 25 Stücke.)

Obwohl Turgenev die *Aufzeichnungen* in Paris schrieb, wo er die Revolution im Februar 1848 miterlebte, trübte die räumliche Entfernung nicht die Sicht auf die Verhältnisse im russischen Dorf. Die *Aufzeichnungen* boten in der Form der Ich-Erzählung die Eindrücke und Erlebnisse eines Gutsbesitzers und Jägers dar. Dies verlieh dem Zyklus viel eher künstlerische Kohärenz als die Thematik, die von Text zu Text wechselte. Sie reichte von der Beschreibung von Bauerntypen oder Landadeligen bis zur Schilderung der gutsherrlichen Willkür gegenüber den Bauern. Indem der Erzähler in den Bauern Menschen und nicht Sklaven sah, indem er aufzeigte, daß die Gutsherren ihnen eine menschenwürdige Behandlung nicht aus persönlicher Bosheit, sondern aus unguter Gewohnheit versagten, deckte er die eigentliche Wunde der Leibeigenschaft auf: die prinzipielle Rechtlosigkeit des Systems. Andererseits ließ Turgenev sein Bild von der russischen Dorflandschaft auch nicht in mutlosem Pessimismus enden, sondern fand immer wieder Stärkung in der Natürlichkeit der einfachen Menschen oder in der Schönheit der Natur. Im Tiefpunkt des Nikolaitischen Regimes wirkten die *Aufzeichnungen eines Jägers* wie ein Manifest, das zur Abschaffung der Leibeigenschaft aufrief.

Die Romane

Nachdem Turgenev 1845 Pauline Viardot-Garcia, die bedeutendste Sängerin jener Zeit, kennengelernt hatte, folgte er ihr, wo immer sie weilte, erst nach Deutschland und schließlich nach Frankreich. Soviel er auch reiste, ließ er doch die Verbindung nach Rußland nie abreißen. Er wurde so zum Mittler zwischen den europäischen Literaturen.

Die Hegelsche Philosophie gab Turgenev in jungen Jahren Orientierung, mit zunehmendem Alter näherte er sich der pessimistischen Weltsicht Schopenhauers. Seine Romansuite, die die geistigen Profile der Generationen von den 1830er bis zu den 1870er Jahren, von den Hegelianern bis zu den Narodniki, darstellte, kam dem Ansinnen gleich, die Erscheinungen des Geistes, d. h. das Bewußtsein des Wissens, in Rußland künstlerisch umzusetzen, wie es Hegel in seiner *Phänomenologie des Geistes* vorgegeben hatte. *Rudin* (1856), Turgenevs erster Roman, zeichnete in der Gestalt des Titelhelden den philosophisch gebildeten Idealisten, der erkannte, daß er für die Gesellschaft wirken könnte und müßte, dem aber selbst die innere Kraft fehlte, Nataša, das Mädchen seiner Liebe, zu heiraten.

Turgenevs zweiter Roman *Ein Adelsnest* (*Dvorjanskoe gnezdo*, 1859) führte in die 1840er Jahre und brachte eine tiefschürfende Auseinandersetzung mit dem russischen Westlertum. Hierfür stand nicht nur der karikaturhaft gezeichnete Adelige Vladimir Panšin, sondern vor allem der zentrale Held, Fëdor Lavreckij, Sohn eines dandyhaften Vaters und einer anmutigen Leibeigenen. Halb war er westlicher Intellektueller, halb russischer Bauer. Seine Ehe scheiterte ebenso wie die Verbindung mit der bigotten Liza; der Roman endete in Resignation.

In *Am Vorabend* (*Nakanune*, 1860) trat mit dem bulgarischen Revolutionär Insarov erstmals ein tatbereiter Held auf, dem seine Gefährtin Elena bedingungslos folgte. Hinter *Väter und Söhne* (*Otcy i deti*, 1860), Turgenevs bekanntestem und wohl auch bestem Roman, verbarg sich die Kontroverse zwischen Puškin- und Gogol'-Richtung, die hier als Generations- und Weltanschauungskonflikt ausgebreitet wurde. In die Welt der «Väter», der Brüder Kirsanov auf dem Gutssitz Mar'ino, brachen die «Söhne» ein, Arkadij Kirsanov und sein Freund Evgenij Bazarov, Studenten der Petersburger Universität. Die Auseinandersetzungen zwischen Bazarov und Pavel Kirsanov wurden zum weltanschaulichen Zweikampf.

Bazarov war ein Naturforscher und krasser Materialist, der sich allein auf die eigene Empirie verließ und die Liebe für eine rein physiologische Funktion hielt. Ihm trat Pavel Kirsanov als anglisierender Gentleman entgegen, ein Romantiker, den der Nimbus einer geheimnisvoll-romantischen Liebe umgab. Mit den «Söhnen» betraten die «Nihilisten» (*nigilisty*) das Terrain der russischen und europäischen Geistesgeschichte. Sie lehnten es ab, sich irgendwelchen Autoritäten zu beugen oder Prinzipien nur auf Treu und Glauben anzunehmen. Andererseits war Bazarov ein Mann von Charakter und Ehrgefühl. Dennoch scheiterte er an der schönen Witwe Odincova, in die er sich, entgegen seinen Prinzipien, verliebte. Der Roman endete mit einer neuen Streuung der Figuren, die nicht mehr durch die Generations- oder Standeszugehörigkeit, sondern durch das Gelingen von Liebe und Zweisamkeit bestimmt wurde.

Mit dem folgenden Roman, *Rauch* (*Dym*, 1867), wandte sich Turgenev den im Ausland lebenden Russen zu. Die Handlung spielte großenteils in Baden-Baden, dem damals beliebtesten Kurort der russischen Aristokratie. Grigorij Litvinov, ein junger Gutsbesitzer, wurde Zeuge des endlosen Geredes seiner Landsleute über die Zukunft Rußlands, das ihn ratlos machte. Nach einer Liebesenttäuschung verließ er Baden-Baden, um in Rußland seine agronomischen Pläne zu verwirklichen. Turgenev sparte in *Rauch* nicht mit Hohn und Kritik am russischen Adel mit seinen westlerischen oder slavophilen Anschauungen. Der polemische Rundumschlag brachte Turgenev Mißbehagen und Widerspruch von allen Seiten ein.

Turgenevs letzter Roman, *Neuland* (*Nov'*, 1877), erschien nach einer Pause von zehn Jahren. Er hatte ihn nicht nur als «großen Roman» geplant, sondern als Höhepunkt seiner literarischen Laufbahn. Diesmal waren es die Narodniki, die Turgenev in ihrem Illusionismus darstellte. Sinnfällig baute er hingegen den nüchternen Fabrikverwalter Solomin auf, der die Heldin gewann, obwohl er der Revolution keine Chance einräumte. Eine breite Volksbildung war für Turgenev das Schlüsselproblem der Entwicklung Rußlands. Doch konnte er sie sich weder als Oktroy seitens der Regierung, auch nicht als großmütige Wohltat des liberalen Adels und noch weniger als wirre Agitation der Nihilisten vorstellen, sondern nur als langwierigen Prozeß «von unten». Hierfür stand der «Sukzessivist» Solomin.

Die Novellen

Turgenev schrieb während seiner langen Schaffenszeit immer wieder Erzählungen. In vielen von ihnen kam er der Bauform der deutschen Novelle nahe, die auf die «sich ereignete unerhörte Begebenheit» (Goethe), d. h. ein klar umrissenes Grundmotiv, abstellte. Turgenevs Novellen waren keine Milieustudien, sie verzichteten auf soziale Typik wie auch auf ideengeschichtliche Signaturen. Sie waren seine dichterische Kür, bei der er sich seinen Lieblingsthemen – Liebe, Natur, Kunst – und, in den späteren «geheimnisvollen Novellen» (P. Brang), Phantastik und Okkultismus überlassen konnte.

Turgenevs phantastische, rätselhafte Erzählungen verrieten eine besondere Seite seines Künstlertum: seine Traumkunst. Kaum ein russischer Schriftsteller bewahrte in seinen Erzählungen soviel geträumte Träume auf wie Turgenev. Sie waren für ihn das Mittel, die dunklen Seiten der Seele auszudrücken, den unerklärlichen, irrationalen Rest des Lebens wiederzugeben, den er gleichwohl in aller Regel «realistisch» motivierte. Stärker als in den Romanen zeichnete sich in den Erzählungen der Einfluß Schopenhauers ab. Vor allem in der «Phantasie» *Gespenster* (*Prizraki*, 1863), einem nächtlichen Traumflug, zeigten sich dem Ich-Erzähler Bilder verschiedener Landschaften und historischer Epochen und bestätigten ihm Schopenhauers pessimistische Maximen.

Die Frühlingswogen (*Vešnie vody*, 1872), eine der künstlerisch gelungensten Novellen Turgenevs, führte erneut einen jungen Russen, Dmitrij Sanin, zwischen zwei Frauen. Der einen, der reizvollen, einfachen Italienerin Džemma (Gemma) versprach er die Ehe, der anderen, der Gattin seines Studienfreundes, verfiel er und reiste mit ihr Hals über Kopf nach Paris. Turgenev gelang es in der Rahmennovelle, eine multikulturelle Konstellation in Frankfurt um das Jahr 1840 einzufangen, an der außer Russen und Italienern auch Deutsche beteiligt waren.

Am Ende von Turgenevs Schaffen standen seine *Senilia* oder *Gedichte in Prosa* (*Stichotvorenija v proze*), Prosaminiaturen, die er in den Jahren 1877–82 niederschrieb. Die kleinen, sorgfältig gestalteten Impressionen, Erinnerungen und Meditationen, die sehr wohl das Vorbild von Baudelaires *Petits poèmes en prose* verrieten, waren von Melancholie und Pessimismus, aber auch von Turgenevscher Sentimentalität und Mitmenschlichkeit durchdrungen. Traumbilder und Todesahnungen drangen immer wieder hervor. In sechs Zeilen stattete er der russischen Sprache seinen unvergänglichen Dank ab: Sie allein sei ihm stets Stütze und Halt gewesen; unmöglich sei es zu glauben, daß eine solche Sprache nicht einem großen Volk gegeben worden sei.

Aleksej Pisemskij

Die künstlerische Besonderheit Aleksej Pisemskijs im Ensemble der Realisten wurde oft in der Nüchternheit und unprüden Offenheit gesehen, in der er erotische Sujets darstellte und die Frauenproblematik behandelte. Er war aus dem Gouvernement Kostroma nach Petersburg gekommen und besaß jene provinzielle Ungeschlachtheit, die auf die hauptstädtischen Literaten anziehend und abstoßend zugleich wirkte. Der kritische Blick, mit dem er Menschen und soziale Verhältnisse beobachtete, näherte ihn der Natürlichen Schule an, seine konservative Haltung und seine Ideologieferne trennten ihn vom Lager der Utilitaristen. Neu war die Art, wie er die Schicksale junger Glücksritter und abhängiger Frauen aufgriff, rückständig blieb der auktoriale Erzählmodus, an dem er von Anfang bis Ende festhielt. Doch wiesen ihn die Lebendigkeit seines Erzählstils und namentlich seiner Dialoge stets als einen erstklassigen Autor aus.

Pisemskijs bekanntester Roman *Tausend Seelen* (*Tysjača duš*) erschien 1858, nachdem er sich bereits zuvor in Skizzen und im Romangenre versucht hatte. Sicherlich entstanden seine *Skizzen aus dem Bauernalltag* (*Očerki iz krest'janskogo byta*, seit 1852) im Sog der Natürlichen Schule, doch ging er weit über die pure Soziographie hinaus, wenn er seine bäuerlichen Protagonisten sich in tragische Konflikte verstricken ließ. Mit den «tausend Seelen» in seinem Roman war das Lebensziel des Helden Kalinovič bezeichnet, tausend Leibeigene zu erwerben, die ihm «Komfort», d. h. ein bequemes Leben in materieller Sicherheit, garantierten. Rücksichtslos arbeitete sich der verarmte Adelige nach oben. Er verließ seine Verlobte Nast'enka, um durch die Heirat mit der mißgebildeten Generalstochter Polina zu Ansehen und in den Besitz der ersehnten tausend Seelen zu gelangen. Bald stand ihm der Weg zum Gouverneursposten offen. Doch seine Versuche, als Gouverneur endlich Gesetzlichkeit und liberale Reformen durchzusetzen, scheiterten. Der Roman drückte die Perspektivlosigkeit aus, die sich gegen Ende der Regierungszeit Nikolaus' I. in der russischen Gesellschaft verbreitet hatte.

Pisemskijs bemerkenswertestes Werk aber war der autobiographische Roman *Menschen der 40er Jahre* (*Ljudi sorokovych godov*, 1869). Eng an die eigene Lebensgeschichte angelehnt, schilderte er die Entwicklung seines Helden Pavel Vichrov, die durch die Verbindung von Liebeserfahrungen und Schriftstellertum geprägt war. Ursprünglich als «Autobiographie eines gewöhnlichen Menschen» geplant, entstand am Ende daraus eine breit angelegte Lebensgeschichte, die die Jahre 1831-64, und damit die Nikolaitische Stagnation und die darauf folgende Reformepoche, umfaßte. Trotz kritischer Darstellung der sozialen Milieus in der Provinz und den Hauptstädten, trotz genauen Einblicks in die Lage der Leibeigenen und, nicht zuletzt, eines unverblümten «George-Sandismus» (*žoržzandizm*) – so nannte man damals das Bekenntnis zur Frauenemanzipation – stieß der Roman bei den Fortschrittlern auf Ablehnung. Sie konnten Pisemskij das schwarze Bild nicht verzeihen, das er wenige Jahre zuvor in dem antinihilistischen Roman *Aufgewühltes Meer* (*Vzbalamučennoe more*, 1863) von den revolutionären Demokraten gezeichnet hatte.

In dem Roman *Im Strudel* (*V vodovorote*, 1872) stellte Pisemskij die Beziehung einer «Nihilistin», der unbestechlichen Elena Žiglinskaja, und ihres Liebhabers, des Fürsten Grigorov, eines eigenwilligen Moskauer Don Quichote, in den Mittelpunkt des Geschehens – eine Beziehung, die an der Unzulänglichkeit der neuen Lebenskonzepte und an der Unentschlossenheit des Fürsten scheiterte.

Pisemskijs Romane setzten sich nicht mit Ideen auseinander, sondern mit Lebensproblemen. Er stand Gončarov näher als Dostoevskij. Und anders als Tolstojs Erzählwerke waren seine Romane merklich vom persönlichen Temperament und von den Voreingenommenheiten ihres Autors geprägt.

Michail Saltykov-Ščedrin

Michail Saltykov-Ščedrin vertrat die satirische Variante des Realismus. In Skizzen, Erzählungen, Märchen, Romanen und Dramen nahm er immer wieder die Mechanismen des bürokratischen Apparates und seine Exponenten im Zarenreich aufs Korn. Väterlicherseits stammte er aus einem alten Adelsgeschlecht, mütterlicherseits aus einer reichen Kaufmannsfamilie. Seine Ausbildung erhielt er am Lyzeum von Carskoe Selo. In den 1840er Jahren stand er dem Kreis um Petraševskij nahe; den Ideen Fouriers und Saint-Simons, die dort diskutiert wurden, blieb er zeitlebens verbunden. Auch bei ihm lösten Gogol' und die Natürliche Schule den entscheidenden künstlerischen Impuls aus. Bei keinem der russischen Realisten wirkten Typenschilderung und Klassifikation der «Physiologien» in solchem Maße fort wie bei Saltykov. Auch der skizzenhafte und publizistische Zuschnitt der Erzähltexte Saltykovs blieb bis zum Ende seines Schaffens erhalten.

Die ihm vorbestimmte hohe Beamtenkarriere verlief keineswegs konfliktfrei. Mehrfach wurde er strafversetzt. In den Jahren 1863-66 gehörte er der Redaktion des «Sovremennik» an, wo er die Rubrik *Unser gesellschaftliches Leben* (*Naša obščestvennaja žizn'*, 1863/64) betreute, eine halbbelletristische Zeitchronik, wie er sie auch später immer wieder pflegte, zuletzt mit seinen *Erzählungen aus Poschechonien* (*Pošechonskie rasskazy*, 1883/84). Wenngleich er die Narodniki und Fortschrittler unterstützte, blieb Saltykov ideologisch und künstlerisch unabhängig. Böse und unerbittlich war der durchdringende Blick, den er auf die russische Wirklichkeit oder auch auf das kapitalistische Europa warf, das er in den 1870er Jahren bereist hatte und in den Skizzen *Im Ausland* (*Za rubežom*, 1880/81) beschrieb.

Saltykov besaß durch seinen Dienst in verschiedenen Gouvernementsverwaltungen genaue Kenntnis der Verhältnisse in der russischen Provinz. In seinen *Skizzen aus dem Gouvernement* (*Gubernskie očerki*, 1856/57) spießte er die provinziellen Mißstände auf und stellte eine Typengalerie zusammen, wie man es seit Gogol' nicht mehr erlebt hatte. Das soziologische Einzugsgebiet, das Provinznest Krutogorsk («Schroffberg»), wurde in mehr als dreißig, nach Sachgruppen geordneten Texten satirisch vermessen und klassifiziert. Da gab es Berichte aus «vergangenen Zeiten» und über «schwierige Umstände», über Festtage und Gefängnisse. Umwerfend komisch waren die Provinztypen, die sich aus allen Schichten rekrutierten. Der Ich-Erzähler, der sich N. Ščedrin nannte, war fortan von dem realen Autor Saltykov nicht mehr zu trennen.

Mit *Pompadour und Pompadourin* (*Pompadury i pompadurši*, 1863-74), *Die Herren Taškenter* (*Gospoda Taškentcy*, 1873) und *Die Herren Molčalin* (*Gospoda Molčaliny*, 1874-78), Werken, die sich gattungsmäßig zwischen lockerem Erzählzyklus und Roman bewegten, schuf Saltykov eine satirische Galerie der russischen Beamtenhierarchie. Das Geflecht von Anspielungen und Zitaten, die dichte Intertextstruktur, die allen Werken Saltykovs eignete, wurde in *Gospoda Molčaliny* als Supplement zu Griboedovs *Wehe dem Verstand* ausgeführt. Im «Taschkenter» enttarnte er den russischen Kolonialherren, der sich als «Kulturträger» (*prosvetitel'*) aufspielte, um in den eroberten Regionen Mittelasiens seine skrupellosen Geschäfte zu entfalten.

Immer wieder gelang es Saltykov, einprägsame und sinnfällige Figuren und Orte zu erfinden. In der *Geschichte einer Stadt* (*Istorija odnogo goroda*, 1870) stellte er die jüngere Geschichte Rußlands in satirischer Allegorisierung vor. Die Stadt Glupov (von *glup*, «dumm») mit der Abfolge ihrer Stadtoberhäupter von 1731-1826 war in ihrer Repräsentanz für das Zarenreich und seine Herrscher nicht zu verkennen.

Die Herren Golovlëv (*Gospoda Golovlëvy*, 1875-80) waren das einzige Werk aus der Feder Saltykovs, das unbestreitbar als Roman gelten konnte. Mit einer für Saltykov überraschenden Sujetkohärenz wurde die Geschichte einer Gutsbesitzerfamilie vor und nach der Bauernbefreiung dargestellt. Der moralische und physische Verfall der Golovlëvs war durch drei Wesenszüge bestimmt: Müßiggang, Handlungsunfähigkeit und Trunksucht. Ein schwärzeres Bild vom russischen Landadel war schwer vorstellbar.

Eines der letzten Werke Saltykovs, *Alte Zeiten in Poschechonien* (*Pošechonskaja starina*, 1887-89), schwerer Krankheit und zunehmender Verbitterung abgerungen, enthielt die Erinnerungen an die eigene Kindheit, an den gutmütigen, schwachen Vater, die dominante, harte Mutter, an die Bediensteten und Bauern auf dem Gutshof. Die Stärke dieser «Chronik» lag in der Rekonstruktion der Perspektive des Kindes und in den oft erschütternden mitgeteilten Episoden.

Was Saltykov trotz seiner Bezogenheit auf das ephemere Geschehen, trotz seines Feuilletonismus und der damit verbundenen Schwierigkeit mit der großen Form dennoch zum herausragenden Künstler machte, das war sein schier unbegrenztes Repertoire an satirischen Verfahren und hintersinnigen Anspielungen, die er an seine Erzählgegenstände heftete. Dies kam noch einmal in den späten *Märchen* (*Skazki*, 1880er Jahre) voll zum Ausdruck – tiefgründigen Tierfabeln, die die russische Gesellschaft als grausames Bestiarium darboten, wo selbst der Wolf zum gejagten Opfer wurde. Saltykov setzte Gogol's Gesellschaftssatire am konsequentesten fort, jedoch ohne metaphysischen Anspruch, allein dem eigenen *common sense* vertrauend. Nicht ohne Grund sah man in ihm den «russischen Äsop».

Nikolaj Leskov

Sehr eigenartig, sehr russisch bot sich das erzählerische Werk von Nikolaj Leskov dar. Stender-Petersen erklärte den dynamischen Charakter seiner Erzählwerke damit, daß er sich weniger um Seelen als um Handlungen gekümmert und so das erzählerische Element, die Fabel, zum Siege gebracht habe. In der realistischen Plejade nahm daher er den Platz des fabulären Erzählers ein, was zugleich eine tüchtige Beherrschung der Skaz-Technik einschloß.

Leskov stammte aus dem Kleinadel. Sein Großvater war Pope gewesen, er wurde im strengen Glauben erzogen. Nach dem Tod des Vaters wuchs er im Hause seines Onkels in Kiev auf. Er arbeitete erst als kleiner Beamter in der Gouvernementsverwaltung, dann als Angestellter in der Handelsgesellschaft seines Onkels. Erst als seine Rechenschaftsberichte über die Ansiedlung von Bauern in den Steppengebieten die Aufmerksamkeit einiger Literaten erregten, wandte sich Leskov, bald schon 30 Jahre alt, der Literatur zu.

Obwohl Leskov als Reaktionär und Gegner des fortschrittlichen Lagers galt, stand er Ideologien und philosophischen Lehren fern. Lediglich in den 1880er Jahren war eine gewisse Neigung zum Tolstojanertum zu bemerken. Andererseits wurde Leskovs genaue Kenntnis der russischen Orthodoxie und des Klerus, die in einigen seiner Werken zum Ausdruck kam, oft als einseitige religiöse Befangenheit mißverstanden. Doch war er alles andere als ein Klerikaler, wenn er auch mit der Welt der orthodoxen Popen und der Sekten eine besondere russische Exotik ausspielte. Dies war freilich eher ein Zeichen seiner künstlerischer Eigenart als seiner Glaubensüberzeugungen.

Die Romane

Leskovs erster Roman *Ohne Ausweg* (*Nekuda*, dt. auch: *Die Sackgasse*), 1864 unter dem Pseudonym M. Stebnickij veröffentlicht, zählte zu den ersten antinihilistischen Werken in der russischen Literatur. Leskov hatte sich bereits zuvor in Artikeln und Erzählungen zu Černyševskijs Gesellschaftsutopien geäußert. In *Ohne Ausweg* sollte die Unhaltbarkeit der radikaldemokratischen Ideen nachgewiesen werden. Das Geschehen entnahm Leskov der Zeitsituation und zeichnete die Figuren nach realen Vorbildern. So wurde der Roman in einer Zeit, da Černyševskij «bürgerlich hingerichtet» wurde und Pisarev in der Peter-Paul-Festung schmachtete, als zynisches Pamphlet wider die Nihilisten aufgenommen. Leskov freilich wehrte sich zeitlebens gegen den Vorwurf der Tendenziosität. Er bestand darauf, lediglich das beschrieben zu haben, was er gesehen und gehört habe. Größere Bestürzung noch löste sein zweiter antinihilistischer Roman *Bis aufs Messer* (*Na nožach*, 1870/71) im fortschrittlichen Lager aus. Hier ging es um ein Verbrechen, das ein Revolutionär im Auftrage besitzgieriger Bürger zur Vertuschung betrügerischer Machenschaften beging. In *Die Übergangenen* (*Obojdënnye*, 1865), einer Liebesgeschichte, die den Helden zwischen zwei Frauen zeigte, wurde die von der Literatur wenig beachtete Schicht der Unpolitischen in ihrer ein wenig kauzigen Positivität gezeigt.

Mit seiner idyllischen Familienchronik *Ein heruntergekommenes Geschlecht* (*Zachudalyj rod*, 1874) gelang Leskov indes einer der besten russischen Familienromane. Dargestellt war der Niedergang eines alten russischen Fürstengeschlechts. Vom Bewußtsein eines unaufhaltsamen Verhängnisses durchdrungen, durch falsche Freunde dem wirtschaftlichen Ruin anheimgegeben, symbolisierte Varvara Protozanova, die letzte ihres Geschlechts, die Lage des russischen Adels, der seine Lebensgewohnheiten der neuen Zeit nicht anzupassen vermochte. Der Roman bestand aus den Aufzeichnungen der Enkelin der Fürstin. Diese Form, in der die chronologische Reihung von Ereignissen an die Stelle einer konstruierten Handlung trat, war typisch für die Romane Leskovs. In der Romanchronik *Die Klerisei* (*Soborjane*, 1867), der wohl authentischsten Vergegenwärtigung orthodoxer Geistlichkeit in der russischen Literatur, berichtete der Erzähler über die Fehden des Erzpriesters Savelij Tuberozov mit Behörden und Amtskirche. Tuberozov war der erste der «russischen Gerechten» (*russkie pravedniki*) Leskovs, d. h. eine Gestalt, die auch im Scheitern ihre ideale Menschlichkeit und den Glauben an die Kraft des Guten nicht einbüßte.

Unter den Romanfragmenten der letzten Schaffensjahre hoben

sich die *Die Teufelspuppen* (*Čёrtovy kukly*) hervor, die Leskov 1890 als «Kapitel aus einem unvollendeten Roman» veröffentlichte. Hinter dem für Leskov ungewöhnlichen Geschehen, das im Irgendwo und Irgendwann, teils aber auch im italienischen Künstlermilieu des 19. Jahrhunderts spielte, verbarg sich wiederum eine Schlüsselgeschichte. In dem genialen Maler Febufis (d.i. «Phöbus-Sohn») war der Maler Karl Brjullov zu erkennen, während im Herzog untrüglich Nikolaus I. karikiert war, der die Künstler und die Frauen wie Marionetten handhabe.

Leskovs «russische Novellen»

Man hat den handlungsbetonten, auf scharfe Kontraste und Kollisionen abstellenden Erzähltypus, den Leskov in den 1860er Jahren ausbildete, als «russische Novelle» (*russkaja novella*) bezeichnet. Eine so feine Motivarbeit im makro- und mikrostrukturellen Bereich, wie sie Leskov in seinen Novellen leistete, war sonst im Realismus selten zu beobachten. Hinzu trat als komplementäres Kunstmittel die Skaz-Manier, das Erzählen mittels eines fiktiven mündlichen Narrators, der durch seine spezifische Wesensart die Spannungsmomente und Abruptheiten der Erzählung einleuchtend machte.

Leskov konnte Skaz in komischer, folkloristischer oder berufssprachlicher Stilisierung einsetzen. In der *Vita eines Bauernweibes* (*Žitie odnoj baby*, 1863) wurde in bäuerlichem Skaz von der verbotenen Liebe der Bäuerin Nastja Prokudina zu dem Bauern Stepan Ljabichov bis zum schrecklichen Ende berichtet. *Der versiegelte Engel* (*Zapečatlёnnyj angel*, 1873) handelte von einer altgläubigen Steinmetzengruppe und ihrer beschlagnahmten Ikone. In der sibirischen Missionsgeschichte *Am Rande der Welt* (*Na kraju sveta*, 1875) oder in dem berühmten *Linkshänder* (*Levša*, 1881) brachte Leskov den Skazstil zur Vollendung. Die Geschichte vom Tulaer Waffenschmied Levša, der in England zu einem grotesken Systemvergleich antreten mußte und einen Floh mit winzig kleinen Hufeisen beschlug, gab Leskov die Möglichkeit, seine unerhörte Sprachphantasie auszuspielen.

Die spannenden, ereignisreichen Sujets in Leskovs Novellen schöpften aus dem Motivvorrat der Weltliteratur, der geistlichen Legenden und der Folklore. Schon in *Lady Macbeth aus dem Kreis Mcensk* (*Ledi Makbet Mcenskogo uezda*, 1865) griff Leskov ein archetypisches, auf Shakespeare weisendes Motiv auf, auch wenn er die blutrünstige Mordserie, die er schilderte, Orëlschen Gerichtsakten entnahm. Ähnlich wie in Gottfried Kellers *Romeo und Julia auf dem Dorfe* wurde hier ein Shakespearesches Thema in das bürgerliches Milieu der Gegenwart versetzt und realistisch wiedererzählt. Oftmals wandelte Leskov ein Grundmotiv ab und bewirkte damit eine dichte Handlungsstruktur. In der Novelle *Eiserner Wille* (*Železnaja volja*, 1876) erschien die im Motto angeführte Gnome «Rost frißt Eisen» (*rža železo točit*) in verschiedenen Varianten: Der deutsche Ingenieur Pektoralis, der den Russen beweisen wollte, daß man mit eisernem Willen alles erreichen könne, wurde durch die russische Weichheit besiegt. Zu den besten Novellen Leskovs zählte *Der Toupetkünstler* (*Tupejnyj chudožnik*, 1883), die Geschichte von der tragischen Liebe zweier leibeigener Künstler, des Friseurs Arkadij Il'in und der Schauspielerin Ljubov' Onisimovna.

Nicht wenige Erzählungen Leskovs waren aus dem kirchlich-orthodoxen Umkreis genommen. Einige von ihnen gab er gesondert in dem Band *Kleinigkeiten aus dem Leben eines Erzbischofs* (*Meloči archierejskoj žizni*, 1879) heraus. Auch seine Erzählungen von den «russischen Gerechten» stellte er in der Werkausgabe von 1889 zu einem Zyklus zusammen. Noch in den späten Jahren entstand eine Gruppe von Legenden, die ihren Stoff aus den byzantinisch-kirchenslavischen Heiligenviten bezog. Bezeichnenderweise stießen auch diese Erzählungen, darunter *Der Gaukler Pamphalon* (*Skomoroch Pamfalon*, 1887) und *Der unschuldige Prudentius* (*Nevinnyj Prudencij*, 1891), auf den Widerstand der Amtskirche und bewiesen erneut, daß Leskovs Menschenbild die engeren orthodoxen Auffassungen überwand. Vielleicht hatte Maksim Gor'kij recht, wenn er erklärte, Leskov habe nicht über den Bauern, den Nihilisten, den Gutsbesitzer geschrieben, sondern stets über den russischen Menschen.

Fëdor Dostoevskij

Mit Fëdor Dostoevskij trat einer der größten Romanautoren der Weltliteratur auf den Plan. Sicherlich trafen Versuche, das Romanschaffen Dostoevskijs auf den Begriff des psychologischen oder «hypothetischen» Realismus zu bringen, wesentliche Merkmale seiner Romane. Selbst die Meinung, die großen Romane Dostoevskijs gehörten alle ins didaktische Genre, enthielt einen bedenkenswerten Kern. Dabei bewegten sich die Romane Dostoevskijs in einem Spannungsfeld verschiedener künstlerischer Stile und führten die Erfahrungen der Aufklärung, des Sentimentalismus und der Romantik zusammen. Zu seinen Vorbildern gehörten nicht nur Gogol', sondern auch Puškin und Lermontov, ferner Voltaire und Rousseau, Schiller und E.T.A. Hoffmann, Balzac und George Sand, nicht zuletzt Dickens. Das großstädtische Armutsmilieu, das die Natürliche Schule entdeckt hatte, stellte er ebenso in neue Zusammenhänge wie die kriminalistischen Sujets, die er aus dem Sensationsroman kannte.

Den Sinn all dieser disparaten Elemente in den Romanen Dostoevskijs erklärte als erster Michail Bachtin, indem er auf die polyphone Struktur (*mnogogolosie*) der Romane Dostoevskijs hinwies. Damit war gemeint, daß die Romangestalten Dostoevskijs nicht einfach das weltanschauliche oder philosophische Konzept ihres Autors transportierten, sonderm autonome Träger von Bewußtsein und Weltanschauungen waren, die untereinander einen polyphonen Streit austrugen. Dostoevskij benutzte die Romane als Erkenntnisinstrument, das nur in der Gesamtheit der Ausssage, nicht aber durch einzelne, isolierte Stimmen sein Denken und seine Weltanschauung offenbarte. Die polyphone Romanstruktur brachte Bachtin ferner mit den alten Gattungstraditionen des sokratischen Dialogs und der Menippeischen Satire in Zusammenhang, die er unter dem Begriff der «karnevalisierten Literatur» zusammenfaßte. Das philosophische Anliegen der Menippea und viele ihrer Strukturkomponenten, die die exzentrischen, extremen und ambivalenten Seiten des Lebens hervorkehrten, bildeten das Grundelement der Romane Dostoevskijs. Bachtins Konzepte verdeutlichten zugleich, daß Dostoevskij die realistische Methode entgrenzte. Sein Anliegen ging über die realistische Kernfrage nach der gesellschaftlichen Bedingtheit menschlicher Existenz hinaus. Er stellte die Frage nach Gut und Böse, nach Gott und Teufel nicht nur als sozialökonomische, sondern als metaphysische Frage. Seine Antworten wurden allerdings nicht, wie sehr der späte Dostoevskij auch den Werten der russischen Orthodoxie und Autokratie anhängen mochte, in metaphysischer Verklärung dargeboten, sondern in unleugbarer Abhängigkeit von sozialen, materiellen und milieuhaften Bedingungen.

Die erste Schaffensphase 1846-1849

Fëdor Dostoevskij war der Sohn eines Moskauer Armenarztes. 1838 bezog er die Ingenieurschule der Petersburger Militärakademie. Schiller und Puškin nacheifernd, unternahm er erste literarische Versuche im historisch-dramatischen Genre; 1844 übersetzte er Balzacs *Eugénie Grandet*. Mitten im Wirkungsbereich der Natürlichen Schule konnten deren Anregungen auf den jungen Dostoevskij nicht ausbleiben, doch unterschied sich bereits sein erstes Werk, der Roman *Arme Leute* (*Bednye ljudi*), der 1846 in Nekrasovs *Petersburger Sammelband* erschien, wesentlich von der Dutzendware der «Physiologien». Zwar stellte auch er milieugeprägte Figuren vor wie den kleinen Beamten Makar Devuškin und seine entfernte Verwandte Varvara Dobroselova, doch begnügte er sich nicht mit der Beschreibung der Außenseite, sondern legte feinste innere Regungen, Gefühle und Gedanken der beiden Protagonisten bloß. Als literarisches Mittel diente ihm hierzu der Briefwechselroman, eine Form also, die an die Empfindsamkeit gemahnte, nun aber, ins Milieu der Petersburger kleinen Leute verlegt und durch zwei sehr unterschiedliche Stimmen reaslisiert, neue Frische gewann. Der Erfolg der *Armen Leute* war überwältigend.

In rascher Folge legte Dostoevskij weitere Werke vor, darunter den Roman *Der Doppelgänger* (*Dvojnik*, 1846) und die Erzählung *Die weißen Nächte* (*Belye noči*, 1848), mit denen er allerdings seinen Ersterfolg nicht wiederholen konnte. Im *Doppelgänger* lag die Verbindung zur romantischen «Doppelgängerei» Gogol's und E. T. A. Hoffmanns auf der Hand (R. Lachmann). Der kleine Beamte Jakov Goljadkin verlor, als er die Gunst seines Vorgesetzten einbüßte, den Verstand. Fortan sah er sich durch einen Doppelgänger verfolgt, der ihm den Platz in Leben und Dienst streitig machte. Die Geschichte einer Paranoia also, die aber in ihrer kalkulierten Unbestimmtheit auch als rein phantastisches Geschehen gelesen werden konnte.

Dostoevskij war in den Petersburger Jahren ins Fahrwasser des utopischen Sozialismus geraten. Wie seine Freunde im Petraševskij-Kreis las er aus dem Evangelium die Aufforderung zur humanitären Weltverbesserung heraus. Die Erneuerung Rußlands durch die westeuropäischen Ideen war für ihn in jener Zeit ein Axiom. Als er Belinskijs *Brief an Gogol'* im März 1849 vor seinen Freunden verlesen hatte, flog der Geheimzirkel auf. Fünfzehn seiner Mitglieder, darunter Pleščeev und Dostoevskij, wurden verhaftet und zum

Tode verurteilt. Im perfiden Spiel einer Scheinhinrichtung
die Strafen erst auf dem Schafott zu Zwangsarbeit und Mili
in Sibirien abgemildert. Literatur, Politik und menschliche
sal verflochten sich zu einem tragischen Knäuel. Der ı
Bruch, der damit in Dostoevskijs Leben eintrat, veränderte seine
Lebenseinstellung und Weltanschauung grundlegend: Aus dem
Atheisten wurde ein vorbehaltloser Christ. Immer wieder hat er in
späteren Werken beziehungsreich auf dieses Ereignis, seine Hinter-
gründe und Folgen angespielt.

Die zweite Schaffensphase 1859-1867

Vier Jahre leistete Dostoevskij schwere Zwangsarbeit im Zuchthaus
von Omsk. Er hat diese bittere Zeit aus der Sicht des Häftlings Aleksandr Gorjančikov in den *Aufzeichnungen aus einem toten Hause*
(*Zapiski iz mërtvogo doma*, 1860-62) festgehalten. Nach der Katorga diente Dostoevskij seit März 1852 in einem Linienbataillon in
Semipalatinsk. Aus der Armee entlassen, ging er 1859 zunächst nach
Tver' und ließ sich bald darauf in Petersburg nieder. Inzwischen war
der Roman *Das Dorf Stepančikovo* (*Selo Stepančikovo*, 1859) entstanden. In der Gestalt des Foma Fomič Opiskin, eines unerträglich
dünkelhaften und bigotten Schriftstellers, der auf einem Landgut als
Kostgänger lebte, waren Züge nicht nur des Molièreschen Heuch-
lers Tartuffe, sondern vor allem auch des späten Gogol' zu erkennen,
dessen *Ausgewählte Stellen* immer wieder zitiert und paraphrasiert
wurden. Der Sinn der Parodie war nicht leicht zu durchschauen. Indes bedeutete das glänzend geschriebene Werk mit seiner dramatischen Komposition einen wichtigen Schritt des Autors auf dem
Wege zum großen Roman. Auch *Erniedrigte und Beleidigte* (*Uni-
žënnye i oskorblënnye*, 1861), ein Roman aus dem Petersburger niederen Milieu, der an das Großstadtgenre Balzacs oder Dickens' erinnerte und nicht mit melodramatischen Effekten sparte, bedeutete
eine weitere Annäherung an ein noch zu entwickelndes eigenes Ro-
manmodell.

Seit 1861 gab Dostoevskij zusammen mit seinem Bruder Michail
die Zeitschrift «Vremja» (Die Zeit) heraus mit dem Ziel, von der
gemäßigten Position der «Bodenständigen» (*počvenniki*, von *počva*,
«die Scholle») aus zwischen den Fronten der Westler und Slavophilen zu vermitteln. Dostoevskijs alt-neuer Gedanke, daß die russische Intelligenz den europäischen Egoismus und Atheismus über-

winden und sich auf die im russischen Volke aufbewahrten Werte der christlichen Wahrheit und einer einfach-frommen Menschlichkeit besinnen müsse, drang jetzt beherrschend in sein Werk ein. Im antinihilistischen Diskurs erhob er seine Stimme, nachdem er 1862 eine erste Reise in den kapitalistischen Westen unternommen hatte. Als Fazit seiner Eindrücke aus Berlin, Paris und London veröffentlichte er das ironische Reisefeuilleton *Winteraufzeichnungen über Sommereindrücke* (*Zimnie zametki o letnich vpečatlenijach*, 1863), mit dem er seine Voreingenommenheiten über die europäischen Fehlentwicklungen bekräftigte. Vor allem der Crystal Palace, den Černyševskij im utopischen Traum seiner Heldin Vera als Symbol einer künftigen glücklichen Menschheit aufgebaut hatte, wertete Dostoevskij ab. Noch weiter ging er in den *Aufzeichnungen aus dem Untergrund* (*Zapiski iz podpol'ja*, 1864), die den von Černyševskij propagierten «vernünftigen Egoismus» *ad absurdum* führten. Der kollektive Fortschrittsoptimismus wurde durch einen Exzentriker und Egomanen konterkariert, der symbolische Glaspalast der Zukunft durch das dunkle Loch im Souterrain ersetzt.

Schuld und Sühne

Schuld und Sühne (*Prestuplenie i nakazanie*, dt. auch: *Verbrechen und Strafe*), der erste der fünf großen Romane, die Dostoevskijs Platz in der Weltliteratur begründeten, erschien 1866. Ausgangsidee war wohl ein Roman über die russische Trunksucht, in den sich bald das Thema der geistig-sittlichen Verfassung der neuen Generation hineindrängte, das nach Dostoevskijs Absicht als «psychologischer Rechenschaftsbericht eines Verbrechens» entfaltet werden sollte. Ursprünglich war das Werk als Tagebuch oder Beichte eines Vertreters der Nihilisten-Generation, d. h. als Ich-Erzählung, vorgesehen. Indem sich die Rollen Marmeladovs und Sonjas, des Untersuchungsrichters und Svidrigajlovs ausweiteten, wich sie der «objektiven» Erzählsituation.

Rodion Raskol'nikov, Dostoevskijs Held, wurde schon durch seinen Namen (von *raskol*, «Schisma, Abtrennung») definiert als einer, der von der Scholle, vom Volk und von der Ganzheit des menschlichen Lebens getrennt war. Seine Isoliertheit war die der russischen Intelligenz, das «theoretische Verbrechen», das er an einer Wucherin beging, die virtuelle Tat, die von den Nihilisten drohte. Raskol'nikovs Beweggrund war die «Napoleon-Idee», d. h.

die Frage, ob er selbst, wie die großen Männer der Weltgeschichte, in der Lage sein werde, um eines bedeutenden Zieles willen andere Menschen zu opfern.

Das Verbot der Zeitschrift «Vremja» und seine Spielleidenschaft trieben Dostoevskij in eine ausweglose Lage. Da er sich seinem Verleger gegenüber verpflichtet hatte, einen neuen Roman abzuliefern, diktierte er der jungen Stenographin Anna Snitkina in 26 Tagen den Kurzroman *Der Spieler (Igrok*, 1867) in die Feder. Er griff in diesen Aufzeichnungen eines jungen Hauslehrers über seine Erlebnisse in der Stadt Ruletenburg («Roulettenburg», gemeint war Wiesbaden) auf eigene Erfahrungen zurück.

Die dritte Schaffensphase 1867-1881

Nach der hastigen Eheschließung mit Anna Snitkina reiste Dostoevskij erneut nach Europa, um seinen Gläubigern zu entgehen. Statt der geplanten drei Monate sollte der Aufenthalt vier Jahre währen. In diesen Jahren, die er in Deutschland, der Schweiz und Italien verbrachte, vollzog sich endgültig Dostoevskijs Absage an das westeuropäische Zivilisationsmodell. Voller Verachtung äußerte er sich über die Deutschen, über die Sozialisten und über die russischen Westler, die für ihn Verräter des Vaterlandes waren. Immer deutlicher bildete sich in ihm die «russische Idee» heraus, die in der Allianz von Zarentum und Orthodoxie das heilsame Prinzip erblickte. Sie leitete fortan sein politisches Denken.

Der Idiot

Mit dem im Januar 1869 in Florenz abgeschlossenen Roman *Der Idiot (Idiot*, 1869) unternahm Dostoevskij wiederum ein kühnes Experiment. Es ging ihm um die Darstellung eines «positiv guten und schönen Menschen» in der zeitgenössischen russischen Umwelt; anders ausgedrückt, um die Frage: Was würde geschehen, wenn Christus plötzlich mitten in der Gegenwart erschiene? Nichts Schwierigeres könne es geben, schrieb Dostoevskij, «besonders in unserer Zeit». In den Entwürfen nannte er seinen Helden zunächst «Fürst Christus» (*knjaz' Christos*). Doch dann erschien er als Fürst Myškin, letzter Sproß eines alten, verarmten Fürstengeschlechtes, Epileptiker und mit einer besonderen menschlichen Anziehungskraft begabt, der soeben aus einem Schweizerischen Sanatorium nach Petersburg zurückkehrte. Am Ende einer recht komplizierten

Handlung stand das völlige Debakel. Als sich Myškin gegen die Generalstochter Aglaja Epančina und für die «große Sünderin» Nastas'ja Filippovna entschied, kam es zur Peripetie. Aglaja trennte sich von Myškin, Nastas'ja Filippovna floh vor der Trauung zu Myškins Bekanntem Rogožin, der sie ermordete.

Die Dämonen

Die Dämonen (*Besy*, 1871/72), Dostoevskijs folgender großer Roman, sollte eine Generalabrechnung mit dem Atheismus und dem revolutionären Nihilismus bringen. Ein Fememord in einer geheimen terroristischen Fünfergruppe bot 1869 den aktuellen Anlaß, aus dem Dostoevskij das Bild einer aus den Fugen geratenen Welt entfalten konnte. Der spektakuläre Prozeß gegen die Terroristen um Sergej Nečaev fand im Sommer 1871 statt, die Prozeßberichte dienten Dostoevskij als Quelle.

Schon der Titel barg Schwierigkeiten der Interpretation. (In deutschen Übersetzungen wurde vorgeschlagen: *Die Teufel, Die Dämonen, Die Besessenen* und neuerdings *Böse Geister*.) Aus den beiden Epigraphen, das eine aus Puškins gleichnamigem Gedicht, das andere aus dem Lukas-Evangelium (8, 32-37), war die Vorstellung von einer allgemeinen Desorientierung und Geistesverwirrung herauszulesen, ausgelöst von besessenen, bösen Geistern, worunter keineswegs nur die Nihilisten und Revolutionäre, sondern auch die von den westlichen Ideen infizierten Bürger und Adeligen, einschließlich der gesamten herrschenden Schicht, verstanden werden mußten.

Durch die Einführung eines Ich-Erzählers, der sich beharrlich darum bemühte, Klarheit über die undurchsichtigen Verhältnisse in einer russischen Gouvernementsstadt zu gewinnen, modellierte Dostoevskij eine düstere, rätselhafte Situation, die Schritt für Schritt aufgehellt wurde. Eine Verschwörergruppe war in die Stadt eingeschleust worden. Die interessanteste Gestalt der Gruppe war Stavrogin, ein hochgebildeter Gentleman und Amoralist, der jenseits von Gut und Böse agierte. Sein Selbstmord entsprach der Logik Dostoevskijs. Ein ähnliches Schicksal ereilte Stavrogins «Jünger», Kirillov, der aus der versuchten Selbstvergottung in den Selbstmord abstürzte. In Pëtr Verchovenskij endlich, dem gewissenlosen Revolutionär, der seinen unbedingten Machtanspruch in der Verschwörergruppe durchsetzte, fehlten jegliche positiven Züge. Dostoevskij baute in die *Dämonen* eine ideengeschichtliche Genealogie ein, die die Generation der 1840er Jahre als die Ziehväter der Nihilisten der 1860er Jahre denunzierte. Stepan Verchovenskij, Historiker und ehemaliger Fourierist mit Zügen des Historikers Timofej Granovskij, verkörperte ebenso wie der Schriftsteller Karmazinov, eine Turgenev-Karikatur, das alte eingeschworene Westlertum, dessen Früchte nun in den Söhnen zu erkennen waren.

Der Jüngling

Aus den zahllosen Plänen und Entwürfen, die sich in Dostoevskijs Skizzenbüchern kreuzten und überschlugen, kristallisierte sich Mitte der 1870er Jahre der Roman *Der Jüngling* (*Podrostok*, 1875) heraus und damit ein neues Element des umfassenden Gedankengebäudes, an dem der Dichter unablässig arbeitete. Als Helden wählte er mit Arkadij Dolgorukij wiederum den Sproß einer «zufälligen Familie» (d. h. der Verbindung zwischen einem Gutsbesitzer und einer Leibeigenen). Erzählerisch griff er auf die Ich-Darbietung in der Form des Tagebuches zurück wie in den mittleren Werken. Und erneut führte er ein Ideenexperiment durch, diesmal die Rothschild-Idee, d. h. den Plan seines Helden, zu einem Finanzkrösus à la James Rothschild aufzusteigen. Nur Geld allein, so Arkadijs Devise, führe selbst ein Nichts auf den ersten Platz. In keinem anderen Roman rollte Dostoevskij das im Wirtschaftsleben verbreitete Defraudantentum mit solcher Genauigkeit auf wie im *Jüngling*.

Dostoevskijs Stimme als Kommentator des geistig-politischen Geschehens war nicht nur in seinen belletristischen Werken zu hören. Von 1876 bis zu seinem Tod verfügte der Dichter über ein besonderes Sprachrohr, *Das Tagebuch eines Schriftstellers* (*Dnevnik pisatelja*). Die von ihm als Herausgeber und Autor allein bestrittene Zeitschrift hatte einen außerordentlichen Erfolg. Hier nahm er zu den verschiedensten Fragen Stellung: zu Rußland und Europa, Orthodoxie und Revolution, Ost- und Westkirche. Hier publizierte er Erzählungen wie *Die Sanfte* (*Krotkaja*, 1876) oder seine Erinnerungen an Belinskij und Nekrasov, auch die berühmte Puškin-Rede (*Puškin*) wurde hier 1880 in der vorletzten Nummer abgedruckt.

Die Brüder Karamazov

Dostoevskijs letzter Roman *Die Brüder Karamazov* (*Brat'ja Kara-mazovy*, 1879/80) übertraf an Textumfang und geistiger Weite alle vorangegangenen Werke. Dostoevskij meisterte in ihm nicht nur das komplizierte Gefüge einer mehrsträngigen Fabel mit einer überbordenden Anzahl von Figuren, sondern brachte zugleich alle von ihm bislang bedachten Ideen in das Geschehen ein. Bewältigen konnte er die stoffliche Überfülle nur mittels einer komplizierten Familienkonstellation und eines kriminalistischen Sujets. Fëdor Karamazov, ein wollüstiger Greis, war der Vater von vier Söhnen. Dmitrij, der älteste, war großherzig, doch schwatzhaft und von heftigem Wesen; Ivan, der zweite Sohn, war ein russischer Intelligenzler, ein Aufklärer und Rationalist, während Alëša, der jüngere, als Novize in einem Kloster lebte und unter dem geistlichen Einfluß des Starec Zosima stand. Als vierter, außerehelicher Sohn entpuppte sich schließlich der Diener Smerdjakov, ein Epileptiker, der den Alten, einer Einflüsterung Ivans folgend, ermordete. Dmitrij jedoch, auf den alle Indizien wiesen, wurde als Vatermörder zu Katorga verurteilt.

Dostoevskijs künstlerische Anthropologie erreichte in diesem Roman ihre Krönung. In den Haupthelden, Dmitrij, Ivan und Alëša, verkörperte er Wesensarten, die er in Anlehnung an Schiller, aber zugleich auch aus der eigenen Entwicklungsdynamik heraus gestaltete. Nicht zufällig waren jedem der Brüder selbständige Texte zugeordnet, die ihre psychische und weltanschauliche Befindlichkeit überhöhten. Für Dmitrij könnte man den Traum vom unglücklichen Kind ansetzen, der seine Leidenschaft und seine Leidensfähigkeit symbolisierte. Für Ivan stand die Legende vom Großinquisitor (*Velikij inkvizitor*), die er seinem Bruder Alëša erzählte. In diesem scharfsinnigen Text wurde das Motiv des wiederkehrenden Christus in die Zeit der spanischen Inquisition verlegt. Für Alëša besaß die Vita des Starec Zosima die Funktion des Schlüsseltextes. Die von Zosima verkündete Lehre von der Allschuld, der Liebe und der Lüge war auf der Diskursebene des Romans die Antwort auf den Atheismus Ivans und seine Legende vom Großinquisitor. In Alëša verbanden sich die frommen Maximen und die einfühlsame Seelenwärme Zosimas. Er – nicht Ivan – war der Hoffnungsträger, der «höhere Mensch», von dem Dostoevskij zu träumen wagte, der das Gute und Schöne in sich barg und es auf seine Mitmenschen übertragen konnte.

Die Rede, die Dostoevskij am 8. Juni 1880 aus Anlaß der Enthüllung des Puškin-Denkmals in Moskau hielt, war sein letzter großer Auftritt. Sie enthielt die Quintessenz seiner ideologischen, religiös-philosophischen Wanderung und mußte als das geistige Vermächtnis des Dichters gelten. Hier endlich faßte Dostoevskij die Haltungen, die den Weg Rußlands – wie auch seinen eigenen – bestimmt hatten, zu einer kühnen ideengeschichtlichen Synthese zusammen. Der russische Mensch könne nicht nur der orthodoxe Christ oder der verwestlichte geistige Vagabund sein, sondern müsse, wie es Aleksandr Puškin gelungen sei, auf der Basis des christlichen (orthodoxen) Denkens die Traditionen der Weltkultur in sich aufnehmen. Er müsse, so verkündete Dostoevskij, ein Bruder aller Menschen werden, ein «Allmensch» (*vsečelovek*). Und er sprach die Hoffnung aus, daß die kommenden Russen endlich doch Versöhnung in die europäischen Gegensätze hineintragen und einen Ausweg aus der europäischen Misere in der russischen Seele aufzeigen würden.

Lev Tolstoj

Dostoevskij und Tolstoj wurden oft, besonders in westlicher Sicht, als das große Dioskurenpaar der russischen Literatur gedeutet, das, in weltanschaulicher und künstlerischer Spannung zueinander, nicht allein den Höhepunkt der russischen Literatur, sondern zugleich auch des abendländischen Romans bezeichne. In der Tat bestand eine fast ideale Polarität zwischen den beiden großen Autoren, in der Tolstoj die Traditionen des Epischen, Vernunft und Faktizität und eine fanatische Wahrheitssuche vertrat (G. Steiner). Auch daß man seine Methode als «plastischen Realismus» oder «moralischen Realismus» charakterisierte, sprach wichtige Merkmale seiner Kunst an. Sein beispielloses Wahrheitsstreben führte Tolstoj zwangsläufig zum Ethos und zur Gottsuche. Am Anfang seiner Schriftstellerlaufbahn stand rigoroses Künstlertum, an ihrem Ende religiös-sittlicher Rigorismus.

Die erste Schaffensphase 1852-1859

Graf Lev Tolstoj stammte aus einer der vornehmsten Familien der russischen Hocharistokratie. Die geistige und politische Unabhängigkeit, die er sich zeitlebens leisten konnte, besaß einen festen

Grund in seiner hohen Geburt und materiellen Absicherung. Früh hatte er seine Eltern verloren. An der Universität Kazan' studierte er Orientalistik und Jura, bis er im Sommer 1847 das ererbte Gut Jasnaja Poljana übernahm.

Seine geistige und literarische Orientierung fand Tolstoj in anderen Bereichen als seine Generationsgenossen. Ihn interessierten Rousseau, Voltaire, Swift, Sterne, er entdeckte für sich Schopenhauer und über diesen Kant. Unter dem Einfluß Rousseaus führte er seit 1847 ein Tagebuch (*Dnevnik*), in dem er feinste Seelenbewegungen und moralische Überlegungen festhielt. Die bis ans Lebensende fortgeführten Eintragungen blieben engstens mit dem Werk verbunden. Der Autor, den man für den «objektivsten» zu halten geneigt ist, schrieb viele seiner Werke auf autobiographischem Grund.

Von Anfang an schwebte Tolstoj der große Roman als schriftstellerisches Ziel vor. Jedoch führten frühe Anläufe nur zu fragmentarischen Lösungen. Schon Tolstojs erstes Werk, die Erzählung *Geschichte meiner Kindheit* (*Istorija moego detstva*, 1852), war ursprünglich als erster Teil eines umfangreichen Romans konzipiert, der die psychische und ethische Entwicklung eines jungen russischen Adeligen darstellen und analysieren sollte. Daraus entstand jene Trilogie mit den Teilen *Kindheit* (*Detstvo*), *Knabenjahre* (*Otročestvo*, 1854) und *Jugend* (*Junost'*, 1857), die Tolstojs literarischen Ruhm begründete. Die drei Erzählungen zeichneten aus der Ich-Perspektive tagebuchartig die kindliche und pubertäre Entwicklung des Knaben Nikolen'ka Irten'ev nach.

Auch von dem geplanten Roman über den russischen Gutsbesitzer wurden nur Teile geschrieben. Tolstoj wollte aufzeigen, daß ein gebildeter Gutsbesitzer im 19. Jahrhundert unmöglich mit dem System der Leibeigenschaft auf richtige Weise leben könne. Er schloß die geschriebenen Teile notdürftig ab und veröffentlichte sie 1856 unter dem Titel *Der Morgen eines Gutsbesitzers* (*Utro pomeščika*).

Den Krieg im Kaukasus erlebte Tolstoj erst als Freiwilliger, dann als Artillerieoffizier. In mehreren Skizzen beschrieb er das kaukasische Militärmilieu. Doch der große Kaukasus-Roman, in dem die Unterwerfung der Bergvölker nicht als politisch-militärisches, sondern als psychologisches Problem behandelt werden sollte, gelang ihm nicht. Die Novelle *Die Kosaken* (*Kazaki*, 1863), die am Ende herauskam, schilderte die glücklose Liebe zwischen dem grüblerischen russischen Offizier Olenin und dem Kosakenmädchen

Mar'jana. Von Rousseau inspiriert, ging es um den Gegensatz zwischen Zivilisation und Natur.

Dank seiner Beziehungen gelang es Tolstoj, als Offizier in eine Artillerieeinheit der Donau-Armee versetzt zu werden. Nach Ausbruch des Krim-Krieges meldete er sich in das belagerte Sewastopol und erlebte die erste große Materialschlacht der Neuzeit an den Brennpunkten der Kämpfe. Noch während der Kampfhandlungen skizzierte er die drei *Sewastopoler Erzählungen* (*Sevastopol'skie rasskazy*), die 1855 und 1856 im «Sovremennik» erschienen. Nach der Niederlage der Russen wurden die Erzählungen als Zeichen eines unverbrüchlichen Patriotismus und Glaubens an den Heldenmut der russischen Soldaten aufgenommen. Die erste Erzählung, *Sewastopol im Monat Dezember* (*Sevastopol' v dekabre mesjace*) war eine Kriegsreportage, die noch das Muster der physiologischen Skizze erkennen ließ. Über die schwierige Lage der Russen berichtete Tolstoj auf einem Rundgang in der 2. Person Plural und im aktuellen Präsens (d. h. im unvollendeten Aspekt). Größere Zeigeintensität war im Russischen nicht zu erreichen. Die zweite Erzählung, *Sewastopol im Mai* (*Sevastopol' v mae*), schilderte im Höhepunkt der Belagerung eine Gruppe von Offizieren. Hier beschwor Tolstoj am Schluß die Wahrheit (*pravda*) als den eigentlichen Helden der Erzählung. Die dritte Erzählung schließlich, *Sewastopol im August 1855* (*Sevastopol' v avguste 1855 goda*) führte in die Endphase der Belagerung. Mit den *Sewastopoler Erzählungen* brach sich Tolstojs episches Genie Bahn. Stets war in der protokollarischen Vordergründigkeit die historische Bedeutung des militärischen Geschehens zu spüren.

Tolstoj lebte seit 1855 in Petersburg und bekannte sich unter dem Einfluß Družinins zum Prinzip des *L'art pour l'art*. In vielen Anläufen erprobte er neue Ausdrucksmöglichkeiten. Nach seiner ersten Auslandsreise, die ihn 1857 nach Frankreich, der Schweiz und Deutschland geführt hatte, veröffentlichte er das Prosastück *Luzern* (*Ljucern*, 1857). Die in der Erzählung geschilderte Begegnung mit einem Tiroler Wandersänger entsprach fast wörtlich Tolstojs Tagebuchaufzeichnungen (*Dnevnik*, 7. Juli 1857). Etwas später entstand die eigenartige Erzählung *Tri smerti* (Drei Tode, 1859) vom Sterben eines verunglückten Bauern, einer Gutsbesitzerin und eines Baumes.

Die zweite Schaffensphase 1859-1878

Der Bruch mit der Redaktion des «Sovremennik» veranlaßte Tolstoj 1859, sich auf sein Gut Jasnaja Poljana zurückzuziehen, wo er sich für längere Zeit ausschließlich landwirtschaftlicher Tätigkeit und der Einrichtung einer Schule für Bauernkinder zuwandte. So ist bezeichnend, daß er sich auf seiner zweiten Europareise 1860/61 vorwiegend mit agronomischen und volkspädagogischen Fragen beschäftigte. Nur wenige Erzählungen aus dem bäuerlichen Leben wie *Tichon und Malan'ja* (*Tichon i Malan'ja*, posth. 1911), *Polikuška* (1863) und die Pferdegeschichte *Leinwandmesser* (*Cholstomer*, 1863, veröfftl. 1886), die die menschlichen Verhältnisse aus hippischer Sicht bewertete, entstanden in jenen Jahren. 1862 heiratete Tolstoj Sof'ja Bers (Behrs), der Tochter eines Hofarztes.

Krieg und Frieden

In den ersten glücklichen Ehejahren in Jasnaja Poljana wandte sich Tolstoj wieder mit voller Kraft der Literatur zu. *Krieg und Frieden* (*Vojna i mir*), der epische Koloß, wuchs in den Jahren 1863 bis 1869 heran. Tolstoj wagte sich damit an eine Epochendarstellung von beispiellosem Ausmaß.

Mit über 350 Kapiteln war dieser Roman nach seinem Umfang und zeit-räumlichem Ausgreifen Tolstojs größtes Werk. Er umspannte die Ereignisse der russischen Geschichte zwischen 1805 und 1820. Allerdings war das Werk nicht in der Art der Romane Walter Scotts, sondern in der eines realistischen Gesellschaftsromans konzipiert. In der Verschlingung persönlicher Schicksale mit dem politischen und militärischen Ringens zwischen Rußland und Napoleon gewann das Private wie auch das Öffentliche eine geschichtliche Sinngebung.

Im Mittelpunkt des Romangeschehens standen drei Familien des russischen Hochadels mit ihren Kindern: die des verarmten Grafen Rostov, die des güterreichen Fürsten Bolkonskij sowie die des Fürsten Kuragin. Die Söhne nahmen als Offiziere an den Kriegen teil, die Töchter erlebten Nöte und Evakuierung in der Etappe. Zwischen ihnen bewegte sich ungeschickt und plump, jedoch mit genauer Beobachtungsgabe ausgestattet, der steinreiche, illegitime Sohn des Grafen Bezuchov, Pierre (P'er). Er geriet mehr durch Zufall in die Fänge des Krieges, erlebte die Schlacht von Borodino und den Brand von Moskau. Im Epilog wurde angedeutet, daß er an der

Gründung einer Freimaurerloge beteiligt war, also den dekabristischen Ideen nahetrat. Die privaten Beziehungen im genannten Dreieck, Verliebtheit, Heirat, Geburt und Tod, bildeten einen bewegenden Kontrapunkt zum machtpolitischen Kampf auf der Weltbühne. Tolstoj bezog seinen Stoff großenteils aus der eigenen Familienüberlieferung, ebenso wie er den beiden bedeutungsvollsten Gestalten des Romans, Andrej Bolkonskij und Pierre Bezuchov, die eigene suchende Mentalität einpflanzte.

Die dramatischen Höhepunkte im welthistorischen Ringen zwischen Napoleon und Rußland bildeten im Roman die Drei-Kaiser-Schlacht von Austerlitz und die Schlacht von Borodino. Tolstoj rekonstruierte die geschichtlichen Tatsachen aus verschiedenen Quellen und gab die militärischen Szenerien auf dem Schlachtfeld, in den Stäben und im Feldlager bis in kleinste Details wieder.

Die Verschränkung von militärisch-politischem Welttheater und familiär-privatem Lebenskreis des russischen Adels erinnerte an die alte Epopöe, das große Heldenepos, das «Buch eines Volkes», wie Hegel es genannt hatte.

Die Strukturierung so weitverzweigter Geschehensmengen wie in *Krieg und Frieden* stellte den Autor, dem bisher ja keine Großkomposition gelungen war, vor enorme Anforderungen. Natürlich kam für die Wiedergabe des «privaten» Lebens nur ein objektiver (personaler) Erzähler in Frage, der den wesentlichen Figuren jeweils ihre Perspektive übertrug. Aus der personalen Sicht ergab sich Tolstojs berühmtes Verfremdungsverfahren, wenn etwa eine Opernaufführung durch die junge, opernunerfahrene Nataša Rostova wahrgenommen wurde. Wichtiger noch war, wie die einzelnen Episoden, die das Romangewebe bildeten, nach dem Kontrastprinzip aneinandergefügt wurden. Frieden wechselte mit Krieg, Idyllik mit Heroik, Leben mit Tod. Als Exkurse blendete Tolstoj geschichtsphilosophische Kalküle ein und schuf damit einen ausgedehnten auktorialen Stützpunkt, der manchen Betrachtern als die Schwachstelle des Romans galt. Namentlich der Versuch, das Verhältnis von Freiheit und Notwendigkeit, Zufall und Gesetzmäßigkeit auf eine algorithmische Grundlage zu stellen oder kriegswissenschaftliche Überlegungen in mathematisch-physikalischen Formeln auszudrücken, löste Widerspruch aus.

Anna Karenina

Aus dem folgenden großen Roman Tolstojs, *Anna Karenina* (1873-78) blieb die politisch-historische Dimension fast gänzlich ausgeschlossen. Lediglich im epilogischen Achten Teil kam Geschichte in Gestalt des russisch-türkischen Krieges in der Romanhandlung zur Geltung; ansonsten ging es ausschließlich um Liebe, Ehe und Familie. Schon im Eingangssatz wurde das Thema angesprochen: «Alle glücklichen Familien ähneln einander; jede unglückliche aber ist auf ihre eigene Art unglücklich.»

Der Roman führte ein Geflecht von Personen vor, die durch familiäre oder emotionale Beziehungen miteinander verbunden waren. Alle gehörten dem höchsten Adel an, doch repräsentierten die Hauptfiguren verschiedene Existenzformen: Karenin war ein hoher Staatsbeamter, Vronskij Gardeoffizier, Lëvin Gutsbesitzer, Oblonskij Beamter und Unternehmensberater. Der ruhige Fluß der Ereignisse, die einprägsame Zeichnung der Personen nach Physiognomie, Habitus und Verhalten, die eingehende Schilderung gesellschaftlicher Ereignisse wie Bälle, Soireen oder Pferderennen ließen nicht vergessen, daß es in dem Roman letztlich um die Lebensentwürfe der zentralen Gestalten ging, d. h. um die Frage nach dem «richtigen Leben». Ähnlich wie Pierre Bezuchov empfing auch Konstantin Lëvin am Schluß des Romans von einem Bauern die Botschaft, der Mensch solle nicht für seine eigenen Bedürfnisse, sondern für seine Seele und für Gott leben. Es war dies der Weg der moralischen Läuterung, der Tolstoj selbst vorschwebte.

Drei Familien wurden in dem Roman vorgeführt: die Oblonskijs, die Karenins und die Lëvins. Die wegen ihrer Liebe zu Graf Vronskij scheiternde Ehe der Anna Karenina und die gelingende Ehe Lëvins bildeten die beiden auffälligen Pole des Romangeschehens. Doch auch der Oblonskij-Handlung kam nicht nur die Funktion der kompositionellen Verbindung zwischen den beiden Haupthandlungen zu, sie bildete vielmehr das banale Gegenstück zum tragischen Eheentwurf Annas und zum glückhaften Lëvins.

Die Lokalitäten, an denen der Roman spielte, besaßen chronotopische Bedeutung und damit eine wesentliche Funktion für den Sinnaufbau des Werkes. Sankt-Petersburg erschien als die unrussische Metropole, die dort lebende Hof- und Beamtengesellschaft in fremde Konventionen gefesselt. Moskau, die alte Hauptstadt, war in ihren Lebensformen ungezwungener, «russischer». Der einzige

Chronotop aber, der eine Lebensform im Einklang mit der Natur, in beglückender Familiengemeinschaft und produktiver Tätigkeit gewährleistete, war Lëvins Landgut Pokrovskoe. Eine ähnliche hierarchische Abstufung ergab sich in der Personenstruktur des Romans. Tolstojs persönliche Weltanschauung kam erst in der Gesamtanlage ins Spiel; die eingebauten Wertskalen waren die des wirklichen Autors. Die Familie, das führte Tolstojs künstlerisch vollkommenster Roman vor Augen, war der soziale Mikrokosmos, in dem Lebensentwürfe gelangen oder scheiterten.

Die dritte Schaffensphase: 1879-1910

Mit fünfzig Lebensjahren vollzog sich in Tolstoj ein geistiger Umbruch, der in seiner *Beichte* (*Ispoved'*, 1879/80, veröfftl. 1884) und in der Bekenntnisschrift *Worin mein Glaube besteht* (*V čëm moja vera?*, 1882-84) niedergelegt wurde. In der Beichte verwarf er alles, was er durch seine Standesherkunft und seinen Bildungsweg erlangt hatte. Mit Schärfe verurteilte er sein Verhalten als Offizier und Lebemann in der Gesellschaft, aber auch das eigene Künstlertum. Er nahm fortan Stellung zur staatlichen und kirchlichen Politik, übte fundamentale Kritik an den Auswüchsen der Zivilisation, an sozialen Mißständen, an Kunst und Musik. Seit 1882 stand er unter geheimer Polizeiaufsicht, 1901 exkommunizierte ihn die orthodoxe Kirche. Trotz mancher abwegiger Vorstellungen gewannen seine Lehren weite Verbreitung und gerannen zu einer religiös-gesellschaftlichen Bewegung, «Tolstovstvo» (Tolstojanertum) genannt.

Tolstoj stellte das literarisches Schaffen jetzt voll in den Dienst seiner moralischen Ziele. Er legte seine sozialreformerischen und religiös-ethischen Ansichten nieder, übersetzte die Evangelien (1880/81) und schrieb Volkserzählungen für die einfachen Bauern. In den Erzählungen aus der Adelswelt kam die Kritik an der unnatürlichen, von Karrieredenken und Erwerbsstreben beherrschten Lebensweise der höheren Stände immer schärfer zum Ausdruck. Gleichwohl gelangen Tolstoj nach wie vor Meisterwerke von großer künstlerischer Kraft, wie die Läuterungsgeschichte *Vater Sergius* (*Otec Sergij*, 1890-98, posth. 1911) oder die geniale Erzählung *Der Tod des Ivan Il'ič* (*Smert' Ivana Il'iča*, 1886), in der Richter Ivan Il'ič Golovin im Sterben erkannte, daß sein ganzes Leben «nicht das Richtige» gewesen sei. Auch die Novelle *Die Kreutzersonate* (*Krejcerova sonata*, 1891) war ein aufrüttelndes Werk, in dem die verführerische Kraft der Musik und der Ehebruch ein ätzendes Gemisch bildeten.

Auferstehung

Auferstehung (*Voskresenie*, 1899), der dritte große Roman Tolstojs, konnte bei ungebrochener künstlerischer Kraft die geistig-moralische Kehrtwendung des Autors nicht verleugnen. Das Thesen- und Tendenzhafte, das zwar in keinem seiner Werke ganz gefehlt hatte, trat jetzt mächtig in den Vordergrund und rührte an heikle Fragen der russischen Rechtsprechung und des Strafvollzugs; auch die heuchlerische Rolle der Kirche wurde angesprochen.

In den drei großen Teilen des Romans wurde eine Geschichte erzählt, die auf einen authentischen Gerichtsfall zurückging. Der etwa 30jährige Fürst Nechljudov erkannte als Geschworener bei einer Gerichtsverhandlung in der wegen Giftmordes angeklagten Prostituierten Katerina Maslova diejenige, die er vor sieben Jahren auf dem Gut seiner Tanten verführt hatte. Er nahm seine Schuld auf sich, brach mit der «guten Gesellschaft», betrieb die Kassation des auf einem Verfahrensfehler beruhenden Urteils, bot Katjuša die Ehe an und folgte ihr auf dem Weg nach Sibirien. Sie aber schlug die Ehe aus und heiratete einen politischen Häftling. Am Schluß des Romans schienen beide durch ihre Opferbereitschaft und ihre Befreiung von den Zwängen der Konventionen geläutert zu sein – innerlich «auferstanden».

Tolstoj exponierte die Ausgangslage – der Schuldige saß über das Opfer seines Handelns zu Gericht – mit einem Paukenschlag. Der Rest bestand aus Schilderungen im «Jetzt» und Rückblicken ins «Damals». Durch die Wiedergabe von «Lebensgeschichten» wurde der Leser mit zahlreichen Personen aus den unterschiedlichsten Gesellschaftsbereichen bekanntgemacht. Erst durch dieses ausgiebig eingesetzte Verfahren gewann *Auferstehung* die rechte Substanz eines Romans. Dabei war der vom Erzähler aufgebaute Standesantagonismus überdeutlich: auf der einen Seite das einfache, arme, arbeitende Volk, die Bauern und Strafgefangenen, auf der anderen die verderbte, reiche, schmarotzende Gesellschaft, Gutsbesitzer und Justizbeamte. Der Roman endete mit Nechljudovs Lektüre der Bergpredigt. Im Nachdenken über Christi Worte entwickelte er ein neues, aus fünf Geboten bestehendes Grundgesetz. Der Fürst war hier ganz unverhohlen das Sprachrohr des Moralisten Tolstojs.

Mit der Povest' *Chadži-Murat* schuf Tolstoj noch im hohen Alter ein Meisterwerk. Es wurde in den Jahren vor 1904 niedergeschrieben, jedoch erst 1912 posthum veröffentlicht. Tolstoj griff darin das Kaukasus-Thema, das den Anfang seines Schaffens bestimmt hatte, wieder auf. In der Einleitung wurde, gleichsam als poetologische Anleitung, das Verfahren benannt, nach dem die Geschichte erzählt werden sollte: Der Autor (unverkennbar der alte Tolstoj selbst) fand auf einem Spaziergang eine zerdrückte Distel; sie erinnerte ihn an eine zurückliegende kaukasische Geschichte, die er erzählte, teils wie er sie gesehen, teils wie er sie von Augenzeugen gehört, teils wie er sie sich innerlich vorgestellt hatte.

Chadži-Murat war Ende 1851 zu den Russen übergetreten, um gegen den verhaßten Widersacher Schamyl zu kämpfen und die Blutrache an ihm zu vollziehen. Für die Russen war der Überläufer ein Geschenk des Himmels, aus dem sie allerdings in ihrem kleinmütigen Mißtrauen keinen Nutzen zu ziehen wußten. Über das Schicksal Chadži-Murats entschieden Zar Nikolaus und Schamyl, der Imam der Muriden – zwei Pole, wie Tolstoj an anderer Stelle schrieb, des Feudalabsolutismus, des asiatischen und des europäischen.

Immer wieder erhob Tolstoj seine Stimme – zum Russisch-japanischen Krieg, zur Revolution des Jahres 1905, gegen den privaten Grundbesitz, gegen die Todesstrafe. Jede Erklärung, jede Schrift Tolstojs erregte weltweites Aufsehen. So war sein Ende ein Ereignis, das nicht nur Rußland zutiefst bewegte: Von den ewigen Streitigkeiten zwischen seiner Frau und seinen Anhängern zermürbt, aber auch von der Sehnsucht getragen, als einfacher, bedürfnisloser Bauer durchs Land zu ziehen, floh er im Oktober 1910 aus Jasnaja Poljana und verstarb in der Bahnstation Astapovo.

Kapitel VI

Die russische Moderne I
Naturalismus und Symbolismus

Von Alexander III. zu Nikolaus II.

Anfang der 1880er Jahre ließ sich absehen, daß der russische Realismus mit den großen Romanen Turgenevs, Dostoevskijs und Tolstojs seinen Gipfelpunkt erreicht hatte. In einer länger währenden Übergangsphase formierten sich allmählich neue Ansätze und Konzepte, die sich in den 1890er Jahren im breiten Fächer modernistischer Formationen kristallisierten. Die Zeit bis zum Ersten Weltkrieg war reich an Hervorbringungen in allen Kunstzweigen. Die russische Moderne, oft auch das «Silberne Zeitalter» der russischen Kultur genannt, war offen für alle europäischen Entwicklungen.

Dabei war die Zeit, in die die Ausbildung der Moderne fiel, politisch aufgewühlt und unruhig. Am Anfang stand, nach der Ermordung von Alexander II., der Herrscherwechsel zu Alexander III., der, gestützt auf den Oberprokuror des heiligen Synod, Konstantin Pobedonoscev, umgehend eine Politik der Repression gegen die demokratische Intelligenz und die Narodniki einleitete. Außenpolitisch setzte der Zar auf einen imperialen Panslavismus und die kolonialistische Expansion in Asien. Die angestrebte «Panslavische Union» unter russischer Führung stimulierte die Russifizierungspolitik in Polen, der Ukraine und den baltischen Ländern, vor allem aber drängte sie auf eine Lösung der «orientalischen Frage», d. h. auf die Verteibung der Osmanen vom Balkan, und zielte ab auf die Gewinnung der Meerengen. Mit der Unterwerfung Turkestans und dem Vordringen auf China und Afghanistan stieß Rußland an japanische und britische Einflußsphären. Zur wirtschaftlichen Erschließung und militärischen Sicherung der asiatischen Weiten wurden mit enormem Aufwand die Transkaspische (1883-86) und die Transsibirische Eisenbahn (1891-1904) gebaut. Rußlands Gesamtbevölkerung wuchs zwischen 1880 und 1914 von etwa 94 auf 175 Millionen an, von denen nach wie vor der größte Teil auf dem Lande lebte. In den Großstädten bildete sich mit dem Ausbau der Industrieproduktion eine Arbeiterschaft, die sich zunächst unter den aus den Narodniki hervorgegangenen Sozial-Revolutionären, seit Mitte der 1890er Jahre jedoch immer stärker unter den marxistischen Sozialdemokraten zusammenschloß.

Alexander III. versuchte, einige der Reformen seines Vaters rückgängig zu machen, und ließ am Prinzip der absoluten Monarchie nicht rütteln. Er schränkte die Universitätsautonomie ein und schloß die niederen Stände vom Universitätsstudium aus. Andererseits hatte dieser vielgeschmähte Monarch auch Verdienste auf kulturellem Gebiet, etwa durch die Förderung von Theater und Oper. Sein Nachfolger Nikolaus II., persönlich intelligent und integer, tief religiös, jedoch politisch schwach, war nicht in der Lage, die auf Rußland zukommenden innen- und außenpolitischen Probleme zu meistern. Dennoch stand seine Regierungszeit (1894-1917) im Zeichen einer beachtlichen kulturellen Blüte. Nie war Rußland so in die europäische Gesamtkultur eingebunden wie in den Jahren vor Ausbruch des Ersten Weltkrieges. Der Untergang des alten Rußland setzte in fataler Reihenfolge 1904 ein mit dem Russisch-japanischen Krieg, ausgelöst durch den russischen Zugriff auf Korea und endend mit einer für die Russen schmählichen Niederlage, der gleichzeitig auflodernden Revolution des Jahres 1905 und endlich mit dem Debakel des Ersten Weltkrieges und den Revolutionen des Jahres 1917.

Daß Nikolaus II. genötigt war, im Oktober 1905 seinem Volk die Grundfreiheiten, darunter die Pressefreiheit, zuzugestehen, hatte gerade auch für die Literatur gravierende Folgen. Nicht nur schossen sogleich Zeitungen und satirische Blätter wie Pilze aus dem Boden, es fand auch eine Repolitisierung unter den Literaten statt, die selbst so esoterische Geister wie Konstantin Bal'mont oder Aleksandr Blok erfaßte. Bezeichnend, daß Lenin 1905 in der ersten legalen Zeitung der Bol'ševiki seinen Artikel über Parteiorganisation und Parteiliteratur (*Partijnaja organizacija i partijnaja literatura*) veröffentlichte, in dem eines der Dogmen des künftigen Sozialistischen Realismus vorgetragen wurde: die Parteilichkeit (*partijnost'*). Auch Maksim Gor'kijs Roman *Die Mutter* (*Mat'*, 1906) entstand unter dem Eindruck der damaligen Ereignisse.

Desintegration des Realismus

Literarhistorisch betrachtet, konnte die postrealistische Epoche nie als eine kohärente, einheitliche Formation gelten. Vielmehr zeichnete sich ein Bild ab, das als Desintegration des Realismus beschrieben wurde (A. Flaker), d. h. als ein Prozeß, bei dem die künstlerischen Prinzipien des Realismus, gesteigert, «verwissenschaftlicht» wurden, wie etwa in der naturalistischen Strömung, oder sich in scharfer Opposition zu ihnen entfalteten, wie in Symbolismus und Avantgarde. Auf die relative Einheitlichkeit des Realismus folgte demnach eine Struktur der Uneinheitlichkeit, der Vielheit. Daß man für verschiedene Erscheinungen auch Stilbegriffe wie Impressionismus, Neorokoko oder Neoklassizismus gebrauchte, bestätigte nur die These von der Inkohärenz der literarischen Moderne. Gewiß war der Symbolismus seit Mitte der 1890er Jahre die auffälligste, dominante Richtung in der russischen Literatur, jedoch keineswegs die einzige. Und die Grenzen zwischen ihm und konkurrierenden postrealistischen Strömungen verwischten sich nur zu oft.

In der Poesie war die Unschlüssigkeit in der Übergangszeit ebenso zu spüren wie in der Erzählliteratur. Die unter der utilitaristischen Fuchtel verstummten Dichter erhoben erneut ihre Stimme, darunter Afanasij Fet und Großfürst Konstantin Konstantinovič, der seine Gedichte und Übersetzungen aus Goethe, Schiller und Shakespeare unter dem Pseudonym «K.R.» (Konstantin Romanov) veröffentlichte. Der führende Dichter in den Herrschaftsjahren Alexanders III. war Aleksej Apuchtin, dessen Kammerlyrik, gesammelt in der Ausgabe *Gedichte* (*Stichotvorenija*, 1886), sich jeglicher politischer Tendenz enthielt; zahlreiche seiner Gedichte wurden vertont.

Auch der in Heidelberg promovierte Konstantin Slučevskij trat mit seinem dichterischen Schaffen erst in der Übergangszeit hervor. Er kritisierte den literarischen Utilitarismus Černyševskijs, Pisarevs und Proudhons mit Schärfe und verteidigte die Prinzipien der «reinen Kunst», die er jedoch um das Postulat der Sittlichkeit zu ergänzen trachtete. So bewegte er sich zwischen Romantik und Realismus, bestrebt, Dostoevskijs Themen und Ideen in die Lyrik zu übertragen. Neuartig waren seine Meditationselegien und balladesken Gedichte. Vieles in seiner Lyrik, die er 1880, 1881, 1883 und 1890 gesammelt herausgab, wies bereits auf den Symbolismus voraus. Vor allem mit seinen *Liedern aus dem «Winkel»* (*Pesni iz «Ugol-ka»*, 1895-1901), die um Tod und Jenseits kreisen, stand er bereits voll an neuen Ufern.

Die Dichter Konstantin Fofanov und Semën Nadson hingegen fanden ihr Publikum vor allem in der jungen Generation der Na-rodniki. Nadson rührte das Publikum nach Erscheinen seiner Ge-dichte (1885) durch sein unglückliches Schicksal – er starb mit 24 Jahren an Lungenschwindsucht – und die Stilisierung eines neuen lyrischen Helden, für den Persönliches und Gesellschaftliches nicht voneinander zu trennen waren. Fofanov war mit seinen Träumen von einer besseren, poetischen Welt und seinem Bekenntnis zur «reinen Kunst» wohl der erfolgreichste Dichter vor dem Auftreten der Symbolisten.

Die Literatur der Narodniki

Noch immer widmeten sich in der Übergangsphase die den Narod-niki nahestehenden Schriftsteller einer Literatur, die das Alltags-leben und die Anschauungen der russischen Bauern abbildete. Zu-gleich waren sie bestrebt, das Volk zu bilden und von ihren politi-schen Zielen zu überzeugen. Ihr fanatisches Ethos, ihr Heldentum und ihre Opferbreitschaft ließen sie Verfolgung und Verbannung ertragen, denen sie unerbittlich ausgesetzt waren. In einer Reihe von Memoirenwerken von Nikolaj Morozov, Vera Figner, Sergej Sine-gub und, allen voran, Vladimir Korolenko beschrieben die Narod-niki ihr schweres Schicksal.

Gleb Uspenskij, ein Beamtensohn aus Tula, trat als Schilderer der bäuerlichen Lebenssphäre hervor. Waren seine ersten soziogra-phischen Skizzen noch den Kleinbürgern und Handwerkern ge-widmet, so folgten in den 1880er Jahren mehrere Skizzenzyklen, die den Verfall der Bauerngesellschaft und die Entstehung eines ausge-beuteten, in bitterer Armut und Alkoholsucht verkommenden Dorfproletariats festhielten.

Aleksandr Ertel', ein anderer Erzähler aus dem Umkreis der Na-rodniki, zeichnete in großangelegten Romanen die desolate Lage auf dem Lande. Am bekanntesten wurde sein Roman *Die Garde-nins, ihr Gesinde, ihre Anhänger und Feinde* (*Gardeniny, ich dvor-nja, priveržency i vragi*, 1888), in dem die nach der Bauernbefreiung entstandenen Verhältnisse breit geschildert wurden. Zum führenden Organ der Narodniki-Literaten wurde seit den 1880er Jahren die Zeitschrift «Russkoe bogatstvo» (Russischer Reichtum). Die Redaktion lag lange Jahre in den Händen des Literaturkritikers Nikolaj Michajlovskij und Vladimir Korolenkos.

Vladimir Korolenko

Vladimir Korolenko, in der Ukraine aufgewachsen, war der bedeutendste Schriftsteller und Publizist im Lager der Narodniki, ein Mensch mit unbeirrbarem Gerechtigkeitssinn und warmherziger Menschlichkeit. Seine Verbindungen zu den Narodniki brachten ihm schon während seines forstlichen Studiums Verhaftung und Verbannung ein. In seinen frühesten Texten verarbeitete er diese Erfahrungen, so in der Weihnachtsgeschichte *Makars Traum* (*Son Makara*, 1885), die den Tod eines jakutischen Bauern im winterlichen Eis schilderte. In seiner Erzählung «*Der Wald rauscht*» («*Les šumit*», 1886) beschwor er den magischen Urwald der westlichen Ukraine und den Waldgeist, den «Herrn des Waldes». Als Rahmenerzählung vergegenwärtigte er die balladeske Geschichte vom tyrannischen Gutsherrn, der die Frau seines Försters verführte und deshalb von den Gajdamaken, den ukrainischen Kosaken, ermordet wurde.

Korolenkos bedeutendstes Werk waren seine Memoiren *Geschichte meines Zeitgenossen* (*Istorija moego sovremennika*, posth. 1922). Im Vorwort sprach er von einer «Reihe von Bildern», die er in die Erinnerung habe zurückrufen und wiederbeleben wollen. In der Tat überraschte das Werk ebenso durch die Überfülle des Erinnerten, durch vortreffliche Natur- und Milieubeschreibungen wie durch die unauffällige Art, in der der Zusammenhang zwischen der inneren Entwicklung Rußlands und der Entfaltung der Persönlichkeit des Autors hergestellt wurde. Die Darstellung der Studentenjahre, in denen Korolenko ins Fahrwasser der Narodniki geriet, oder die Nachzeichnung der bitteren Jahre in Zuchthaus und Verbannung konnten sich nicht nur in literarischer Hinsicht, sondern auch als Zeitdokument mit den Memoiren Gercens messen.

Der Naturalismus

Der Naturalismus als eine wissenschaftlich begründete Literaturdoktrin hatte bald nach Erscheinen der Programmschrift *Le roman expérimental* (1879) von Émile Zola Anhänger in Rußland gefunden. Es waren namentlich zwei Autoren, die sich der genauen Milieuschilderung, der Beschreibung sozialer und hygienischer Mißstände widmeten und dabei ein sehr genaues Bild des auch in Rußland inzwischen breit entwickelten Kapitalismus zeichneten: Dmitrij Mamin-Sibirjak und Pëtr Boborykin.

Mamin-Sibirjak, ein Popensohn aus dem Ural-Gebiet, fand die Stoffe für fast alle seine Erzählwerke in seiner Heimatregion. Die reichen Bergwerksbesitzer, patriarchalische Altgläubige, skrupellose Glücksritter, Verwalter und Advokaten, aber auch die bedrückten Arbeiter und die um ihr Land betrogenen Baschkiren bildeten das Personal seines großen fünfteiligen Ural-Zyklus, der mit dem berühmten Roman *Die Privalovschen Millionen* (*Privalovskie milliony*, 1883) eröffnet wurde. Später folgten, unter anderen, die Romane *Gold* (*Zoloto*, 1892) und *Brot* (*Chleb*, 1895) sowie Erzählungen und Märchen. Das naturalistische Vorgehen zeigte sich bei Mamin-Sibirjak zuerst in der überaus genauen, fast malerischen Oberflächenwiedergabe, dann in der Neigung zum biologischen Motivieren des Geschehens. Er bot Einblick in Geschäftspraktiken und Defraudantentum der Unternehmer, aber auch in hoffnungsvolle Versuche, moderne Formen von Produktion und Handel aufzubauen.

Pëtr Boborykin hatte viele Jahre in Paris zugebracht. Sein positivistisches Weltbild war von den französischen und englischen Positivisten geprägt, am stärksten aber beeindruckte ihn die Romantheorie Zolas. Deren Stempel trugen seit den 1880er Jahren alle Romane Boborykins, was ihm den Beinamen «le Zola russe» einbrachte. Auch seine interessante Romantheorie, niedergelegt in dem Buch *Der europäische Roman im 20. Jahrhundert* (*Evropejskij roman v XX stoletii*, 1900), folgte dem Vorbild Zolas, wiewohl er mit den Begriffen «masterstvo» (Meisterschaft) und «iskusstvo» (künstlerische Fertigkeit) bereits auch Momente der innerliterarischen Evolution ansprach. In seinen Romanen stellte er erblich oder psychopathologisch belastete Helden dar, wie die glückshungrige Zinaida Nogajceva in *Von neuen Menschen* (*Iz novych*, 1887), oder einen Unternehmer, der, wie *Vasilij Tërkin* im gleichnamigen Roman (1892), von rücksichtslosem Profitstreben zu verantwortungsvollem Handeln gelangte. *Drang* (*Tjaga*, 1898) war ein Fabrikroman, der die Beziehung von Kapital und Arbeit vor Augen führte und dabei die unmenschlichen Arbeitsbedingungen, die zerstörerische

Trunksucht und die katastrophalen Wohnverhältnisse beschrieb, die zum moralischen Verfall der Arbeiterfamilien führten.

Anton Čechov

Anton Čechovs große Kunst der kleinen Erzählform und des Dramas entfaltete sich voll in der Zeit der russischen Moderne. Wiewohl er stärker an das literarische Leben seiner Zeit gebunden war, als es oft schien, schloß er sich doch keiner der herrschenden Richtungen an. Sein Œuvre stellte eine unabhängige Welt für sich dar, auch wenn es mit allen Zeitströmungen des gesellschaftlichen, geistigen und literarischen Lebens kommunizierte.

Čechovs Absage an die große Romanform bedeutete nicht den Verzicht auf die gesellschaftliche Totale, auf die das innere Gesetz des Realismus hinausgelaufen war. Aus der Überfülle an Kurzgeschichten, Humoresken, Skizzen entstand auch bei ihm binnen weniger Jahre ein Gesamtbild der Gesellschaft, das sich, gleich einem Mosaik, aus vielen winzigen Ausschnitten, zusammensetzte. Nicht weniger als 581 Erzählungen schrieb Čechov zwischen 1880 und 1904. Fleißig notierte er in seinen Notizbüchern reale Eindrücke, die das Material für seine Erzählungen und Dramen abgaben. Auf diese Weise fing er alle gesellschaftlichen Sphären Rußlands ein: Adel, Bürger und Bauern, Stadt und Land, Behördenapparat und Kaufmannsgilden, Handel und Handwerk. Doch lag der thematische Schwerpunkt in der Mittelschicht, da, wo die russischen Bürger nicht ganz arm, nicht ganz ungebildet, nicht ganz ohne Moral waren, mit einem Wort: da, wo die russische «pošlost'» (Banalität, Schäbigkeit) am deutlichsten ausgeprägt war und in Kollision mit allen möglichen Illusionen, Hoffnungen und Liebessehnsüchten trat. Offene Gesellschaftskritik ließ er in seinen Werken nicht aufkommen, er zielte tiefer als nur auf offenkundige soziale Mißstände. Er protestiere, hieß es in einem Brief, in seinen Erzählungen von Anfang bis Ende gegen die Lüge, doch lehne er es ab, schrieb er in einem anderen, als Liberaler, Konservativer, Reformanhänger, Mönch oder Indifferenter aufzutreten: «Ich möchte ein freier Schriftsteller sein und nichts weiter.»

Die kurzen Erzählungen, die er seit 1880 vorlegte, die zunächst ganz auf den humoristischen oder grotesken Effekt gerichtet waren und falsche Posen entlarvten wie in *Der Dicke und der Dünne* (*Tolstyj i tonkij*, 1883) oder *Eine lichte Persönlichkeit* (*Svetlaja ličnost'*, 1886), gewannen im Laufe der Jahre mehr und mehr an psychologischer Tiefe und Komplexität. Čechov spürte wie kein anderer die Lebensleere und Aussichtslosigkeit im russischen Alltag. In bestimmten Schaffensphasen waren fremde Anregungen nicht zu übersehen. So zeichnete sich nach dem Erscheinen der Werke Tolstojs (1886) eine «Tolstoj-Episode» ab, in die solche Erzählungen wie *Der Bettler* (*Niščij*), *Der gute Mensch* (*Chorošij čelovek*) und *Die Begegnung* (*Vstreča*), vor allem aber *Der Namenstag* (*Imeniny*) fielen. In letzterer verarbeitete Čechov das Grundthema der *Anna Karenina* und verwendete Tolstojsche Erzählverfahren. Unmittelbar nach dem Besuch bei Tolstoj in Jasnaja Poljana im August 1895 schrieb Čechov seine *Anna am Halse* (*Anna na šee*, 1895), eine knappe Burleske auf den großen Roman *Anna Karenina* mit heiter-frivolem Ausgang. Die Aufnahme von phantastischen und irrationalen Themen in den späten Erzählungen – *Der schwarze Mönch* (*Čërnyj monach*, 1894), *Der Bischof* (*Archierej*, 1902) oder *Die Braut* (*Nevesta*, 1903) – ließ wieder eine gewisse Nähe zu den Symbolisten spüren. In der Tat drangen die großen tragischen Erzählungen der 1890er Jahre, die allein schon von ihrem Umfang her als Povesti einzustufen waren, in psychologische und philosophische Dimensionen vor, die jenseits des Positivismus lagen: die erschütternde Geschichte vom geisteskranken Intelligenzler Gromov und seinem Arzt Ragin in *Krankensaal 6* (*Palata № 6*, 1892), die Studie über den deformierten, bürokratisch eingeschränkten *Menschen im Futteral* (*Čelovek v futljare*, 1899), die hoffnungslose Ehebruchsgeschichte *Die Dame mit dem Hündchen* (*Dama s sobačkoj*, 1899) oder die provinzielle Kaufmannsgeschichte *In der Schlucht* (*V ovrage*, 1900), in der die raffgierige Bosheit der «Schlange» Aksin'ja triumphierte.

Der tragische Untergrund seiner Werke gewann weiter an Tiefe, nachdem Čechov 1890 in eigener Regie eine mehrmonatige Expedition nach der Sträflingsinsel Sachalin unternommen hatte, um die Lebensbedingungen der Katorga-Häftlinge an Ort und Stelle zu erkunden. Was er dort sah und in seinem Reisebericht *Die Insel Sachalin* (*Ostrov Sachalin*, 1893) dokumentierte, zählte zu den erschütterndsten Zeugnissen über die Schattenseiten des Zarenreiches. Angesichts der unmenschlichen Haftbedingungen schrieb Čechov in einem Brief: «Heute weiß das gesamte gebildete Europa, daß nicht die Aufseher schuld sind, sondern wir alle...»

Čechovs Dramen

Die Zeitgenossen empfanden, daß Čechov Ende der 1880er Jahre vor einem Scheideweg stand: Sollte er Erzähler bleiben oder sich dem Drama zuwenden? Er beschritt beide Wege, doch nahm das Drama in seinem Schaffen nun immer mehr an Raum und Rang ein. Sein Jugenddrama *Platonov* und das spätere Stück *Ivanov* (1887) hatten das bekannte Syndrom des «überflüssigen Menschen» auf neue Weise zu erklären versucht: Eine frühzeitige Verausgabung der physischen und geistigen Kräfte ließ die Helden in der Lebenspraxis scheitern. *Der Waldschrat* (*Lešij*, 1889) stand dramaturgisch noch im Fahrwasser Ostrovskijs und kam beim Publikum nicht an. In der Neubearbeitung dieses Stückes aber, nun unter dem Titel *Onkel Vanja* (*Djadja Vanja*, 1897), traten die innovativen Züge der reifen Dramatik Čechovs voll hervor. Die Gattungsbezeichnung Komödie wurde neutralisiert zu «Szenen aus dem Landleben»; die Handlung bestand nur noch aus Ansätzen zum Handeln und verzichtete auf eine Lösung; die Zahl der *dramatis personae* war deutlich reduziert; die Charaktere waren zwar unschärfer konturiert, erschienen dafür aber vielschichtiger. Im Mittelpunkt des Geschehens stand Onkel Vanja, der mit seiner Nichte Sonja das Landgut bewirtschaftete, aus dem sein Schwager, der bewunderte Professor Serebrjakov, seinen aufwendigen Lebensstil bestritt. In Gesprächen und Bekenntnissen wurde ein Netz unerfüllter und unerfüllbarer Liebesbeziehungen erkennbar. Nach der Abreise des Professorenehepaars fielen Vanja und Sonja wieder resigniert in ihre alte Arbeit zurück.

Die neue Handlungsstruktur, der in Wahrheit ein pessimistisches Menschenbild entsprach, wurde von Peter Szondi gültig bestimmt: Die Menschen in Čechovs Dramen lebten im Zeichen des Verzichts auf Gegenwart und glückliche Begegnung. Dies traf auf alle vier großen Dramen Čechovs zu: abgeschwächte szenische Handlung bei wuchernden Vergangenheits- und Zukunftsprojektionen, gestörte Kommunikation, die oftmals durch Čechovs typische Pausen, also Nullstellen des Kommunizierens, ausgedrückt wurde. Die genaue sozioökonomische Situierung der Vorgänge und die atmosphärische Dichte, die Čechov bot, ließen aber immer auch die Aufnahme der Stücke als «naturalistische» Bühnenaktion oder als Stimmungsdrama zu. Noch deutlicher waren die dramaturgischen Errungenschaften in der *Möwe* (*Čajka*, 1895) ausgeprägt. Die Eingangsszenen ließen über eine lange Strecke nicht erkennen, auf welche Konfliktlage, welche Sinnkonstruktion sich der Zuschauer einzustellen habe. Aus dieser diffusen Anlage schälte sich dann doch ein konkretes Thema heraus, das die *Möwe* gar zum programmatischen Stück Čechovs machte: die Kunstproblematik, verquickt mit dem Generationsgegensatz. In dem realistischen Erfolgsautor Trigorin und dem am Beginn seiner Dichterlaufbahn stehenden Symbolisten Treplev, ergänzt durch die Starschauspielerin Arkadina und das Nachwuchstalent Nina, stellte Čechov den Antagonismus zwischen überkommenem Realismus und neuem Symbolismus auf die Bühne. Die routinierte Observation und Beschreibung der Wirklichkeit, wie sie Trigorin betrieb – Čechov verlieh ihm selbstparodistisch eigene Züge –, konnte ebenso wie die verstiegene Inkarnation der Weltseele in Treplevs *play-within-a-play* nur als Literatursatire verstanden werden.

Auch *Drei Schwestern* (*Tri sestry*, 1900) und *Der Kirschgarten* (*Višnëvyj sad*, 1903) waren Situationsdramen in dem Sinne, daß die Personen vorrangig auf die eigene Situation ausgerichtet waren. In *Drei Schwestern* verwob Čechov die unterschiedlichen Charaktere und Schicksale der Generaltöchter Ol'ga, Maša und Irina in der unkultivierten Provinz, fern vom ersehnten Moskau, in ein lockeres Handlungsgemenge, an dessen Ende tiefe Resignation stand. *Der Kirschgarten*, das letzte große Drama Čechovs, sollte zunächst ein «heiteres Stück» in drei Akten werden, tatsächlich wurde es eine melancholische Komödie in der üblichen Čechovschen Vieraktigkeit. Der hoffnungslos verschuldete Landsitz der Gutsbesitzerin Ljubov' Ranevskaja mit einem wundervollen alten Kirschgarten, der keinen Nutzen mehr abwarf, mußte verkauft werden. Der wohlwollende Kaufmann Lopachin, der den Verkauf abwenden wollte, war am Schluß selber der Käufer. Das Stück endete mit der Abreise der Herrschaften, während die Arbeiter mit dem Abholzen der Kirschbäume begannen. Wieder stand der Kirschgarten im Bedeutungsaufbau des Stückes für manches andere: für den sozioökonomischen Prozeß der Verarmung und den Niedergang des Adels; für die Überwindung des Schönen durch das Nützliche; überhaupt für eine schöne, aber unzeitgemäße Welt, die Čechov zwar schätzte, der er aber trotzdem keine Träne nachweinte.

Maksim Gor'kij

In der bunten Verlagswelt der Moderne nahm der Verlag «Znanie» (Wissen) eine Sonderstellung ein. Er diente – nach dem Vorbild der Berliner «Urania» – den sozialdemokratischen Volksbildungsbestrebungen und vertrieb neben populärwissenschaftlichen und politischen Schriften auch die Werke vor allem solcher Autoren, die den sozialkritischen Realismus fortsetzten. Zu seiner Leitfigur wurde Maksim Gor'kij.

Gor'kij, Kleinbürger und Autodidakt aus Nižnij Novgorod, hatte in seinen *Skizzen und Erzählungen* (*Očerki i rasskazy*, 1898) mit naturalistischer Milieutreue das Leben der Ausgestoßenen geschildert, denen er jedoch romantisch-utopische Haltungen und anarcho-revolutionäre Ideen verlieh. Noch vor der Jahrhundertwende hatte er den Schritt von der kurzen Erzählform zum Roman getan. In der Geschichte des *Foma Gordeev* (1899) wurde der Held in einer aus dem Bauernstande hervorgegangenen Unternehmerfamilie zum neuen «überflüssigen Menschen», der gegen das dumpfe Milieu und die Geldgier der neuen Bourgeoisie aufbegehrte. Im zweiten Roman, *Drei Menschen* (*Troe*, 1901), zeigte er, das Raskol'nikov-Motiv variierend, den Versuch des jungen Lunev, mittels eines Mordes an einem sadistischen Geldwechsler zu Geld zu gelangen, was – nach dem Schuldgeständnis, das zur Anklage gegen die herrschenden Verhältnisse wurde – mit dem Selbstmord des Helden endete.

Unter dem Eindruck Čechovs wandte sich Gor'kij dem Drama zu. Čechovs apolitische, ironische Indifferenz konnte er freilich nicht teilen, doch folgte er ihm in der dramatischen Technik nach. Sein erstes Stück, *Die Kleinbürger* (*Meščane*, 1901), spielte im provinziellen Handwerkermilieu. Der Malerobermeister Bessemenov, ein patriarchalischer Familientyrann, brachte durch sein despotisches Verhalten Kinder und Hausangehörige um ihr Glück. Sein Gegenspieler war der junge Lokomotivführer Nil, der, ins harte Arbeitsleben eingebunden, bereit war, den Kampf um eine gerechte soziale Ordnung aufzunehmen. Er war der erste positive Held aus dem Proletariat in der russischen Literatur. Gor'kijs zweites Drama, *Auf dem Grund* (*Na dne*, 1902), war, nach der sensationellen deutschen Aufführung in der Regie Max Reinhardts unter dem Titel *Das Nachtasyl*, ein durchschlagender Erfolg. Gor'kij hatte die Handlung in das Milieu der Bosjaken, der «Barfüßigen», gelegt, das man längst schon aus seinen Erzählungen kannte. In der Gruppe verkommener Bosjaken, die das Stück auf die Bühne brachte, ragte der philosophierende Pilger Luka heraus, der den Verlorenen wieder Hoffnung einflößte. Der «Nietzscheaner» Satin beherrschte mit seinem Hymnus auf den künftigen freien Menschen das Ende des Stückes: «Mennsch! Das ist großartig! Das klingt... stolz!»

Gor'kijs Stücke allein dem Naturalismus zuzuschreiben wäre verfehlt. Vielmehr spielte er in ihnen seine romantischen Visionen und sein sozialrevolutionäres Engagement voll aus. Seine *Sommergäste* (*Dačniki*, 1904), ein Stück, das nicht weniger als 26 Gäste auf einer Datscha zusammenführte, die, wie in Čechovs *Möwe*, ein Spektakel auf der Gartenbühne erwarteten, zeigte unentschlossene, zaudernde Intelligenzler, die sich in der schönen Natur vergnügten und um ihre und der Gesellschaft Probleme herumredeten. Varvara Basova, eine russische Nora, versuchte den Ausbruch aus einer trist gewordenen Ehe. In dem symbolträchtigen, tragikomischen Schauspiel *Kinder der Sonne* (*Deti solnca*, 1905), das im Wettstreit mit Leonid Andreevs *Zu den Sternen* (*K zvëzdam*, 1906) entstand, traten junge Menschen auf, die, während rings um sie die Cholera wütete, in einer illusionären Welt lebten, aus der sie jäh durch eine Gruppe Betrunkener herausgerissen wurden.

In Gor'kijs Dramen kam bei aller atmosphärischen und sprachlichen Genauigkeit die ausladende Schreibweise ihres Autors oft störend zum Vorschein. Auch eine mitunter penetrante Tendenziosität konnte den künstlerischen Wert seiner Werke beeinträchtigen. Das galt in besonderem Maße für den Roman *Die Mutter* (*Mat'*, 1906), Gor'kijs Fazit aus dem Revolutionsgeschehen von 1905. Der Roman rief zum revolutionären Kampf gegen die Zarenherrschaft und gegen die Ausbeutung der Arbeiterklasse auf, personifiziert im Schicksal der Arbeiterwitwe Pelageja Vlasova und ihres Sohnes Pavel. Diese mit agitatorischem Gestus dargebotene Erweckungsgeschichte dürfte, ungeachtet ihrer späteren Glorifizierung als erstes Exemplum des Sozialistischen Realismus, Gor'kijs schwächstes Werk sein.

Die anderen Autoren des «Znanie»-Kreises mieden die politische Agitation. Nach dem Revolutionsjahr 1905 bewegten sie sich in apolitischem Fahrwasser. Bei Leonid Andreev waren die realistischen Ansätze früh von phantastischen und irrationalen Motivationen überlagert worden. Bereits die fragmentarische Antikriegserzählung *Das rote Lachen* (*Krasnyj smech*, 1904) ließ den Weg erkennen, den Andreev nach 1905 immer entschiedener beschreiten sollte. Von der Verrätergeschichte *Judas Ischariot* (*Iuda Iskariot*, 1907) über die *Erzählung von den sieben Gehenkten* (*Rasskaz o semi povešennych*, 1908) bis zu der Povest' *Tagebuch des Satans* (*Dnevnik Satany*, 1918-21), die den Tod des amerikanischen Milliardärs Alfred Vanderbilt zum Gegenstand hatte, nahm die Darstellung blutrünstigen Grauens und der existentiellen Verlorenheit des Menschen bei Andreev ständig zu. Sein wohl bekanntestes Werk war das Stationendrama *Das Leben des MENSCHEN* (*Žizn' Čeloveka*, 1906/07). In seiner Dramaturgie an Strindberg und Maeterlinck erinnernd, verfolgte es das Leben des Menschen von der Geburt bis zum Tode in fünf großen mythisierten Bildern. Der Mensch verfluchte, obwohl er es äußerlich weit gebracht hatte, im Sterben jenes Prinzip, das ihn geschaffen hatte: «Gott, Teufel, Schicksal oder Leben». Das Sein erwies sich als Schein, das menschliche Leben in Glück und Unglück als Farce.

Zu den erstaunlichsten literarischen Koalitionen der russischen Moderne zählte die ungleiche Freundschaft zwischen dem «Underdog» Gor'kij und dem traditionsbewußten Ivan Bunin, der aus dem russischen Landadel stammte. Erzähler und Poet in einem, gab er der russischen Literatur einen Schatz bemerkenswerter Gedichte, darunter philosophische, religiöse und Reisesonette. Seine ersten Publikationen waren die Sammlungen von Erzählungen und Gedichten *Verse und Erzählungen* (*Stichi i rasskazy*, 1900) und *Feldblumen* (*Polevye cvety*, 1901). Bunin war keineswegs blind für die sozialen Spannungen seiner Zeit oder gar unempfindlich gegen Not und Unterdrückung, doch hing er an der Welt des Landadels, dessen unaufhaltsamer Verfall ihn schmerzlich bewegte. Unvergleichlich fing er die Naturstimmungen und die ehrwürdige Lebensart auf den alten Adelssitzen ein. Mit Recht wurden die diesem Thema gewidmeten Erzählungen, von *Die Antonovkaäpfel* (*Antonovskie jabloki*,

1900) bis zu *Das Dorf* (*Derevnja*, 1910) und *Suchodol* (1911), als Bunins «Adelselegien« charakterisiert. Einige feinfühlige Liebesgeschichten – *Erste Liebe* (*Pervaja ljubov'*, 1890), *Grammatik der Liebe* (*Grammatika ljubvi*, 1915) und vor allem *Mitjas Liebe* (*Mitina ljubov'*, 1924) – kamen aus seiner Feder. Der weitgereiste Autor hielt seine Eindrücke von fremden Ländern und Menschen nicht nur in lebendigen Reiseskizzen fest, sondern auch in Erzählungen mit kritischen Bildern des amerikanischen Kapitalisten, *Der Herr aus San Francisco* (*Gospodin iz San-Francisko*, 1915), oder des überheblichen Deutschen, *Otto Stein* (*Otto Štejn*, 1916).

Unter den «Znanie»-Autoren gab es viele Erzähltalente. Aleksandr Kuprin konnte dabei in reichem Maße auf eigene Erfahrungen und Erlebnisse zurückgreifen, hatte er sich doch, nach Kadettenanstalt und Militärdienst, in den verschiedensten Berufen versucht, vom Fabrikarbeiter und Zirkusgaukler bis zum Zahnarzt und Landvermesser. Seine erste erfolgreiche Erzählung, *Der Moloch* (*Moloch*, 1896), handelte von dem Ingenieur Bobrov, der aus Protest gegen die ausbeuterischen Machenschaften des Unternehmers Kvašin versuchte, die Fabrik zu zerstören. Immer wieder nahm sich Kuprin heikelster Themen an. Gegen die Judenpogrome wandte er sich in der Erzählung *Die Kränkung* (*Obida*, 1906). Ein Kabinettstück besonderer Art, in seiner sadistischen Ungeheuerlichkeit bereits auf Franz Kafkas Erzählung *In der Strafkolonie* vorausweisend, war die Groteske *Die mechanische Rechtspflege* (*Mechaničeskoe pravosudie*, 1907). Kuprin konnte aber auch, wie in *Das Granatarmband* (*Granatovyj braslet*, 1911), von der großen, unbedingten und unerklärlichen Liebe schreiben. In anderen Erzählungen, wie *Der schwarze Blitz* (*Černaja molnija*, 1912), fing er die schäbige Beschränktheit des Provinzbürgertums mit gogolesken Strichen ein. Der Militärroman *Das Duell* (*Poedinok*, 1905), in dem die Hohlheit und Verdorbenheit des russischen Offizierskorps vorgeführt wurden, wirkte im Kriegs- und Revolutionsjahr wie ein Fanal. Einen sensationellen Erfolg erreichte Kuprin mit dem Bordellroman *Die Gruft* (*Jama*, 1909). Genaue Recherchen in den «Toleranzhäusern» (*doma terpimosti*) gestatteten es dem Autor in der Maske des Reporters Platonov, das Rotlichtmilieu einer Stadt am Dnjepr so genau und unprüde auszuleuchten, daß das moralistisch gemeinte Werk leicht als lasziv mißverstanden werden konnte.

Zu den bedeutenderen «Znanie»-Autoren zählten auch Evgenij

Čirikov und Vikentij Veresaev. Čirikov, adeliger Abstammung, jedoch wegen revolutionärer Umtriebe verbannt, war bereits in den 1880er Jahren mit Erzählungen bekannt geworden. Viele seiner Werke, darunter das aus Anlaß der Pogrome in Kišinëv geschriebene Drama *Die Juden* (*Evrei*, 1904), erschienen in den «Znanie»-Bänden. Nach 1906 löste sich Čirikov von der Verlagsgenossenschaft. Veresaev, aus einer Arztfamilie stammend und selbst Mediziner, berichtete über seine Erfahrungen als Militärarzt im Russisch-japanischen Krieg in seinen *Erzählungen über den Krieg* (*Rasskazy o vojne*, 1906) und den Aufzeichnungen *Im Krieg* (*Na vojne*, 1907/ 08). Als einer der wenigen «Znanie»-Autoren blieb er nach der Oktoberrevolution in Rußland. In Romanen zeigte er die Irrwege der Intelligenz in den Revolutionsereignissen. Später trat er mit popularisierenden Darstellungen der Klassiker sowie mit Übersetzungen antiker Dichtung hervor.

Der Symbolismus

Der Symbolismus stand Mitte der 1890er Jahre im literarischen Raum als eine Strömung, die sich als entschiedene Opposition zum Realismus verstand. Manifestartig hatte Dmitrij Merežkovskij 18893 in seinem Essay *Über die Ursachen des Niedergangs und über neue Strömungen der zeitgenössischen russischen Literatur* (*O pričinach upadka i o novych tečenijach sovremennoj russkoj literatury*) die Tendeziosität, die Häßlichkeit und Flachheit der bisherigen Literatur kritisiert und ihr das Schöne und Wahre als den eigentlichen Inhalt der Kunst gegenübergestellt. Mit seinem berühmten Gleichnis von der Alabasteramphore, durch deren dünne Wände die in ihr entzündete Flamme hindurchschien, erklärte er das Wesen der symbolistischen Kunst, die das wahrhafte Sein, die Transzendenz, ahnbar mache. Die drei Hauptelemente der neuen Kunst waren für ihn der mystische Inhalt, die Symbole und die Erweiterung der künstlerischen Empfänglichkeit. Die Sprache gewann als Symbolträger im neuen Kunstdiskurs entscheidende Bedeutung. Das Wort fungierte nicht mehr als Begriff oder Terminus, sondern als dynamische Energie, die den Blick in die Transzendenz öffnete. Nur durch sie konnte der Schritt «*a realibus ad realiora*», wie es Vjačeslav Ivanov formulierte, gelingen. Abgestellt wurde auf den «emblematischen Sinn» des Wortes (V. Gofman) und insbesondere auf seinen magischen Klang. Andrej Belyj schrieb über die *Magie der Worte* (*Magija slov*, 1910). Zu den Ideen traten also in der Dichtung die Schönheit der Bilder und der suggestive Klang der Worte. Der symbolistische Dichter war Künder und Vermittler geistiger Wirklichkeiten, eben der Transzendenz.

Die Symbolisten erweiterten das Repertoire der Verse, Reime und euphonischen Verfahren, sie belebten alte Symbol- und Emblemcodes, griffen auf die alten *carmina curiosa* und Gedichtformen zurück. Namentlich das Sonett erlebte bei Brjusov, Bal'mont und Vjačeslav Ivanov eine ungeahnte Blüte. Ideengeschichtlich bestanden manche Brücken zum deutschen Neokantianismus, der sich aus der Materialismuskritik Friedrich Albert Langes herausgeschält hatte. Marburg mit Hermann Cohen und Heidelberg mit Wilhelm Windelband und Heinrich Rickert wurden zu Anziehungspunkten russischer Studenten, darunter Nikolaj Berdjaev, Fëdor Stepun und Boris Pasternak. Vladimir Solov'ëv, der bedeutendste russische Philosoph des ausgehenden 19. Jahrhunderts, hatte die Materialismuskritik ebenso wie die Ideen Nietzsches in Rußland bekannt gemacht. Nietzsche mit seiner Lehre von den zwei Ursprüngen der Kultur, dem Dionysischen und dem Apollinischen, und seinem Traum vom Übermenschen gewann großen geistigen Einfluß weit über die symbolistischen Kreise hinaus. Michail Arcybašev erschuf in dem Skandalroman *Sanin* (1906) das Porträt des russischen Übermenschen, und selbst in Gor'kijs frühen Erzählungen stieß man auf barfüßige Übermenschen.

In Solov'ëvs eigener Philosophie verband sich der Neoidealismus mit dem heilsgeschichtliche Denken der Orthodoxie und einer zeitgeschichtlichen Analyse *sub specie aeternitatis*. Brjusov folgte Solov'ëv, wenn er den Russisch-japanischen Krieg eschatologisch deutete; Belyj und Blok, wenn sie ihre schwärmerischen Liebesbeziehungen im Lichte der heiligen Sophia, der inkarnierten göttlichen Weisheit, erlebten.

Die erste Generation

Mit den Almanachen *Russische Symbolisten* (*Russkie simvolisty*), die Valerij Brjusov 1894/95 in Moskau herausgab, trat die neue Richtung erstmals namentlich in Erscheinung. Brjusov hatte, um größere Breite vorzutäuschen, verschiedenen Pseudonyme gewählt. Doch sammelten sich unter dem symbolistischen Stander bald weitere Dichter von Rang. Brjusov, der Sohn eines reichen Moskauer Kaufmanns, legte Gedichtbände vor, die bereits durch ihre fremdartigen Titel – *Chefs d'Œuvre* (1895), *Me eum esse* (1897), *Tertia Vigilia* (1900) oder gar Στεφανος (1906) – Exklusivität für sich beanspruchten. In der Art eines symbolistischen Enzyklopädismus breitete der *poeta doctus* in seinen Gedichtzyklen verschiedene Materien aus, so die «Lieblinge der Jahrhunderte», die Träume und die Kulturepochen der Menschheit oder, wie in den *Versuchen* (*Opyty*, 1918), die Verfahren und Formen der Poesie. In dem Gedichtband *Mea* (1922-24) suchte er die neuesten Errungenschaften der Naturwissenschaften poetisch zu gestalten. Ebenso verfolgte Brjusov die Zeitereignisse seit der Dreyfus-Affäre über den Russisch-japanischen Krieg, den Ersten Weltkrieg bis zur Oktoberrevolution, bemüht, sie auf symbolistische Weise, d. h. als Emanationen geistiger, geschichtsphilosophischer Prozesse, zu deuten. Auch in Brjusovs Romanen *Der feurige Engel* (*Ognennyj Angel*, 1908) und *Der Siegesaltar* (*Altar' pobedy*, 1913) wurden Epochenumbrüche, etwa vom Mittelalter zur Neuzeit oder von der heidnischen zur christlichen Kultur, vermittelt.

Ebenso wie Brjusov arbeitete auch Dmitrij Merežkovskij, Sohn eines Petersburger Hofbeamten, in seinen historischen Darstellungen das geistige Profil früherer Zeitalter heraus. In der Trilogie *Christus und Antichrist* (*Christos i Antichrist*, 1896-1905) vergegenwärtigte er Julian Apostata, Leonardo da Vinci und Peter den Großen mit seinem Sohn Aleksej, sie erschienen als Schnittpunkte ideengeschichtlicher und religionsgeschichtlicher Umwälzungen. Auch die Zaren Paul I., Alexander I. und die Dekabristen wurden in einer Folge von Dramen und Romanen als Knotenpunkte der russischen Geschichte dargestellt. In den Geschichtsromanen der Emigrationsjahre waren es Napoleon, Paulus und Augustinus, der Heilige Franz von Assisi und Jeanne d'Arc, und zwar in der Trilogie *Gestalten der Heiligen von Jesus bis zu uns* (*Lica svjatych ot Iisusa k nam*, 1936-38), sowie Luther, Pascal und Calvin in der Trilogie *Reformatoren* (*Reformatory*, 1941/42). Merežkovskij öffnete mit diesen Werken das Genre des historischen Romans weit zum geschichtsphilosophischen Essay.

Ganz anders der Beitrag zur symbolistischen Prosa von Fëdor Sologub. Aus eigener Erfahrung schilderte er in seinem Roman *Der kleine Dämon* (*Melkij bes,* 1905) die russische Provinz, wo der

Gymnasiallehrer Peredonov, getrieben von einem Phantomwesen, seinen Mitmenschen boshafte Intrigen und sadistische Unbill zufügte. In seiner eigenartigen *Legende im Werden* (*Tvorimaja legenda*, 1907-13) versuchte er einen mythisch-allegorischen Weltentwurf mit umgekehrtem Vorzeichen: Die realen russischen Verhältnisse erschienen hier als negatives Gegenbild zum utopischen «Reich der Vereinigten Inseln». In seinem zu Unrecht weniger beachteten Roman *Süßer als Gift* (*Slašče jada*, 1913) zeichnete er in der Heldin Šanja eine junge charakterstarke Frau, deren Liebe zu einem engstirnigen Partner scheiterte. Auch zur symbolistischen Lyrik leistete Sologub mit acht Versbänden einen bedeutenden Beitrag.

Zu den Dichtern der ersten Symbolistengeneration zählten nicht zuletzt auch Konstantin Bal'mont, Zinaida Gippius und der Litauer Jurgis Baltrušajtis. Bal'mont war ein Virtuose der Form und des Klanges, deutlich von den französischen Symbolisten geprägt, die er auch ins Russische übertrug. Sein Gedichtband *Wir werden sein wie die Sonne* (*Budem kak solnce*, 1903) ließ die symbolistische Utopie aufscheinen. Naturstimmungen wurden, wie in dem berühmten Gedicht *Der Nachen des Schmachtens* (*Čeln tomlen'ja*, 1894), zu magischen Ereignissen des poetischen Klangs. Die rund 300 Sonette Bal'monts bezeichneten einen Höhepunkt der Gattung in Rußland. Zinaida Gippius, die Gattin Merežkovskijs, spielte im literarischen Leben der Zeit eine herausragende Rolle und führte als Literaturkritikerin unter dem Pseudonym «Anton Krajnij» eine scharfe Feder. Ihre *Gesammelten Verse* (*Sobranie stichov*) erschienen 1904 und 1910. In den religiösen Gedichten sprach eine stolze Stimme zu Gott. Doch konnte Zinaida Gippius mit Leidenschaft auch für benachteiligte Frauen Partei ergreifen oder im Krieg das Banner des Pazifismus hochhalten. In ihren *Letzten Versen* (*Poslednie stichi*, 1918) schrie sie den Protest gegen die rote Terrorherrschaft heraus und verprellte damit den eher abwartenden Aleksandr Blok. Jurgis Baltrušajtis, der zweisprachige, litauisch-russische Poet, war ein reiner Mystiker, der in seinen Gedichtbänden – *Irdische Stufen* (*Zemnye stepeni*, 1911) und *Der Bergpfad* (*Gornaja tropa*, 1912) – mitunter ein wenig schematisch die Korrespondenzen zwischen diesseitiger und jenseitiger Welt aufzuweisen suchte. In der Zwischenkriegszeit war er der Gesandte Litauens in Moskau. In seinem 1948 in Paris erschienenen Band *Lilie und Sichel* (*Lilija i serp*) blieb er dem Symbolismus verhaftet.

Die zweite Generation

Deutlich hob sich die jüngere, um 1880 geborene Symbolistengeneration von der älteren ab, weniger in der künstlerischen Methode als
in dem geistigen Weg, den sie einschlug. Stärker als bei den Älteren
war der Einfluß Vladimir Solov'ëvs, größer die Erschütterung, die
das Jahr 1905 in ihnen auslöste. Anders als die älteren Symbolisten,
mit Ausnahme Brjusovs, neigten sie anfänglich dazu, die Oktoberrevolution als geschichtsphilosophische Notwendigkeit zu deuten.
An diesem Irrtum zerbrachen die beiden Leitfiguren der jüngeren
Symbolisten, zuerst Aleksandr Blok, später Andrej Belyj.

Beide, der Moskauer Belyj und der Petersburger Blok, stammten
aus angesehenen Professorenfamilien. Ihre enge Freundschaft war
immer wieder durch Rivalität, Eifersucht, ja Duellforderungen bedroht. Sie waren Dioskuren, ähnlich in ihrem Schwanken zwischen
Schwärmerei und Ironie, verschieden in ihrer philosophischen
Grundhaltung, die bei Belyj eher spekulativ-mystisch, bei Blok eher
tragisch-geschichtsphilosophisch, ja politisch war.

Andrej Belyj

Belyjs erste aufsehenerregenden Werke waren vier Prosa-Sympho-
nien, in denen er versuchte, musikalische Kompositionstechniken
im Medium der Sprache anzuwenden. Zuerst erschien die *Dramatische* (*Dramatičeskaja*, 1902), dann die zuvor entstandene *Heroische
oder Nordische Symphonie* (*Geroičeskaja, Severnaja simfonija*,
1900), gefolgt von den Symphonien *Rückgabe* (*Vozvrat*, 1905) und
Pokal der Schneestürme (*Kubok metelej*, 1908). Das synästhetische
Spiel, Sinn und Klang der Wörter musikalischen Bauformen zu
unterwerfen, führte etwa in den vier Sätzen der *Dramatischen* dazu,
daß zunächst die Moskauer Welt exponiert wurde, darin verwoben
die Liebe des Helden zu einer verheirateten Frau; aus einer ländlichen Szenerie entstand eine apokalyptische Vision vom Unter-
gangs Europas, am Schluß standen mystische Zeichen, die das Reich
Gottes ankündigten. Immer wieder vereinte Belyj die private
Sphäre mit mystisch-kosmischen Visionen.

Seine Romane, *Die silberne Taube* (*Serebrjanyj golub'*, 1909) und
Petersburg (*Peterburg*, 1913/14), griffen ein Thema auf, das die
Symbolisten ausnehmend interessierte: die Stellung Rußlands zwischen Ost und West, Asien und Europa. Wie auch Blok neigte Belyj
zu einer synthetischen Position. Rußland war weder Osten noch

Westen, sondern «Ost-West-Rußland (*Vostoko-Zapad-Rossija*). Beide Romane erwiesen indessen – der eine am Beispiel einer Bauernsekte, der andere an dem einer terroristischen Verschwörung –, wie problematisch die «Synthese» war. Der Petersburg-Roman gewann seine Einzigartigkeit vor allem durch seine stilistische Brillanz, die mit ihren überraschenden Verfahren nur mit Gogol' zu vergleichen war. Belyj lieferte hiermit das Muster für das «ornamentale Erzählen», das in den 1920er Jahren um sich griff. Sein Weg von der mystischen Utopie, niedergelegt in *Die Argonauten* (*Argonavty*, 1904), über das Studium bei den Moskauer Kantianern, von denen er sich 1909 mit den Gedichtbänden *Die Urne* (*Urna*) und *Asche* (*Pepel*) löste, zur Steinerschen Anthroposophie schlug sich vor allem in seiner Lyrik nieder.

Aleksandr Blok

Aleksandr Blok war Lyriker durch und durch. Auch da, wo er ins dramatische Genre hineinschaute oder die epische Dimension der Geschichte zu gestalten suchte, sprach der Lyriker aus ihm. Seine frühen *Verse von der Schönen Dame* (*Stichi o Prekrasnoj Dame*, 1901) stellten, ganz in romantischem Duktus, eine junge Liebe als mystisches Erleben im Lichte der Sophiologie dar. In dem Band *Kreuzwege* (*Rasput'ja*, 1902-04) gewannen dämonische Wesen und geheime Zeichen drohend Raum. In dem berühmten Gedicht *Die Unbekannte* (*Neznakomka*, 1905) schließlich gehörte die schöne Halbweltdame einer dämonischen Welt an. Bloks Blick war aber nie verschlossen vor der sozialen Misere, die er schon in dem Gedicht *Die Fabrik* (*Fabrika*, 1904) gestaltete. Das politische Gerangel in Rußland stieß ihn jedoch in solchem Maße ab, daß er, wie die wundervollen *Italienischen Verse* (*Ital'janskie stichi*, 1909) zeigten, im Süden Erholung suchte. In diesen Jahren kämpfte Blok um eine neue Haltung zum Schicksal Rußlands und zum russischen Leben. Die Sammlungen *Auf dem Schnepfenfelde* (*Na Pole Kulikovom*, 1908), *Die schreckliche Welt* (*Strašnyj mir*, 1909-16) oder *Heimatland* (*Rodina*, 1907-16) waren lyrische Klärungsversuche, in denen eine fast erotische Liebe zu Rußland mit den Zweideutigkeiten der russischen Geschichte zu Rande zu kommen suchte.

Nicht zufällig trat in der Phase der Desillusionierung das Drama im Schaffen Bloks hervor. Die 1906 geschriebenen Stücke *Die Schaubude* (*Balagančik*) und *Die Unbekannte* (*Neznakomka*) waren aus Gedichten gleichsam extrapoliert worden. Im einen nahm Blok Formen des Volkstheaters und der *Commedia dell' arte* mit Pierrot und Colombine auf; im anderen erschien das weibliche Ideal des Dichters in drei Visionen und verschwand endlich mit dem Sterndeuter in einem Bordell. Für das lyrische Troubadourdrama *Rose und Kreuz* (*Roza i Krest*, 1912/13) hatte er gründliche Studien zur altfranzösischen Kultur und zur Troubadourlyrik getrieben.

Die dichterische Welterfassung vollzog sich bei Blok auf drei Ebenen: in seinen Tagebüchern und Notizheften, in seinen Essays und in seiner Poesie. Dabei dokumentierten die Essays mit dem eigenartigen Verfahren, die authentischen Stimmen bestimmter Haltungen und Meinungen aufklingen zu lassen, die geistige Situation der Zeit wie kaum ein anderes Zeugnis. Bloks eindringliche, doch vielfach verschlüsselte lyrische Botschaften wären ohne die persönlichen Aufzeichnungen und das essayistische Umfeld kaum zu erschließen. Als er im Januar 1918 in einer einmaligen Inspiration das Poem *Die Zwölf* (*Dvenadcat'*) niederschrieb, bewegten ihn nicht nur die Bilder des von den Roten beherrschten Petrograd, sondern auch geschichtsphilosophische Gedanken über die Zeitenwende vom Heidentum zum Christentum, die er auf die revolutionären Ereignisse bezog. Daß er in einem Vortrag im Mai 1918 die Parallele zwischen der Verschwörung des Catilina und dem bolschewistischen Umsturz zog, daß er die Intelligenz in dem Essay *Intelligenz und Revolution* (*Intelligencija i revoljucija*, Januar 1918) aufforderte, der «Musik der Revolution» zu lauschen und in ihr das Ethische zu erkennen, machte den eklatanten Schluß des Poems verständlich, da Jesus Christus in einem weißen Rosenkranz zwölf Rotarmisten, gleich den Aposteln, voranmarschierte. Blok zweifelte, ob Jesus wirklich der geistige Führer der Revolution sein könne. Aber er fand keinen anderen.

Kapitel VII

Die russische Moderne II
Akmeismus und Futurismus

Der Symbolismusstreit

Um 1910 kam es zum Streit unter den Symbolisten: Vjačeslav Ivanov untermauerte, unterstützt von Blok, den religiös-theurgischen Anspruch des Symbolismus gegen den bloßen Artismus Brjusovs. Ivanov war nach ausgiebigen Nietzsche-Studien 1905 nach Rußland zurückgekehrt und galt bald in den Fragen der dionysisch-kultischen Kunst und der mystisch-religiösen Ästhetik als unangefochtene Autorität. Auch die Dichter der jüngeren Generation begehrten auf, doch richtete sich der Protest der einen gegen die mystischen Spekulationen und die semantischen Unschärfen des symbolistischen Dichtens und Denkens: das waren die Akmeisten; die anderen drängten auf radikale Revolutionierung der künstlerischen Mittel: das waren die Futuristen. Beide Richtungen zählten zwar nur wenige Dichter, doch waren darunter Begabungen, die im 20. Jahrhundert hoch herausragten.

Daß es daneben auch Dichter gab, die deklarativen Richtungen fernstanden, konnte nicht verwundern. Maksimilian Vološin, der lange in Paris gelebt hatte, verdankte, wie seine 1910 veröffentlichten Gedichte verrieten, manches der symbolistischen Formkunst, doch schlug er mit seinem dem Buddhismus nahestehenden Naturmystizismus einen eigenen Weg ein. Desgleichen brachte Nikolaj Rērich, bekannt auch als Maler und Asienforscher, in seiner Gedichtsammlung *Die Blumen Moryas* (*Cvety Morii*, 1921) hinduistische und buddhistische Vorstellungen ein. Marina Cvetaeva, die in jenen Jahren mit den Bänden *Abendalbum* (*Večernij al'bom*, 1910) und *Die Zauberlaterne* (*Volšebnyj fonar'*, 1912) debütierte, war ebenfalls nicht auf eine bestimmte Richtung festzulegen. Und noch weniger war es, trotz seines Flirts mit den Akmeisten, Michail Kuzmin, eine musikalisch-literarische Doppelbegabnung. Er griff in Drama und Roman Stoffe aus der alexandrinischen Welt oder aus der Rokokozeit auf und vertonte selbst seine galanten Gedichte des Bandes *Spieluhr der Liebe* (*Kuranty ljubvi*, 1911).

Die «Dichterzunft»

Die Akmeisten trennten sich zwischen 1908 und 1910 von den Symbolisten und bildeten seit 1911 die »Dichterzunft» (*Cech poètov*). Sie betonten damit das Handwerkliche der Dichtkunst und gerierten sich als poetische Handwerksmeister mit strengen Zunftregeln. Der Akmeismus war eine rein Petersburger Erscheinung. Sein Name, von dem griechischen Wort *akmē*, «die Lanzenspitze», abgeleitet, spiegelte die Überzeugung, eine Hochblüte der Poesie zu verkörpern, sowie die anzustrebende Präzision der Dichtung. Nikolaj Gumilëv, *spiritus rector* der Gruppe, wollte denn auch in seinem Manifest *Das Erbe des Symbolismus und der Akmeismus (Nasledie simvolizma i akmeizm*, 1913) die neue Richtung als Vollendung des Symbolismus begriffen sehen. Als künstlerischen Sinn des Adamismus (*adamizm*), wie der Akmeismus auch genannt wurde, führte er den «mannhaft festen und klaren Blick auf das Leben» ins Feld, mit dem Adam die Welt zum ersten Male gesehen und benannt hatte. Damit wurde die reale Welt – im Gegensatz zum Transzendentalismus der Symbolisten – wieder Gegenstand der Poesie, jedoch gestaltet – im Gegensatz zur realistischen Prosa – mit dem höchsten künstlerischen Anspruch an Vers und Form. Die Akmeisten empfanden sich als antiromantisch, sie unterließen jede philosophisch-weltanschauliche Ortsbestimmung. Obwohl sie in Metrik und Poetik nur wenige Neuerungen brachten, zeugten ihre Gedichte von einer nachhaltigen Frische und neuen künstlerischen Plastizität.

Nikolaj Gumilëv

Nikolaj Gumilëv und Anna Achmatova hatten gleichzeitig das Gymnasium in Carskoe Selo besucht, dessen Direktor, der Dichter und Euripides-Übersetzer Innokentij Annenskij, mit Recht als Lehrer der Akmeisten gelten konnte. Auf mehreren Reisen und Forschungsexpeditionen nach Afrika fand Gumilëv sein wichtigstes poetisches Thema, das in seinen Gedichtbänden von *Der Weg des Konquistadors (Put' konkvistadora*, 1905) über *Der fremde Himmel* (*Čužoe nebo*, 1912) bis zu *Der Köcher (Kolčan*, 1916), *Das Lagerfeuer (Kostër*, 1918) und *Das Zelt (Šatër*, 1921) immer wieder in exotischen Bildern aufschien. Ein anderes Thema waren die großen Herrscher- und Eroberergestalten der Weltgeschichte, die er «hochmütig und einfach» im Sinne der nietzscheanischen heroischen

Härte poetisch in Szene setzte. In seinem letzten Gedichtband *Die Feuersäule* (*Ognennyj stolp*, 1921) zeigte sich, wohl unter freimaurerischem Eindruck, eine Abschwächung des Antimystizismus Gumilëvs. Als Übersetzer leistete er Bedeutendes wie auch, nach seiner Rückkehr in den Rätestaat 1918, als Leiter eines Dichterstudios im «Haus der Künste» (*Dom iskusstv*). 1921 wurde er im Zusammenhang mit einer angeblichen monarchistischen Verschwörung erschossen. Er war das erste Opfer der Bolschewiken unter den russischen Dichtern.

Anna Achmatova

Anna Achmatova, mit Gumilëv in erster Ehre verheiratet, brachte eine Poesie hervor, in der wie in einem lyrischen Tagebuch die Lebensstationen einer sensiblen, vom Schicksal geprüften Frau festgehalten waren, eine Poesie, die Trauer und Pessimismus, aber auch Tapferkeit und Mut verriet. Charakteristisch war, daß sie nicht Gefühle benannte oder Klage erhob, sondern – metonymisch – die Gegenstände und Umstände aufrief, in denen sich ihre kleinen Gefühlsdramen abspielten. Nur selten, etwa in den von weiblicher Solidarität getragenen balladesken Gedichten *Rachel* (*Rachil'*, 1921) oder *Lots Weib* (*Lotova žena*, 1924), wandte sie sich biblischen oder mythologischen Stoffen zu; meist blieb sie ihrem ganz persönlichen Bereich verhaftet. Ihren Freunden und Gefährten widmete sie Gedichte, die ihre Beziehungen in wunderbaren Verschlüsselungen kundtaten. So bewältigte sie poetisch die schwierige Freund-Feind-Beziehung zu Gumilëv, kommunizierte mit Boris Pasternak, Marina Cvetaeva und dem akmeistischen Wahlbruder und späterem Leidensgenossen Osip Mandel'štam. Ein besonderes Thema blieb Puškin, auf dessen Spuren sie in Carskoe Selo gewandelt war und bei dem sie die Knappheit, Einfachheit und Echtheit des dichterischen Wortes erlernt hatte. Sie schrieb über ihren Abgott später einige tiefsinnige Studien, nicht wie Marina Cvetaeva, die ihm ein ganzes Buch, *Mein Puškin* (*Moj Puškin*, posth. 1967), widmete. Doch rief Anna Achmatova in ihrem *Poem ohne Helden* (*Poèma bez geroja*), an dem sie 1940-62 schrieb, die glitzernde Petersburger Künstlerwelt des «silbernen Zeitalters» in die Erinnerung zurück.

Osip Mandel'štam

Osip Mandel'štam war der jüngste und zugleich eigenwilligste unter den akmeistischen Dichtern. Seinem Romanistikstudium in Heidelberg, Paris und Petersburg verdankte er breite literarische Bildung. Bald entdeckte er die akmeistische Konkretheit und Diesseitigkeit und ließ von ihr nicht mehr ab. Deutlicher als bei den anderen Akmeisten bezogen sich seine Gedichte auf die Gegebenheiten der modernen Zivilkultur, die sich in jenen Jahren mächtig entwickelte: *Kazino, Tennis, Sport, Amerikan bar, Kinematograf, Futbol* waren Gedichte aus den Jahren 1912/13 überschrieben. Oder er versuchte, in einem Gedicht-Triptychon das Wesen von Bauwerken, der Istanbuler Hagia Sophia, der Pariser Nôtre Dame oder der Petersburger Admiralität, diesseitig-phänomenologisch, d. h. ohne transzendente Sinngebung, zu bestimmen. Ähnliches unternahm er mit der Musik in Gedichten wie *Bach* oder *Ode an Beethoven* (*Oda Betchovenu*). In den Gedichten war kulturelle Erinnerung abgelagert, sie enthielten eine «Kultursumme» (R. Lachmann), die um eine konkrete Situation herum gelegt wurde. Zwar suchte man ein wahrnehmendes oder empfindendes Ich in Mandel'štams Gedichten vergebens, aber ohne Beachtung der Redesituation ließ sich ein Mandel'štam-Gedicht letztlich nicht begreifen. Semantische Engführungen, Polysemie und Homonymie, anagrammatische Umprägungen, ausschweifende Intertextbeziehungen verliehen seinen Texten eine Bedeutungsschwere, für die sich in der Poesie bisher kaum ein Pendant fand. In seinem Essay *Der Morgen des Akmeismus* (*Utro akmeizma*, 1913–19) bestimmte er das dichterische Wort als Verbindung von Logos («bewußtem Sinn») und Materie (Wortsubstanz). In seinem ersten Gedichtband *Der Stein* (*Kamen'*, 1913) war das Titelwort nicht nur ein Anagramm zu «*akmē*», sondern wies auch auf jene Stimme der Materie (*golos materii*) hin, auf die es ankam. Präzises Bauen im dreidimensionalen Raum war Mandel'štams dichterisches Ideal; es war zugleich existentialistisches Kämpfen gegen die Leere, das Nichts. Sein akmeistisches Axiom lautete: A = A. Es waltete in allen Texten, die als akmeistisch gelten konnten.

Kubo- und Egofuturismus

Etwa zeitgleich mit dem akmeistischen Protest formierte sich eine weitaus radikalere Bewegung, die nicht nur dem Symbolismus, sondern der gesamten traditionellen Literatur und Kunst den Kampf ansagte: der Futurismus. Der Italiener Filippo Tommaso Marinetti hatte 1909 in Paris sein berühmtes *Manifesto futurista* veröffentlicht. Mit skandalösen Auftritten verkündete er in ganz Europa, 1914 auch in Moskau, das Programm der neuen Kunst, die die verknöcherte alte Welt von Grund auf verändern und modernisieren sollte.

Die russischen «budetljane» (von *budet*, «es wird sein») hatten sich aber schon zwei Jahre zuvor eigenständig artikuliert. David Burljuk und Vladimir Majakovskij, Moskauer Kunststudenten, bildeten den ersten Kern, der alsbald durch Velimir Chlebnikov, Vasilij Kamenskij, Aleksej Kručënych und andere erweitert wurde. Diese Gruppe der Kubofuturisten, auch «Gileja» (Hyläa) genannt, trat alsbald mit provokant aufgemachten Almanachen und dreisten Manifesten hervor, von denen *Eine Ohrfeige dem Geschmack der Gesellschaft* (*Poščečina obščestvennomu vkusu*, 1912) und *Die Kritikasterkiste* (*Sadok sudej*, 1913) die Herausforderung auf die Spitze trieben: Die Klassiker von Puškin bis Tolstoj sollten vom Dampfer der Gegenwart geworfen werden samt den Zeitgenossen jeglicher Couleur, denn das «Horn der Zeit» töne allein durch die Futuristen. Die künstlerischen Postulate richteten sich auf «Wortinnovation» (*slovo-novšestvo*) und das «selbstwertige Wort» (*samocennoe slovo*), d.h. auf eine literarische Praxis, die das Wort von seinen phonetischen, morphologischen und syntaktischen Bindungen löste und es absolut setzte, anstelle überkommener Semantik. Selbst die Handschrift der Dichter wurde als kreatives Prinzip entdeckt und alsbald in Kručënychs Autographen-Büchern realisiert.

Die Egofuturisten, die sich ebenfalls bereits zu Wort gemeldet hatten, warteten mit einer Ego-Philosophie auf, die sich auf Buddha, Rousseau, Nietzsche, Gercen und andere ich-bezogene oder anarcho-individualistische Philosophen stützte. Der menschliche Egoismus wurde als Naturgesetz, die Kultur hingegen als tödlich für die egoistische Persönlichkeit gewertet. «Enthüllung der Individualität» und «Absonderung vom Kollektiv» wurde als das eigentliche Ziel der Poesie deklariert. Poetologische Konsequenzen aus ihren ideologischen Forderungen fehlten bei den Egofuturisten.

Eine dritte Variante futuristischer Programmlust stellte schließlich die Gruppe «Centrifuga» mit ihrem poetischen Manifest *Turbopëan* vor, in dem die angestrebten Neuerungen des Wortschatzes – technizistische Begriffe, Archaismen, Homonyme, Neologismen – sogleich ausgeführt wurden.

Mit spektakulären Aktionen und Tourneen reisten die Futuristen durchs Land. Igor' Severjanin erfand eine neue Art von Rezitationsabenden, «poëzo-koncert» genannt, auf denen er seine Gedichte in der Pose des Dandys vortrug.

Velemir Chlebnikov

Die Futuristen erschlossen mit ihren dichterischen Experimenten der russischen Literatur gänzlich neue Ausdrucksareale. Der Genialste unter den Kubofuturisten war Velimir Chlebnikov, ein Mystiker und Sprachalchimist, dessen Innovationen an Kühnheit alles übertrafen, was sonst aus der Avantgarde kam. Er hatte in Kazan' und Petersburg Mathematik und Slavistik studiert; zahlenmystische und linguistische Spekulationen bestimmten sein Schaffen. Waren seine Thesen über eine universale «Sternensprache» streng wissenschaftlich auch unhaltbar, so bildeten sie doch mächtige Motivationen für seine Textexperimente. Seine Neologismen, die er unter Heranziehung anderer slavischer Sprachen bildete, seine «Wurzelflexion», d. h. die Veränderung des Binnenvokals bei gleichbleibendem Konsonantengerüst, seine Semantisierung der Phoneme wie auch seine algorithmische Geschichtserklärung in den *Schicksalstafeln* (*Doski sud'by*, 1922) waren faszinierende, ganz neuartige Dicht- und Denkoperationen, die in der futuristischen Gemeinde begierig aufgenommen wurden. In Gedichten wie der berühmten *Gelächterbeschwörung* (*Zakljatie smechom*, 1910), dem Porträtgedicht *Bobëobi* (1912) oder den Versen über die magischen Silben *čur* und *čar* (1907) wurden innovative Verfahren durchgespielt. Den Gipfel der Virtuosität erreichte er mit krebsgängigen Gedichten wie *Wendevers* (*Perëverten'*, 1913) oder dem Poem *Razin* (1920), deren Verse je von vorn und von hinten gelesen werden konnten. Es ging Chlebnikov dabei nicht um dichterisches Spiel, sondern im echtesten Sinne um die Schaffung neuer Mythen, die nach seiner Überzeugung nur aus dem neuen – oder sehr alten – Wort kommen konnten.

Vladimir Majakovskij

Unter den Kubofuturisten war Vladimir Majakovskij bereits wegen seiner Körpergröße die größte und auffälligste Erscheinung. In der Gileja-Gruppe verehrte man ihn als Menschen der Zukunft; bei Gedichtrezitationen ging eine faszinierende Wirkung von ihm aus. In neuen tonischen Rhythmen und Versen, die nach Takten gebrochen waren – später wurden daraus seine charakteristischen Stufenverse (*lestnicy*) – artikulierte sich ein übermächtiges und übersensibles Ich in der modernen Stadtwelt. Dabei hatte Majakovskij, Sohn eines Försters aus dem Kaukasus, eigentlich an einer Malerakademie studiert, doch erklärte ihn, nachdem er ein paar Gedichte geschrieben hatte, sein Kumpan David Burljuk kurzerhand zum genialen Dichter.

Majakovskij nahm alle Anregungen und neu entwickelten Verfahren seiner Freunde begierig auf, übertraf sie bald durch metrische Kühnheit und virtuose Reimtechnik und fing wie kein anderer die Dynamik und Modernität der Metropolen ein. Petersburg wurde in dem Gedicht *Allerlei über Petersburg* (*Koe-čto pro Peterburg*, 1913) in kühnen Metaphern, die sich beim Betrachten des Stadtplans ergaben, evoziert; eine städtische Szene wurde in *Von Straße zu Straße* (*Iz ulicy v ulicu*, 1913) in Bild- und Silbensplittern eingefangen; aus einer nächtlichen Autofahrt entstand in dem Text *Im Auto* (*V avto*, 1913) ein Bildmosaik. Freilich verbarg sich unter der groben, mitunter brutalen Rede des gewaltigen Dichter-Ichs, etwa in dem Zyklus *Ich* (*Ja*, 1913), eine überempfindliche, von grenzloser Einsamkeit umfangene Seele.

In den Weltkriegsjahren entstanden einige Poeme, in denen sich die trotzig-tragische Welterfahrung Majakovskijs aussprach. Hinzu traten seine sarkastische Kritik der Kriegsatmosphäre, sein wachsender Pazifismus und sein revolutionäres Aufbegehren. Nach Ausbruch der Revolution kamen flammende Revolutionsgesänge wie *Unser Marsch* (*Naš marš*, 1917) und kämpferische Parolen aus seiner Feder.

Unter den Kubofuturisten trat weiter der Dichter und Flugpionier Vasilij Kamenskij mit neuartigen Texten hervor, die das Flugerlebnis gestalteten und nach einer neuen aviatischen Lexik suchten. Aleksej Kručënych wieder trieb mit der sprachlichen Innovation clowneske Späße. Von ihm stammte das einprägsamste Beispiel des «zaumnyj jazyk», der metalogischen Sprache, die an den Gesetzen der natürlichen Sprache vorbei generiert wurde: «dyr bul ščyl». Es wurde zum Topos, wenn es galt, die Futuristen zu desavouieren.

Igor' Severjanin

Die Provokationen der Egofuturisten waren sublimer, eleganter und zunächst ganz unpolitisch. Wenn Igor' Severjanin in seinen Poëzo-Konzerten auftrat, umgab ihn ein Flair von Snobismus und Halbwelt. In der Selbstüberhebung allerdings stand er Majakovskij nicht nach. Er hatte zwischen 1904 und 1912 seine Gedichte in zahllosen kleinen Privatdrucken veröffentlicht, ehe sein Band *Der donnerbrausende Pokal* (*Gromokipjaščij kubok*, 1913) den großen Erfolg brachte. Fortan erreichten seine Gedichtsammlungen – *Goldlyra* (*Zlatolira*, 1914), *Ananas in Champagner* (*Ananasy v šampanskom*, 1915), *Victoria Regia* (1915) – zahlreiche Auflagen. Kurz vor seiner Emigration wurde er 1918 in Moskau auf einem Dichtertreffen zum Dichterkönig gewählt, vor seinem Rivalen Majakovskij. Die Poesie Igor' Severjanins traf mit ihrer philosophischen Abstinenz und Politikferne, nicht zuletzt auch mit ihrem mondänen Kosmopolitismus sehr genau die Bedürfnisse jener Zivilgesellschaft, die sich damals hinter zunehmenden außen- und innenpolitischen Spannungen in Rußland auszubilden begann. Sicherlich aber hätten die leichten Themen, die Igor' Severjanin anbot, ihre Wirkung verfehlt, wären sie nicht Spielmaterial für geschliffene, ironisch pointierte Verse von erstaunlicher Musikalität gewesen. Sein Experimentierfeld wurden die Gedicht- und Strophenformen, die er teils aus dem Fundus der älteren romanischen Literaturen revitalisierte, teils selber erfand, so besonders in dem Band *Verveine* (*Vervéna*, 1920). Die von ihm kreierte «Dissonanz», ein Reim, bei dem der Stützvokal wechselte, war nichts anderes als Chlebnikovs «Wurzelflexion». Hinzu trat, wie bei allen Futuristen, eine ausgreifende Erneuerung und Erweiterung der poetischen Lexik. Über 2500 neue Lexeme aller Wortkategorien brachte er in die Poesie, von denen nicht wenige in den russischen Wortschatz eingebürgert wurden.

Boris Pasternak

Boris Pasternak stammte aus einem hochkultivierten Elternhaus: Sein Vater war der berühmte Tolstoj-Illustrator Leonid Pasternak, seine Mutter die Pianistin Rosa Kaufmann. In der Kindheit hatte er den alten Tolstoj, den Maler Nikolaj Ge, den jungen Rilke kennengelernt, bei Skrjabin bereitete er sich auf ein Kompositionsstudium vor. Verse begann er erst zu schreiben, als er 1912 in Marburg bei Hermann Cohen Philosophie studierte.

In den Gedichtbänden *Der Zwilling in den Wolken* (*Bliznec v tučach*, 1914) und *Über den Barrieren* (*Poverch barrierov*, 1917) fand er, romantische Rückstände überwindend, zu seiner poetischen Eigenart. Neokantianisches Begreifen der Kultur, metonymische Wirklichkeitswahrnehmung und futuristische Lautdynamisierung schlossen sich in seiner Lyrik zu einem unverwechselbar Neuem zusammen. Mandel'štam lobte die rauhe, kehlige Substanz der Verse Pasternaks: Sie würden die Kehle ausputzen, das Atmen stärken und die Lungen erneuern.

Eine wichtige Bestimmung der Poesie Pasternaks war ihr Dialog mit der Dichtung der Vergangenheit wie auch mit den Zeitgenossen. Er lebte in der Weltkultur: Seine Shakespeare-Übersetzungen waren kongenial; Goethes *Faust*, 1953 übersetzt, bildete einen Höhepunkt der russischen Goethe-Rezeption. Kleist fühlte er sich wahlverwandtschaftlich verbunden; in den 1920er Jahren war Rilke sein «großer, geliebtester Dichter».

Früh begann Pasternak mit Prosaarbeiten. Seine erste vollendete Erzählung, *Il Tratto di Apelle* (*Apellesova čerta*, 1915, 1918), in der der fiktive Dichter Heine um 1910 auf einer Italienreise den Echtheitsbeweis seines Künstlertums erbrachte, besaß den Charakter eines Manifestes, das die Überlegenheit der neuen authentischen Kunst über die romantisch-verbalistische demonstrierte. Mit der Prosaerzählung *Die Kindheit der Ženja Ljuvers* (*Detstvo Ljuvers*, 1917, 1922) setzten die Vorübungen zum späteren großen Roman ein.

Kapitel VIII

Literatur in der Emigration

Die Teilung der russischen Literatur

Die bolschewistische Revolution im Oktober 1917 und das Ringen zwischen Roten und Weißen in einem blutigen Bürgerkrieg in den Jahren 1918-20 löschten nicht nur die Zarenmacht aus, stülpten nicht nur radikal die gesellschaftlichen Verhältnisse des Landes um, bewirkten nicht nur Hunger und Armut, sondern führten vor allem auch zu einer Polarisierung im politischen und ideologischen Bereich, die sich unmittelbar in den Künsten, vor allem aber in der Literatur, niederschlug. Die revolutionäre Unerbittlichkeit der Bolschewisten ließ keine Kompromisse zu: Wer sich nicht zu ihnen bekannte, war ihr Feind und wurde bekämpft. Zu den Schriftstellern, die die Sowjetmacht unterstützten, zählten außer den Altbolschewisten Dem'jan Bednyj und Aleksandr Serafimovič auch Maksim Gor'kij und die Petrograder Futuristen mit Majakovskij als Galionsfigur. Ebenso stellte sich Valerij Brjusov bereitwillig in den Dienst des neuen Regimes, während die Haltung der meisten Symbolisten und Akmeisten zur Revolution ablehnend war. Nur wenige von ihnen sannen wie Aleksandr Blok in verzweifelter Hoffnung über die geistige und moralische Erneuerung Rußlands nach, ehe sie die Verhältnisse aufrieben. Für die Gegner der Revolution wurde, sofern sie nicht von Anfang an auf Seiten der Weißen standen, die Ermordung Nikolaj Gumilëvs zum alarmierenden Signal. Flucht oder Emigration blieb für viele der einzige Ausweg. In der Folgezeit bestanden in der Tat zwei russische Literaturen: die eine im sowjetischen Rußland, die andere in der Emigration, verstreut auf verschiedene Länder, die «russische Literatur im Ausland» (*russkaja literatura za rubežom*), wie sie später genannt wurde. Während sich die sowjetische Literatur in den 1920er Jahren in einem Taumel revolutionärer Avantgardeströmungen bewegte und in den 1930er Jahren auf den Sozialistischen Realismus festgelegt wurde, setzte die Literatur in der Emigration nachgerade die Traditionen des «silbernen Zeitalters» fort – «Znanie»-Realismus, Symbolismus, Akmeismus – und versagte sich weitgehend dem Sog der Avantgarde.

Bürgerkrieg und Exodus

Der mit großer Erbitterung und Grausamkeit geführte Bürgerkrieg war für keine Seite von vornherein eine ausgemachte Sache. Bald nach dem bolschewistischen Handstreich festigte sich der Widerstand der Weißen in weiten Teilen des Landes. Im Sommer 1918 hatten Kosaken- und Freiwilligenverbände das gesamte Don- und Kubangebiet zurückerobert, allerdings gelang es nicht, das strategisch wichtige Caricyn (heute Volgograd) einzunehmen. Im Sommer darauf scheiterte die Vereinigung der sibirischen Armee und der Südtruppen im gleichen Raum. Waren die Roten auch bei Petersburg wie im Osten in arge Bedrängnis geraten, so gelang es ihnen doch, die Lage endlich zu meistern. Ein letzter Versuch General Vrangel's, im Windschatten des Polnischen Feldzuges nach Norden vorzustoßen, endete mit der vollständigen Niederlage der Südarmee. Englische Schiffe evakuierten an die 130 000 Soldaten und Zivilisten nach Istanbul.

In dem Maße, wie es der Sowjetmacht gelang, sich zu behaupten und die Truppen der weißen Generale samt Interventionsarmeen zurückzudrängen, verstärkten sich die Emigrantenströme in alle Richtungen. In einem ungeheuren Exodus verließen bis zu zwei Millionen russischer Bürger ihr Land und suchten Zuflucht im angrenzenden China, in den neugegründeten Staaten Finnland, Estland und Lettland, Polen, Tschechoslowakei und Jugoslawien sowie der Türkei. Die westeuropäischen Staaten erkannten die Einreisepapiere der Russen nicht an, sie konnten zunächst nur auf Deutschland als Aufnahmeland rechnen. Für Rußland bedeutete es einen unerhörten Aderlaß, als die gesamte Oberschicht und große Teile der Mittelschicht – Gutsbesitzer, Militärs und Beamte, Unternehmer und Kaufleute, Professoren, Ärzte und Advokaten und nicht zuletzt Schriftsteller und Journalisten – ihre Heimat verließen. Auch das politische Spektrum war weit gespannt, es reichte von zarentreuen Monarchisten über konstitutionelle Demokraten (Kadety) bis hin zu menschewistischen Sozialdemokraten und Sozialrevolutionären (Ésery).

In den verschiedenen Emigrantenkreisen kamen bald politisch-ideologische Ausrichtungen auf, die unterschiedliche Erwartungen und Prognosen über den historischen Weg Rußlands widerspiegelten. Eine Gruppe in Prag gab 1921 einen Sammelband unter dem Titel *Smena vech* (*Wechsel der Wegzeichen*) heraus, dessen Autoren, obwohl sie für die Überwindung der Diktatur des Proletariates und die Reformierung des Bolschewismus plädierten, gleichwohl die Sowjetmacht als den Garanten der russischen Reichseinheit anerkannten. Die in Berlin erscheinende Zeitung «Nakanune» (Am Vorabend) wurde zum Sprachrohr dieser Richtung. Zwar konnte sie nicht auf Unterstützung seitens der Sowjetbehörden rechnen, doch fand sie unter den Emigranten Anhänger wie Graf Aleksej Tolstoj, der nach einem öffentlichen Eklat demonstrativ in den Sowjetstaat zurückkehrte. Die sog. «Mladorossy» (Jungrussen) glaubten an die Möglichkeit einer Versöhnung von zarischer Autokratie und Bolschewismus unter der Devise «Zar und Räte!». Mit dem «russischen Geist» wollten sie die zerstörerischen Kräfte des Bolschewismus bändigen. Ihre faschistoide Ideologie fand Anhänger vor allem unter den Emigranten in Italien und Jugoslawien.

Einflußreich und nachhaltig war die eurasische Bewegung (*evrazijstvo*). Ihre Protagonisten, darunter der Religionsphilosoph Lev Karsavin und der Sprachwissenschaftler Nikolaj Trubeckoj, sahen in der euro-asiatischen Zweipoligkeit Rußlands, d. h. im eurasischen Sowjetreich, den Knoten und die Basis einer neuen Weltkultur.

Eine Fortentwicklung erlebte in der Emigration die «russische Idee». Anknüpfend an Nikolaj Danilevskijs Werk *Rußland und Europa* (*Rossija i Evropa*, 1868), an Gedanken Dostoevskijs und Solov'ëvs, formulierte Nikolaj Berdjaev in seinem während des Zweiten Weltkrieges entstandenen gleichnamigen Buch (*Russkaja ideja*, 1946) einen Entwurf, der die russische Seele mit ihrem Streben ins Unendliche aus den Gegebenheiten der physischen Geographie erklärte. Das russische Volk sah er stärker von der Gewalt der Elemente als von der Form bestimmt, mehr von Intuition als von Kultur. In ihm sei das heidnisch-dionysische Element mit dem asketisch-mönchischen verbunden.

Das «russische Berlin»

Zum ersten großen Sammelplatz der russischen Emigration wurde Anfang der 1920er Jahre Berlin; im Herbst 1923 zählte die russische Kolonie etwa eine halbe Million Emigranten. Für viele von ihnen war Berlin allerdings nur ein vorübergehendes Ziel, das sie verließen, sobald sich Aufenthaltsmöglichkeiten in der Tschechoslowakei, in Frankreich, Italien oder Großbritannien ergaben.

Da sich in Berlin blitzschnell ein Netz von russischen Verlagen und Presseorganen gebildet hatte, war die Stadt namentlich für Literaten ein Anziehungspunkt. Zahlreiche Zeitungen und Zeitschriften jeglicher politischer Couleur erschienen, darunter die von Gor'kij herausgegebene «Beseda» (Der Dialog). Das legendäre Petrograder «Haus der Künste» (*Dom iskusstv*) wurde in Berlin als Plattform aller Richtungen weitergeführt, Andrej Belyj, Il'ja Ėrenburg, Aleksej Tolstoj, Marina Cvetaeva, Boris Pasternak, Viktor Šklovskij und andere traten hier auf; Esenins und Majakovskijs Deklamationen endeten im Skandal. Die alten literarischen Querelen schwärten im «russischen Berlin» munter fort. Berlin war in diesen Jahren das eigentliche Zentrum der russischen Literatur.

Maksim Gor'kij, der im Herbst 1921 Rußland verlassen hatte und bis Ende 1923 in Bad Saarow nahe Berlin lebte, versammelte um sich einen Kreis von Schriftstellern, dem Belyj, Tolstoj, Chodasevič und Šklovskij angehörten – Autoren, deren Schaffen durch die lebendige Atmosphäre des «russischen Berlin» beflügelt wurde. Für Gor'kij selbst waren es fruchtbare Jahre, in denen er seine autobiographische Trilogie mit dem Band *Meine Universitäten* (*Moi universitety*, 1922) abschloß und Erzählungen vorlegte, die zu seinen besten Werken zu rechnen waren. Aleksej Tolstoj schrieb in Berlin den utopischen Roman *Aėlita* (1922) und weitere Erzählungen. Für Andrej Belyj waren die Berliner Jahre, wiewohl er dort ein persönliches Drama, die Trennung von seiner Frau, durchlebte, eine reiche Schaffenszeit. Neben sieben Neuauflagen älterer Werke brachte er neun neue Bücher heraus, darunter drei Gedichtbände, die Erinnerungen an Aleksandr Blok und die poetologischen Aufsätze *Glossolalija* (1922). In dem Bericht *Über «Rußland» in Rußland und über «Rußland» in Berlin* (*O «Rossii» v Rossii i o «Rossii» v Berline*, 1922) beschrieb er die seelisch-geistige Verfassung der Berliner Russen wie einen Krankheitszustand. Der alten Intelligenzschicht, die sich hierher gerettet hatte, warf er einen obsoleten Bildungsbegriff, eine Kultur aus zweiter Hand und damit die Verfehlung des wahren russischen Lebens vor. Echtes Schöpfertum konnte es für ihn nur im russischen Rußland geben.

Auch Viktor Šklovskij, der in der «formalen Schule» einer der Weichensteller der neuen Literatur gewesen war, betrieb seine Rückkehr in den Rätestaat, aus dem er aus politischen Gründen geflohen war. Sein in neuartiger «synthetischer» Prosa komponiertes Buch

Zoo oder Briefe nicht über Liebe (*ZOO ili Pis'ma ne o ljubvi*, 1923), das ausführlich die Berliner Verhältnisse schilderte, erwies sich am Ende als Eingabe an das Zentrale Exekutivkomitee der RSFSR um die Genehmigung zur Rückkehr nach Rußland, die dank der Fürsprache von Majakovskij und Gor'kij auch gewährt wurde.

Il'ja Ėrenburg, der mit einem «roten Paß» angereist war, hatte das konstruktivistische Manifest *Und sie bewegt sich doch* (*I vsë-taki ona vertitsja*) und den Roman *Die ungewöhnlichen Abenteuer des Julio Jurenito und seiner Jünger* (*Neobyčajnye pochoždenija Chulio Churenito i ego učenikov*) im Gepäck. Der satirische Schelmenroman arbeitete mit radikalen Verfremdungsmechnismen. Der Held, eine ins Nihilistische gewendete Heilandsfigur, zog im Weltkrieg durch die Länder, um mit verschiedenen Aktionen sein Ziel, die Vernichtung der europäischen Kultur, zu beschleunigen. Ėrenburg erreichte hier eine sprunghafte Leichtigkeit und einen lachenden Sarkasmus wie in keinem seiner späteren Werke mehr. Hatte er noch 1922 eine Avantgardekunst gefordert, die die Interessen der Sowjetmacht vertreten sollte, so gab er diese Ansätze bald wieder auf und versuchte sich in Romanen von traditioneller Machart, die den Kapitalismus kritisierten. Seine Reportagen über das Berliner «Bahnhofsleben», gesammelt in dem Band *Das Visum der Zeit* (*Viza vremeni*, 1929), waren ein aufschlußreiches Zeitzeugnis.

Vladimir Nabokov (Sirin)

Niemand konnte in der Berliner Literatenszene weiter von Ėrenburg entfernt sein als Vladimir Nabokov, der junge Aristokrat und Sohn eines einflußreichen Politikers, der sich seine ersten literarischen Sporen unter dem Pseudonym «Vladimir Sirin» erwarb. Nabokov lebte von 1922 bis 1937 in Berlin. Während er sich in dieser Zeit als Übersetzer, Sprachlehrer und Tennislehrer durchschlug, schrieb er nicht weniger als sieben Romane, darunter die Liebesgeschichte *Mašen'ka* (1926), in der man eine Allegorese auf das verlorene Rußland sehen wollte, *König, Dame, Bube* (*Korol'. Dama. Valet*, 1928), *Einladung zur Enthauptung* (*Priglašenie na kazn'*, 1934) und *Die Gabe* (*Dar*, 1937/38). In diesen Werken zeichnete sich bereits das künstlerische Vorgehen Nabokovs ab. Zwar verzichtete er keineswegs auf genaue psychologische Beobachtungen und topographische Details, ebensosehr boten aber literarisches Material und die Sprache mit all ihren etymologischen, morphologischen und strukturellen Möglichkeiten seiner Inspiration eine uner-schöpfliche Quelle. Nabokovs wichtigstes Thema war der «Mecha-nismus des Schöpfertums» (V. Chodasevič). In *Die Gabe*, einem Roman über einen fiktiven Berliner Exilschriftsteller, wurde ein intertextuelles Feuerwerk ohnegleichen entfacht. Im Mai 1940 wan-derte Nabokov, der die englische Sprache von Kindesbeinen an be-herrschte, in die USA aus und wurde dort zum Erfolgsautor. Aber selbst in einem Bestselleroman wie *Lolita* (1955) war über dem hei-klen pädophilen Thema die künstlerische Virtuosität Nabokovs nicht vergessen. Auch in dem College-Roman *Pnin* (1957) und vor allem in der literarischen Utopie *Ada or Ardor* (1969) fand er zu einem Stil, der die kulturellen Erfahrungen aus der russischen, fran-zösischen, angloamerikanischen und deutschen Welt ausspielte. Waren diese genialen Werke auch englisch verfaßt, so wurde dem Leser doch ein beträchtliches Wissen, gerade auch im Bereich der russischen Literatur abverlangt, so daß sich hier erstmals so etwas wie eine Globalisierung der Literatur abzeichnete.

Baltische und slavische Länder

Ein Strom von Emigranten ergoß sich in jene Länder, die sich wie Finnland und die baltischen Staaten aus dem russischen Reichsver-band gelöst hatten. Doch boten sie trotz ihrer angestammten rus-sischen Kolonien gerade für Schriftsteller wenig Möglichkeiten. Aleksandr Kuprin strebte deshalb bald aus dem abgelegenen Finn-land nach Paris, Leonid Andreev nach Berlin, doch starb er, kurz nachdem er einen flammenden Aufruf *SOS* gegen den Bolsche-wismus veröffentlicht hatte.

Im estnischen Reval (Tallinn) hatte es lange vor der Revolution russisches literarisches Leben gegeben. Jetzt versuchten junge Dich-ter eine Neuauflage der «Dichterzunft», die die strenge Forderung nach handwerklicher Beherrschung der Dichtkunst von den Akme-isten übernahm. Igor' Severjanin hatte in Estland Zuflucht gefun-den. Er war mit der estnischen Dichterin Felissa Kruut verheiratet und übersetzte mit ihrer Hilfe estnische Lyrik. In der russischen Kolonie nahm er ein Außenseiterposition ein. Wenn seine Inspira-tion und Innovationskraft auch ungebrochen war, so drangen doch Melancholie und das Gefühl wachsender Einsamkeit in seine Ge-dichte ein. Nach dem Einzug der Roten Armee in Estland nahm er

Kontakt zu den sowjetischen Literaturbehörden auf und versuchte, durch prosowjetische Gedichte seine Repatriierung zu erreichen.

Die russische Emigration in Polen war politisch heterogen, sie reichte vom «Russischen Komitee» unter dem Sozialrevolutionär Boris Savinkov bis zu den Zarenanhängern, zu denen namentlich die Gruppe um Dmitrij Filosofov, Dmitrij Merežkovskij und Zinaida Gippius gehörte. Nach dem Waffenstillstand von 1920 begaben sich die Merežkovskijs nach Paris. Bald darauf erschien in München Merežkovskijs Anklageschrift *Das Reich des Antichrist* (*Carstvo Antichrista*, 1922).

In der neugeschaffenen Tschechoslowakei bestimmten die panslavischen Überzeugungen des ersten Staatspräsidenten, Tomáš Garrigue Masaryk, die Politik gegenüber den russischen Emigranten. Masaryk war überzeugt, daß das russische Volk nach Überwindung der bolschewistischen Diktatur den Weg zur Demokratie einschlagen werde. Seine Maßnahmen galten der Stützung und Bewahrung der «kulturellen Kräfte» Rußlands. Deshalb versuchte man, vor allem Vertreter der demokratischen Intelligenz, d. h. gemäßigte Sozialrevolutionäre und Kadetten, zum Aufenthalt in der Tschechoslowakei zu gewinnen. Die Regierung stellte Überbrückungshilfen und Stipendien zur Verfügung. Bald wurden die Freie Russische Universität und weitere kulturelle Institutionen gegründet, es gab russische Schulen und Gymnasien.

Nicht zufällig gingen von Prag jene Ansätze zu einer Neubestimmung der russischen Reichsidee aus, die wie die Smenovechovcy über die Diktatur des Proletariates hinausdachten, oder wie die Eurasier eine Synthese des europäischen und des asiatischen Prinzips für Rußland anpeilten. Auch für russische Wissenschaftler und Literaten eröffneten sich hier beträchtliche Möglichkeiten. In der «Poetenklause» (*Skit poètov*) versammelte Al'fred Bem junge Dichter. Vor allem aber setzte sich in Prag das stürmische Talent der Marina Cvetaeva durch. Hier schrieb und veröffentlichte sie unter anderem die Gedichtzyklen *Die Freundin* (*Podruga*) und *Maria Magdalena* (*Marija Magdalina*, beide 1923), die ihre Beziehung zu Sofija Parnok widerspiegelten, die Dichtungen *Der Rattenfänger* (*Krysolov*) und *Bohnerlied* (*Polotërskaja*, beide 1925), ferner lyrisch-epische Versuche wie *Berg-Poem* (*Poèma Gory*) und *End-Poem* (*Poèma Konca*, beide 1926). Auch die Tragödien *Ariadna* (1924, 1927 u.d. T. *Theseus* [*Tezej*]) und *Phädra* (*Fedra*, 1928) entstanden in Prag.

In Prag lebten so unterschiedliche Schriftsteller wie der einstige «Znanie»-Autor Evgenij Čirikov oder der Humorist Arkadij Averčenko. Čirikov, ein kämpferischer Geist und überzeugter Demokrat, konnte sein wichtigstes Werk, die autobiographische Romantetralogie *Das Leben Tarchanovs* (*Žizn' Tarchanova*, 1911-25), sowie seine Lebenserinnerungen *Auf den Wegen des Lebens und Schaffens* (*Na putjach žizni i tvorčestva*, 1933) in Prag abschließen. Averčenko, ein scharfzüngiger Gesellschaftskritiker, der vor dem Krieg die erfolgsträchtige Zeitschrift «Satirikon» herausgegeben hatte, veröffentlichte 1921 die Sammlung antibolschewistischer Satiren *Ein Dutzend Messer in den Rücken der Revolution* (*Djužina nožej v spinu revoljucii*). Lenin empfahl, einige der Erzählungen für den sowjetischen Leser abzudrucken, um die wahre Mentalität der Weißen vorzuführen.

Im 1918 gegründeten Königreich der Serben, Kroaten und Slowenen (ab 1929 Jugoslawien) bestanden nicht nur dank der engen Beziehungen des Königs, Aleksandar I. Karađorđević, zum russischen Kaiserhaus, sondern auch wegen des dringenden Bedarfs an Ärzten, Juristen, Lehrern und Wissenschaftlern günstige Bedingungen für russische Emigranten. Sie waren zum größten Teil mit der Vrangel'-Armee geflüchtet und monarchistisch eingestellt. Neben Belgrad wurde die Vojvodina zum wichtigsten Zentrum russischen Lebens. Seit 1921 residierte in Sremski Karlovci die russische Auslandskirche mit dem Metropoliten Antonij, die sich im Verhältnis zum Moskauer Patriarchen als autonom verstand. Zahlreiche Schulen und Kulturanstalten wurden geschaffen. Selbst die drei Kadettenkorps der Südarmee bestanden fort. Das «Russische Haus Kaiser Nikolaus II.» in Belgrad bildete den Treffpunkt der russischen Kolonie. Über 150 russische Periodika waren in der Zwischenkriegszeit in Jugoslawien auf dem Markt. In Verbindung mit der Serbischen Akademie der Wissenschaften wurden russische Buchreihen, darunter die Russische Bibliothek (*Russkaja biblioteka*) herausgegeben. Mehrere russische Schriftsteller, darunter Merežkovskij, Zinaida Gippius, Bunin, Remizov, Kuprin und Šmelëv, wurden aus der königlichen Hofschatulle unterstützt. Neben kleineren Dichterzirkeln gründete sich, ähnlich wie in Paris, Berlin, Prag und Warschau, 1925 ein Verband der russischen Schriftsteller und Journalisten in Jugoslawien, der im September 1928 zum Ersten Kongreß der russischen ausländischen Schriftsteller einlud.

Das «russische Paris»

Paris, nicht zu Unrecht von Gleb Struve als «Hauptstadt der Diaspora» bezeichnet, übertraf seit Mitte der 1920er Jahren die übrigen Zentren, in denen sich russische Emigranten sammelten. Obwohl ihre materiellen Lebensbedingungen alles andere als rosig waren, bot Paris den Russen ein reiches kulturelles Umfeld mit der von Ivan Turgenev 1875 gegründeten russischen Bibliothek, dem Franko-Russischen Institut (1925) oder Berdjaevs Religionsphilosophischer Akademie (1924). Es bestanden zahlreiche russische Presseorgane, darunter die bedeutendste Literaturzeitschrift der Emigration, «Sovremennye zapiski» (Zeitgenössische Annalen). Stärker als in anderen Ländern trat allerdings in den 1930er Jahren die sowjetische Konkurrenz mit der Vereinigung «Francija-SSSR» (Frankreich-UdSSR) auf den Plan. Deren Volksfrontpolitik trieb einen Keil in die Emigrantenkreise. Bei Schriftstellern wie Kuprin oder der Cvetaeva, die in Armut dahindarbten, hatten die sowjetischen Repatriierungsbestrebungen Erfolg. Nach Hitlers Überfall auf die Sowjetunion gab es nur wenige, wie Merežkovskij oder Šmelëv, die den «Kreuzzug gegen den Bolschewismus» guthießen, während die meisten, im prosowjetischen «Patriotenverband» vereinigt, Partei für Sowjetrußland und das russische Volk ergriffen.

In der französischen Emigrationsliteratur bestanden drei schöpferische Kreise, die von den geistigen Autoritäten Nikolaj Berdjaev, Dmitrij Merežkovskij und Ivan Bunin geprägt wurden. Berdjaev setzte mit seiner Akademie in Camaré die Tradition der religionsphilosophischen Diskurse aus der Vorkriegszeit fort. Die ideologischen Standpunkte von Berdjaev und Merežkovskij waren nicht weit voneinander entfernt, doch bewegte den einen stärker die religiös-geistige Form der Erscheinungen, während der andere nach geschichtsphilosophischen Sinngebungen trachtete.

Die «Pariser Note»

Um Merežkovskij und Zinaida Gippius hatte sich in Paris der literarische Zirkel «Die grüne Lampe» (*Zelënaja lampa*) gebildet, der Dichter aller Richtungen unter der Devise der «wahrhaften Freiheit des Wortes» ansprach. Mit Dichtern wie Georgij Adamovič, Vladislav Chodasevič und Marina Cvetaeva konnte das «russische Paris» einige der stärksten Talente der Poesie im 20. Jahrhundert aufbieten.

Adamovič, der akmeistischen Linie verbunden, die er um melancholische und todesträchtige Motive – die «Pariser Note», wie man sagte – bereicherte, und der überaus kunstverständige Chodasevič waren Kontrahenten im Poetenstreit der 1930er Jahre. Adamovič forderte unmittelbare Menschlichkeit und Wahrhaftigkeit von der Poesie, während Chodasevič auf der künstlerischen Meisterschaft bestand. Obwohl sich Chodasevič in seinen Gedichten auf atemberaubende Innovationen und Formspielereien einließ – etwa in dem Gedicht *Sorrenter Photographien* (*Sorrentskie fotografii*, 1926) –, stand er den futuristischen Experimenten kraß ablehnend gegenüber. Chlebnikovs Wortmagie und «Zaum'» denunzierte er in den 1920er Jahren als *Apollinasmus* (*Apollinazm*); Majakovskij war für ihn der Dichter des Pogroms (*pogromščik*). Klug urteilte er über die Aussichten der sowjetischen und der Emigrationsliteratur. Die letztere sah er durch die materielle Not der Schriftsteller und die Trennung von Rußland bedroht – und nicht etwa durch die «Fäulnis der bourgeoisen Ideologie».

Marina Cvetaeva

Marina Cvetaeva war im Exil, ähnlich wie Anna Achmatova im sowjetischen Umfeld, insgeheim die große, unerreichte Dichterin, eigenständig und einsam, angefeindet und mißverstanden. Ihre Gedichte und lyrisch-epischen Poeme waren in ihrer sprachlich-rhythmischen Originalität und semantischen Vielschichtigkeit unvergleichlich. So, wenn sie in dem Poem *Der Prachtkerl* (*Mólodec*, 1924) aus einem russischen Märchenmotiv heraus – die Heldin verbindet sich mit dem gefallenen Engel – magische Vorgänge entwickelte, die als politischer, religiöser, philosophischer oder erotischer Text gelesen werden konnten. Auch in der Prosa, etwa in der ein wenig heiklen autobiographischen *Sonečka-Geschichte* (*Povest' o Sonečke*, 1938) oder in ihrer ambitionierten Tagebuch- und Briefprosa, kam Marina Cvetaevas hochemotionale, erinnerungsmächtige, assoziationsreiche Ausdruckskraft zur Geltung. Einen Höhepunkt der epistolaren Kunst stellte der Dreierbriefwechsel zwischen Cvetaeva, Pasternak und Rainer Maria Rilke im Jahre 1926 dar, der bis zu Rilkes Tod währte. Die drei Dichter standen sich in ihrer Kunstauffassung außerordentlich nahe. Und in der Tat war die Einheit von Wort und Wirklichkeit selten inniger gewahrt als in den Versen dieses Dreierbundes.

Ivan Bunin und sein Kreis

Ivan Bunin, einer der besten Autoren der Vorkriegszeit, konnte seine Schaffenskraft auch in der Emigration – im südfranzösischen Grasse – voll bewahren und sein bedeutendes Erzählwerk fortsetzen. Die Autoren, die sich um ihn scharten – Aleksandr Kuprin, Boris Zajcev, Mark Aldanov und die Tèffi –, standen, wie er, in der Tradition des realistischen Erzählens. Sie pflegten das Erbe Lev Tolstojs, wovon Bunins Monographie *Die Befreiung Tolstojs* (*Osvoboždenie Tolstogo*, 1937) Zeugnis ablegte. Bunin verehrte in Tolstoj die Vereinigung von hohem Künstlertum und ethisch-geistiger Haltung. Als Bunin 1933 als erster russischer Schriftsteller mit dem Nobelpreis ausgezeichnet wurde, waren es eben sein «strenges Künstlertum» und die «hohe und gesunde Idealität» seiner Prosa, die das Stockholmer Komitee bei seiner Entscheidung leiteten. Meisterwerke wie *Mitjas Liebe* (*Mitina ljubov'*, 1925), *Ida* (1926), *Der Hitzschlag* (*Solnečnyj udar*, 1927) oder der Band *Dunkle Alleen* (*Tëmnye allei*, 1943) zeigten ihn auf der Höhe seiner Erzählkunst. Mit dem Buch *Die Rose von Jericho* (*Roza Ierichona*, 1924) setzte er der Erinnerung an das verlorene Rußland ein Denkmal. Sein bedeutendstes Werk aber, an dem er über ein Jahrzehnt arbeitete, war der Roman *Das Leben Arsen'evs* (*Žizn' Arsen'eva*, 1927-39). Bunin erzählte in der Ich-Form die Geschichte des geistigen und emotionalen Heranreifens eines jungen Dichters im Milieu des russischen Landadels und der provinziellen Bildungsanstalten. Der autobiographische Entwicklungsroman, den es so in der russischen Literatur bisher nicht gegeben hatte, trug unverhohlen nostalgische Züge und lenkte den Blick zurück in eine verlorene Welt. In gewisser Weise zählten auch Čirikovs und Gor'kijs autobiographische Romane zu diesen retrospektiven Rechenschaftsberichten. Zu ihnen trat Kuprin mit dem Roman *Die Fahnenjunker* (*Junkera*, 1928-32), mit dem er erneut auf seine in der Militärschule verbrachten Jugendjahre zurückgriff. Auch Boris Zajcev legte einen großen, vierteiligen Entwicklungsroman vor, *Die Reise Glebs* (*Putešestvie Gleba*, 1934-53).

In mehreren Romanen Kuprins gewann das französische Thema Raum, besonders in *Jeanette* (*Žaneta*, 1933), der Geschichte vom genialen Professor Simonov, der unter den Kleinbürgern am Bois de Boulogne auf die quirlige achtjährige Jeanette, die «Prinzessin von vier Straßen», traf – eine harmlose Vorwegnahme der Nabokovschen *Lolita*. Auch Ivan Šmelëv zollte dem französischem Exil sei-

nen Tribut mit dem Band *Einfahrt nach Paris* (*V'ezd v Pariž*, 1929),
doch blieben seine Werke im ganzen dem Bürgerkrieg – in dem er-
schütterndem Erlebnisbuch *Die Sonne der Toten* (*Solnce mërtvych*,
1923) oder der Erzählung *Des Teufels Schaubude* (*Čortov balagan*,
1926) – und der Erinnerung an das heimatliche rechtgläubige Rußland verhaftet. Šmelëvs letzte Werke waren vom Geist der Orthodoxie durchdrungen.

Für Aleksej Remizov, der bereits vor dem Ersten Weltkrieg als
eigenwilliger Prosaist hervorgetreten war, bildeten die Pariser Jahre
einen neuen Schaffenshöhepunkt. Nicht weniger als 45 Bücher
schrieb er in dieser Zeit, in denen immer das Traumelement, vor
allem in *Das Feuer der Dinge* (*Ogon' veščej*, 1954), die altrussische
Überlieferung, die Folklore, alte Märchen und Legenden hervortra-
ten. Michail Osorgin wieder, ein alter Sozialrevolutionär, der bereits
seit 1907 im italienischen Exil gelebt hatte, trat mit Zeitromanen vor
die Öffentlichkeit. In der Welt der Pariser Emigranten spielte sein
Roman *Der Freimaurer* (*Vol'nyj kamenščik*, 1937).

Italien, Großbritannien

Natürlich hatten russische Schriftsteller auch in weiteren Ländern
Europas Zuflucht gesucht. Vjačeslav Ivanov, der Dionysiker unter
den Symbolisten und Aischylos-Übersetzer, lebte ein Vierteljahrhundert in Italien, wo die *Römischen Sonette* (*Rimskie sonety*,
1924/25) oder das *Römische Tagebuch des Jahres 1944* (*Rimskij
dnevnik 1944 goda*) entstanden. Das Poem *Der Mensch* (*Čelovek*,
1915-39) war der Versuch, ein auf die mystische Christusliebe
gegründetes Menschenbild in der «Sprache des Geistes» gegen die
weltanschauliche und psychologische Zerfaserung des modernen
Menschen aufzubieten.

Gor'kij beschloß vor allem aus gesundheitlichen Gründen, sich
trotz seiner Vorbehalte gegen Mussolini in Italien niederzulassen.
Von 1924 bis zu seiner Rückkehr in die Sowjetunion lebte er in
Sorrent, das bald zum Pilgerort namentlich auch für sowjetische
Schriftsteller der verschiedensten Couleur wurde. Unter den Be-
suchern befanden sich Isaak Babel', Leonid Leonov, Aleksej Tolstoj,
Ol'ga Forš und Nikolaj Assev. Gor'kij veröffentlichte die «irrationalen» *Erzählungen der Jahre 1922-1924* (*Rasskazy 1922-1924
godov*), die zu den besten in seinem Werk zählten. Etwa gleichzeitig

entstand der Roman *Das Werk der Artamonovs* (*Delo Artamono-vych*, 1925), der den biologischen und ökonomischen Auf- und Abstieg einer Unternehmerfamilie durch drei Generationen zum Gegenstand hatte. Gor'kij betrieb seine Rückkehr in die Sowjet-union. Er übte Selbstkritik wegen früherer Fehler bei der Einschät-zung der Bolschewisten in der Zeitschrift «Novaja žizn'» (Neues Leben, 1918). Sein Empfang in der Heimat bei seinem ersten Besuch 1928 war triumphal. Drei Jahre später kehrte er endgültig nach Ruß-land zurück.

Die interessanteste Autorenfigur unter den Emigranten in Groß-britannien war Dmitrij Mirskij, Sohn eines Innenministers des Za-ren. Mirskij wurde als Literaturkritiker und Verfasser einer brillan-ten *Geschichte der russischen Literatur von den frühesten Zeiten bis zu Dostoevskij* (*Istorija russkoj literatury s samych rannich vremën do Dostoevskogo*, 1927) bekannt. 1931 trat er der britischen Kom-munistischen Partei bei und kehrte bald darauf in die Sowjetunion zurück. Seinen Bemühungen, die englische Poesie in Rußland be-kannt zu machen und eine Bresche für James Joyce und andere britische Autoren zu schlagen, war kein Erfolg beschieden. 1937 wurde er verhaftet und kam im Stalinschen GULAG ums Leben.

Kapitel IX

Russische Sowjetliteratur I
Die revolutionäre Avantgarde

Kulturelle Umpolung

Die nach dem Umsturz im Oktober 1917 vom Militärrevolutionären Komitee erlassenen Dekrete setzten eine bolschewistische Regierung, den Rat der Volkskommissare (SOVNARKOM), ein, boten den Mittelmächten einen sofortigen Friedensschluß an und verteilten das Gutsbesitzerland. Lenin und seine Kampfgefährten wußten, daß Friedenssehnsucht und Landhunger die breiten Massen am meisten bewegten. Allerdings organisierte sich rasch der Widerstand gegen die roten Milizen. Vier Jahre sollte der erbitterte Bürgerkrieg währen, in dem die bolschewistische Seite mit den Mitteln des sog. Kriegskommunismus, also Terror, Requirierungen und anhaltenden Zwangsmaßnahmen, obsiegte. Zu den militärischen, politischen und wirtschaftlichen Maßnahmen traten allerdings auch vielfältige kulturelle Aktivitäten des Volkskommissariats für das Bildungswesen (NARKOMPROS) sowie zahlreicher Gruppen und Einzelner zur Unterstützung der Revolution. Die Regierung verfolgte selbst in Phasen größter militärischer Bedrängnis das Ziel, einen neuen revolutionär-demokratischen Klassikerkanon aufzubauen, in dem früher verfemten Schriftstellern wie Bakunin, Dobroljubov, Gercen und Radiščev eine bedeutende Rolle zukam. Ihre Werke erschienen in Massenausgaben. Der auf Gor'kijs Anregung bereits 1918 gegründete Verlag «Weltliteratur» (Vsemirnaja literatura) wurde nicht nur zu einem Laboratorium der Literaturvermittlung, sondern auch zum Refugium für viele durch Hunger und Not bedrohte Literaten. Das «Haus der Künste», das in Petrograd aus diesem Unternehmen entstand, wurde zur Pflanzstätte der jungen Sowjetliteratur.

Der revolutionäre Umsturz hatte Kräfte entbunden, die unbezähmbar auf eine gründliche Erneuerung oder Umgestaltung der kulturellen Verhältnisse drängten. Die größte kulturrevolutionäre Massenbewegung war in den Jahren des Bürgerkrieges der Proletkul't (von *proletarskaja kul'tura*). Ihr Ziel war es, in gezielten Aktionen Bildung ins Volk zu tragen und das Analphabetentum zu beseitigen. Außerdem bemühten sich seine Aktivisten, darunter Dichter wie Brjusov und Belyj, in Studios und Zirkeln neue Formen einer proletarischen Kultur und Literatur zu entwickeln. Um 1920 zählte die Proletkul't-Bewegung ca. 400 000 Mitglieder. In Zeitungen und Almanachen mit markigen Titeln wie *Das feuerflügelige Werk* (*Ognekrylyj zavod*, 1918) oder *Der gußeiserne Bienenkorb* (*Čugunnyj ulej*, 1921) wurde die utopisch-hymnische, kollektivistische Proletarierliteratur unters Volk gebracht. Aleksej Gastevs *Poesie des Arbeitervorstoßes* (*Poëzija rabočego udara*, 1918) oder Vladimir Kirillovs Hymne auf den *Eisernen Messias* (*Železnyj Messija*, 1918) kündeten von der Welt der Fabriken und Betriebe. Massenspektakel unter freiem Himmel wurden unter Beteiligung von Truppenteilen der Roten Armee, Militärkapellen, Kriegsschiffen und Geschützfeuer durchgeführt.

Die Ideologie der Proletkul't-Bewegung stützte sich weitgehend auf die Organisationslehre Aleksandr Bogdanovs, derzufolge das Proletariat nach Erringung der Macht gehalten war, seine eigene Kultur auf der Basis seiner spezifischen Erfahrungen aufzubauen. Die Arbeiterklasse wurde als der Große Künstler gesehen, dessen kulturschöpferische Tätigkeit sich unabhängig vom sowjetischen Staatsapparat entfalten sollte. Die Proletkul'ty forderten eine kollektivistische Wir-Kunst und lehnten die alte Kunst in Bausch und Bogen ab: Raffael sollte verbrannt, die Museen zerstört werden. Lenin stand der Proletkul't-Bewegung und ihrem Kulturnihilismus äußerst skeptisch gegenüber. Vor allem störte ihn der Autonomieanspruch der Proletkul'ty. Bereits im Dezember 1920 wurden deshalb die Proletkul't-Organisationen dem NARKOMPROS und damit der Kontrolle der Partei unterstellt. Der Klassenkampf in der Literatur war damit keineswegs beendet, sondern verschärfte sich noch, nachdem sich in Moskau eine Gruppe proletarischer Schriftsteller, MAPP, gebildete hatte, die in ihrer Zeitschrift «Na postu» (Auf Posten, 1923-25) militant gegen die sog. Poputčiki, Autoren nicht-proletarischer Herkunft, zu Felde zogen. Durch eine ZK-Resolution versuchte die Partei, die maßlose Aggressivität der Russischen Assoziation der Proletarischen Schriftsteller (RAPP), die sich im Januar 1925 konstituiert hatte, zu bremsen. Doch blieb die führende Rolle der RAPP als ideologischer Arm der Partei vorerst unangetastet. In der nun einsetzenden Diskussion um die Frage, welche künstlerische Methode der Sowjetliteratur geeignet sei, die revolutionäre Epoche, den neuen Menschen und den sozialistischen Aufbau angemessen darzustellen, schälte sich immer deutlicher die Devise des «Lernens bei den Klassikern» (*učëba u klassikov*) heraus. Namentlich wurde Lev Tolstoj in der Leninschen Interpretation zum großen Vorbild erklärt.

Eines der ersten Werke aus dem Lager der proletarischen Schriftsteller war Dmitrij Furmanovs Romanbericht *Čapaev* (1923). Der Autor, der an den Kämpfen gegen die Kolčak-Armee im Osten als Divisionskommissar teilgenommen hatte, schilderte die Taten des legendären Bürgerkriegshelden, indem er in die erzählte Handlung dokumentare, lyrische und meditative Passagen einschob. Die Partei, die den revolutionären Elan des Volkshelden und der Rotarmisten steuerte, war in der Gestalt des Kommissars Klyčkov präsent. In dem Roman *Zement* (*Cement*, 1925) von Fëdor Gladkov ging es bereits um den Wiederaufbau einer Fabrik und die Gewinnung bürgerlicher Spezialisten. Auch Aleksandr Fadeevs Roman *Die Neunzehn* (so die deutsche Wiedergabe des Titels *Razgrom* [Die Zerschlagung], 1927) beruhte auf eigenen Erlebnissen des Autors an der fernöstlichen Front. Eine Gruppe roter Partisanen wurde im Kampf gegen die Japaner vollständig aufgerieben. Trotz des tragischen Ausgangs ließ der Roman keinen Zweifel daran, daß der revolutionäre Kampf als historische Gesetzmäßigkeit siegreich enden werde.

Michail Šolochovs Roman *Der stille Don* (*Tichij Don*, 1928-34), wurde ebenfalls als Muster jenes lebendigen Realismus begrüßt, den die RAPP beharrlich forderte. Dabei überraschte die künstlerische Reife, mit der der junge Autor das Leben der Donkosaken im Chutor Tatarsk mit dem hamletischen Helden Grigorij Melechov und seiner leidenschaftlichen Geliebten Aksin'ja Astachova gestaltete. Auf die patriarchalische Idylle der Vorkriegszeit und das Geschehen des Ersten Weltkrieges folgten in drei weiteren Teilen des Romans Melechovs Hin- und Herschwanken zwischen den Bürgerkriegsfronten und seine Heimkehr, die keineswegs an die eines Siegers gemahnte. Verschiedentlich wurden Zweifel an der Autorschaft Šolochovs geäußert. In langsamem Schaffensrhythmus schrieb er später den Kolchosenroman *Neuland unterm Pflug* (so die deutsche Wiedergabe des Titels *Podnjataja celina* [Gepflügtes Neuland], 1932-59), in dem er die Zwangsmaßnahmen der Kollektivierung beschrieb, ohne die subjektiven und objektiven Faktoren, die ihr entgegenstanden, zu verschweigen. Daß Šolochov, ein Hardliner der Sowjetliteratur, 1965 mit dem Nobelpreis für Literatur ausgezeichnet wurde, war der höheren Weisheit des Stockholmer Komitees in den Zeiten des Kalten Krieges geschuldet.

Sergej Esenin und der Imaginismus

Vom Klassenstandpunkt der proletarischen Schriftsteller aus betrachtet, waren die Imaginisten Bauerndichter. Das traf im Grunde nur auf Sergej Esenin, den überragenden Dichter der Gruppe, zu, während seine imaginistischen Freunde eher zu den Großstadtliteraten zählten. Esenin kam aus einem Dorf im Gouvernement Rjazan' und war im Milieu der Altgläubigen aufgewachsen. Für ihn blieb die Bilderwelt des Dorfes ein unerschöpflicher Quell, auch wenn sie durch die imaginistische Bildpoetik ungemein dynamisiert wurde.

Die Gruppe der Imaginisten trat 1919 mit einem Manifest vor die Öffentlichkeit und machte fortan mit Almanachen und einer Zeitschrift von sich reden. Zunächst grenzte sie sich von den Futuristen ab, indem sie, statt des Wortes, das Bild in der Poesie für absolut erklärte: Das «Bild als solches» (*obraz kak takovoj*) sollte den Sinn «auffressen»; das Wort dürfe nur noch in seiner bildlichen Funktion verwendet werden. Das Gedicht dachte man sich als eine Welle von Bildern und Metaphern. Zweifellos entsprach dies Esenins poetischen Anlagen, so daß er selbst 1920 in dem Traktat *Marienschlüssel/Marienquellen* (der Titel *Ključi Marii* bedeutet beides) eine Bildtheorie in ungehemmter Bildsprache formulierte. Neben dem «Vignettenbild», d. h. dem klassischen Vergleich oder der Metapher, sah er das «Schiffsbild» vor, das der von den Formalisten beschriebenen «entfalteten Metapher» entsprach, sowie endlich das «angelische Bild», die absolute Metapher.

Schon in seinen ersten Gedichten hatte Esenin die gegenständlichen Sphären der dörflichen Welt animistisch miteinander verschlungen; im Ersten Weltkrieg hatte er patriotische Töne angeschlagen. Die Revolution inspirierte ihn zu prophetischen Dichtungen, die die eingewurzelten christlich-eschatologischen Vorstellungen ins Utopisch-Kosmische wendeten. In den Jahren 1917 bis 1919 entstand eine Reihe neuartiger Poeme, darunter *Die Wiederkunft* (*Prišestvie*, 1917), *Das Andersland* (*Inonija*, 1918), *Pantokrator* (1919) und *Die Stutenschiffe* (*Kobyl'i korabli*, 1919), die die utopischen Visionen vom gekreuzigten Rußland, das den Tod überwinden und auferstehen werde, oder vom Mangel der gegenwärtigen Welt und der idealen Ordnung im Zukunftsland entwarfen. Dabei waren Esenins Bildtexturen viel stärker auf aktuelle Diskurse bezogen, als es auf den ersten Blick scheinen mochte. In der dramatischen Dichtung *Pugačëv* (1921) schlug sich Esenins Enttäuschung über das Scheitern seiner revolutionären Hoffnungen nieder: Pugačëv, der geniale Volksheld, ging durch den Verrat seiner Gefährten zugrunde. Ähnlich erlebte Esenin die Ausbeutung und Zerstörung des bäuerlichen Rußland durch die Sowjetmacht. Sein polizeinotorisches Rowdytum wie sein dandyhaftes Auftreten in den NĖP-Jahren waren zweifellos eine Folge des Zusammenbruchs seiner Hoffnungen, gespiegelt in Gedichtbänden wie *Verse eines Skandalisten* (*Stichi skandalista*, 1921) und *Das Moskau der Kneipen* (*Moskva kabackaja*, 1924). Die mißglückte Ehe mit der Tänzerin Isadora Duncan und eine enttäuschende Reise nach Europa und Amerika verfestigten die Ausweglosigkeit, in die er geraten war. Ein Erholungsaufenthalt im Kaukasus führte zu einem letzten Liebeserlebnis und der Begegnung mit der persischen Poesie, niedergelegt in den *Persischen Motiven* (*Persidskie motivy*, 1924). Esenins letzte Dichtungen, etwa das erschütternde Poem *Der schwarze Mann* (*Černyj čelovek*, 1925) über eine den Dichter bedrängende schwarze Doppelgängergestalt, waren ein vergebliches Aufbäumen gegen die Selbstzerstörung. Sein letztes Gedicht, *Auf Wiedersehen, mein Freund...* (*Do svidan'ja, drug moj, ...*) schrieb er kurz vor seinem Selbstmord im Hotel «Angleterre» in Petrograd mit eigenem Blut nieder.

LEF – Die linke Front der Künste

Die Spitzen der Kubofuturisten hatten sich ohne Zögern auf die Seite der Bolschewisten gestellt, überzeugt, daß sie den Umsturz in der Kunst ebenso radikal betrieben wie jene in Gesellschaft und Politik. Bereits im März 1918 hatten sie sich zu einer futuristischen Aktionsgruppe zusammengeschlossen, im Januar 1919 strebten sie, wenn auch erfolglos, in Vyborg für das Kollektiv Kom-Fut (*Kommunisty-futuristy*) sogar den Status einer Parteiorganisation an. Zum ersten Jahrestag der Revolution steuerte Majakovskij das Massendrama *Mysterium buffo* (*Misterija-buff*, 1918) bei, eine heroisch-episch-satirische Darstellung der epochalen Ereignisse anhand alt- und neutestamentlicher Motive. Lunačarskij, der NARKOMPROS, förderte die Futuristen als «revolutionäre Jugend» und genehmigte die Veröffentlichung ihrer revolutionären, doch den Massen kaum verständlichen Texte. Lenin hingegen rang ratlos die Hände, als Majakovskijs Revolutionspoem *150000000* gedruckt werden sollte, und fragte: «Kann man denn keine zuverlässigen *Anti-Futuristen* auftreiben?»

LEF war der erneute Versuch, das Kulturmodell der Futuristen, in Konkurrenz zu Proletkul't und RAPP, durchzusetzen. In seiner Autobiographie schrieb Majakovskij, LEF sei das Umfassen des großen sozialen Themas mit allen Instrumenten des Futurismus. Die Zeitschrift «LEF» wurde im März 1923 zur Plattform der Gruppe, zu der neben Majakovskij auch Aseev und Pasternak zählten. Die Dichter ließen sich auf den «sozialen Auftrag» (*social'nyj zakaz*) ein, indem sie Tagesparolen und Parteibeschlüsse in poetische Texte umsetzten, die oftmals wie versifizierte Leitartikel daherkamen, namentlich auch bei Majakovskij. Daß dieser brutal-sensible Dichter zugleich ein joviales Gespräch mit dem vom Denkmalsockel geholten Puškin – im *Jubiläumsgedicht* (*Jubilejnoe* 1924) – führte und in dem Poem *Darüber* (*Pro éto*, 1925) sein Privatestes, die unerwiderte Liebe zu Lilija Brik (oder war damit die unerwiderte Liebe zur Revolution gemeint?), ausbreitete, bewies das Außergewöhnliche seines Talents. Dennoch geriet er zunehmend in Schwierigkeiten. Nach der Aufführung der utopisch-grotesken Komödien *Die Wanze* (*Klop*, 1928) und *Das Schwitzbad* (*Banja*, 1930), mit denen Majakovskij das sowjetische Spießertum und die Auswüchse der Sowjetbürokratie geißelte, sah sich der Dichter in einer künstlerisch, politisch und persönlich ausweglosen Lage. Sein Freitod im April 1930 stand symbolisch für das Scheitern der literarischen Avantgarde in der Sowjetunion.

Lebensbau und Faktographie

Im LEF-Diskurs kamen Ansätze zur Sprache, die die künstlerische Praxis des Vorkriegsfuturismus grundlegend veränderten. Die Theorie der Produktionskunst und die Lehre vom «Lebensbau» (*žiznestroenie*), die der Altkommunist Nikolaj Čužak vertrat, suggerierte das Zusammenwirken mit bildenden Künstlern wie Aleksandr Rodčenko und Filmemachern wie Sergej Ėjzenštejn und Dziga Vertov. Die einseitige Ausrichtung der Futuristen auf die Versdichtung wurde durch neue Formen dokumentarer Prosa aufgebrochen. Der «Lebensbau» endlich führte die Literaten zu den Produktionsstätten. Sie waren Konstrukteure, Techniker und Funktionäre, die am sozialistischen Aufbau mitwirkten. In der Zeitschrift «Novyj LEF» (Neuer LEF, 1927/28) kamen diese Konzepte voll zur Geltung. Statt eines «roten Tolstoj», wie ihn die RAPP erwartete, setzte man auf die Dokumentierung der Produktionsvorgänge. Sergej Tret'jakov brachte es auf die Formel: «Unser Epos ist die Zeitung.»

Dies brachte einen neuen Gattungskanon hervor, der Dokumentarliteratur im weitesten Sinne, also auch Memoiren, Biographien, Tagebücher, Reportagen usw., präferierte. Die Faktennähe bedeutete aber auch, daß die Schriftteller sich von den Gegebenheiten des Arbeitslebens, von den Konflikten der Produktion bestimmen lassen sollten.

Sergej Tret'jakov

Sergej Tret'jakov war der erste «operierende Schriftsteller», der in Kolchosen und Fabriken tätig wurde; er verstand sich als derjenige, der sozusagen das Logbuch des ersten Fünfjahresplanes führte. Während eines Chinaaufenthaltes hatte er auf dokumentarischer Basis das Stück *Brülle, China!* (*Ryči, Kitaj!*, 1926) geschrieben. Seine Bio-Interviews (*bio-interv'ju*), gegründet auf Befragungen und Recherchen vor Ort, waren eine Novität in der Literatur. Besonders aber richtete er seine Skizzen und Reportagen – *Die Feld-Herren* (so die deutsche Übertragung von *Vyzov. Kolchoznye očerki*, eig. *Die Herausforderung. Skizzen aus der Kolchose*, 1930) und *Ein Monat*

auf dem Lande (Mesjac v derevne, 1930) – auf die Arbeit in den Kol-
chosen. Tret'jakov stand mit einer Reihe deutscher progressiver
Autoren in Verbindung, darunter Oskar Maria Graf und Bertold
Brecht, dessen «epische Dramen» er ins Russische übersetzte. Unter
dem Vorwurf der Spionage für Deutschland und Japan wurde er im
Herbst 1937 verhaftet und zwei Jahre später erschossen.

Die Konstruktivisten

Das «Literarische Zentrum der Konstruktivisten» (LCK) bestand
von 1923 bis 1930. Anders als bei Futuristen oder Imaginisten sollten nicht Klang, Rhythmus oder Bild im literarischen Werk je für
sich dominant sein, sondern es sollte, wie in der wirtschaftlichen
Kalkulation, das dem Thema jeweils angemessenste Kunstmittel
zum Einsatz kommen. Die von den Konstruktivisten zu diesem
Zweck entwickelten Verfahren waren einmal die semantische Be-
ladung des Wortes (*gruzifikacija slova*), d. h. die Doppelkodierung
von Lautfolgen, wie sie Aleksej Čičerin in experimentellen Texten
vorstellte. Zum anderen setzte man auf das sog. «lokale Verfahren»,
was besagte, daß ein bestimmtes Thema aus dem ihm nächstliegenden sprachlich-stilistischen Material zu konstruieren sei. Vor allem
in den Texten Il'ja Selvinskijs, des Rührigsten unter den konstrukti-
vistischen Dichtern, wurde das «lokale Verfahren» in den verschiedensten Abwandlungen verwendet: in dem experimentellen Text
Der Dieb (Vor, 1922) der Verbrecherjargon oder in der Versnovelle
Motke, der Todesengel (Mot'ke-Malchamores, 1923) odessitisches
Jiddisch. In seinem Hauptwerk, dem Poem *Uljalaevščina* (1924)
über den Untergang des ukrainischen Anarchisten und antibolsche-
wistischen Partisanen Uljalaev kam eine breite Palette «lokaler Verfahren» zur Anwendung. Auch in Sel'vinskijs zahllosen Sonetten
war das Prinzip der strukturellen Intertextualität, wie man es später
nennen würde, zu erkennen. Die Almanache der Konstruktivisten –
Wechsel von allem (Mena vsech, 1924), *Staatsplan der Literatur
(Gosplan literatury,* 1925), *Business (Biznes,* 1929) – waren Ausstel-
lungen der neuen, vom Thema her motivierten Verfahren.

Sel'vinskijs dichterische Bravourstücke und die von Kornelij Ze-
linskij, dem wichtigsten Theoretiker der Konstruktivisten, formulierte Poetik der planmäßig-ökonomischen Sinnkonstruktion blieben nicht ohne Wirkung auf junge Dichter wie Ėduard Bagrickij,

Vladimir Lugovskoj und Vera Inber, die zeitweilig am LCK mitwirkten. Trotz Selbstkritik, völliger Unterwerfung unter die RAPP und Einordnung in ein Moskauer Elektrowerk als Monteurbrigade entging das LCK nicht dem Strudel der Liquidierung der literarischen Gruppen. Es löste sich im Dezember 1930 auf, nachdem Sel'-vinskij in dem Gedicht *Deklaration der Dichterrechte* (*Deklaracija prav poèta*, November 1930) in einem letzten Akt der Gegenwehr vor einer freudlosen Zukunft im Sozialismus gewarnt hatte.

Die Serapionsbrüder

Unter den Gruppen der 1920er Jahre, die die mimetisch-realistische Erzählliteratur weiterführten, zeichneten sich die Serapionsbrüder (*Serapionovy brat'ja*) dadurch aus, daß sie in Theorie und Praxis bemerkenswerte Neuerungen einbrachten. Sie hatten sich bereits 1921 im Petrograder «Haus der Künste» als eine Gemeinschaft junger Autoren zusammengeschlossen, die politische Zielsetzungen und kulturpolitische Programme, Tendenz und Agitation in der Literatur strikt ablehnten. In ihrem Manifest *Warum wir Serapionsbrüder sind* (*Počemu my Serapionovy brat'ja*, 1922) forderten sie «interessantes Schreiben» und erklärten: «Die Kunst ist real wie das Leben selbst, und wie das Leben selbst ist sie ohne Ziel und Sinn: Sie existiert, weil sie existieren muß.» Gor'kij hatte die jungen Autoren unter seine Fittiche genommen, noch im Ausland unterhielt er mit ihnen regen Briefaustausch. Durch die Kurse im «Haus der Künste» wurden sie mit Šklovskijs Verfremdungstheorie, mit Zamjatins Konzept der ornamentalen Prosa und der von Il'ja Gruzdev vorgetragenen Skaz-Theorie vertraut.

Zwischen den älteren und den jüngeren Serapionsbrüdern kam es bald zu einer Aufspaltung der künstlerischen Ansätze. Konstantin Fedin hatte in seinen ersten Erzählungen, etwa dem «Hunderoman» *Hundeseelen* (*Pës'i duši*, 1923), mit der Verfremdungstechnik gearbeitet. In seinem ersten größeren Roman *Städte und Jahre* (*Goroda i gody*, 1924) griff er sein Deutschlanderlebnis auf, denn Fedin war während des Ersten Weltkrieges in Zittau interniert gewesen. Seine Skepsis gegenüber dem deutschen Spießbürger als Träger des Militarismus und einer inhumanen Überheblichkeit kam auch in späteren Werken, etwa dem Roman *Sanatorium Arktur* (*Sanatorij Arktur*, 1940), geschrieben nach einem Heilaufenthalt in Davos 1931, zum Ausdruck. Die *Partisanengeschichten* (*Partizanskie povesti*, 1923) des Sibiriaken Vsevolod Ivanov galten mit ihrem neuen Ton und ihrer neuen Sprache als überzeugende Beispiele der ornamentalen Prosa. Seine frühe Erzählung *Panzerzug 14-69* (*Bronepoezd 14-69*, 1922) stieß, ebenso wie die Bürgerkriegserzählungen der Lidija Sejfullina, gerade im Ausland als Zeugnis der jungen Sowjetliteratur auf Interesse. Der Bürgerkrieg bildete das beherrschende Thema auch zweier weiterer junger Autoren aus dem Kreis der Serapionsbrüder, Nikolaj Nikitin und Michail Slonimskij.

Michail Zoščenko

Eines der bemerkenswertesten Talente der Gruppe war Michail Zoščenko. Er begann nach dem Bürgerkrieg mit satirisch-humoristischen Erzählungen, die fast ausschließlich in der Skaz-Manier geschrieben waren. *Die Erzählungen des Nazar Il'ič Herrn Blaubauch* (*Rasskazy Nazara Il'iča gospodina Sinebrjuchova*, 1922) ließen den vielgebeutelten, dummdreisten Titelhelden zu Wort kommen, dessen verquere Ansichten und horrende Unbildung nichts als grotesken Nonsens erzeugten. Ähnliche Selbstdekuvrierungen seiner Skaz-Erzähler bot Zoščenko immer wieder mit unerhörter Virtuosität, indem er fast beiläufig alle Mängel des sowjetischen Alltagslebens – vom überforderten Personenverkehr über die Wohnungsnot bis zum sturen Bürokratentum – aufs Korn nahm. Trotz scharfer Kritik aus der RAPP erfreuten sich seine Satiren und Humoresken im Publikum größter Beliebtheit; 1929-31 erschienen sie gesammelt in einer sechsbändigen Ausgabe. Zoščenko verfügte über eine unerschöpfliche Klaviatur an Komismen und grotesken Einfällen, vor allem in der Verballhornung der Sprache konnte ihm keiner das Wasser reichen, ausgenommen vielleicht Gogol'.

Lev Lunc und Veniamin Kaverin

Die beiden jüngsten Autoren in der Gruppe der Serapionsbrüder, Lev Lunc und Veniamin Kaverin, suchten das Neue der nachrevolutionären Erzählprosa in spannenden Handlungskonstruktionen. In dem herausfordernden Essay *Auf nach Westen* (*Na Zapad*, 1922) kritisierte Lunc die russische Literatur. Sie habe sich zwar bisher auf soziale Motive, Psychologie und Sittenschilderung bestens verstanden, es fehle aber die Spannung, und das sei langweilig. Lunc und Kaverin legten unverzüglich Beispiele für «Handlungserzählungen» (*fabul'nye rasskazy*) vor. Bei Lunc, der mit 23 Jahren in Deutschland verstarb, blieben es genialische Ansätze: einige Erzählungen, vier Dramen und ein Filmszenario. Noch folgerichtiger setzte Kaverin das Fabelprinzip in seiner Prosa um. Damit gelangten die Rätselstrukturen und Überraschungsmomente des Kriminalromans in die Literatur. Nach Erzählungen, gesammelt in dem Band *Meister und Gesellen* (*Mastera i podmaster'ja*, 1923), ging Kaverin zu Zeitromanen über, von denen *Meister unbekannt* (*Chudožnik neizvesten*, 1931), eine tragische Dreiecksgeschichte, wohl der gelungenste war, zumal auch der Erzähler aus seiner Anonymität heraustrat und aktiv in das Geschehen eingriff. Selbst in der Stalin-Zeit hielt Kaverin am Prinzip der Fabularität fest, wenn er in dem Doppelroman *Zwei Kapitäne* (*Dva kapitana*, 1946) die Abenteuer des Marinefliegers Sanja Grigor'ev und seines Schwiegervaters, des Polarforschers Tatarinov, zusammenfügte. Doch gelang ihm mit *Baron Brambeus* (1929; 1965) auch ein literarhistorischer Roman über Osip Senkovskij, den Erfolgsschriftsteller der Puškin-Zeit.

Pereval

Die Gruppe «Pereval» (Der Gebirgspaß) nahm im großen Ensemble der Kunstrichtungen in der jungen Sowjetliteratur politisch und künstlerisch eine Sonderstellung ein. Politisch folgte sie dem Kulturmodell Trockijs, das die forcierte Schaffung einer proletarischen Kunst und Literatur für überflüssig hielt, da sie sich nach der Umgestaltung der sozioökonomischen Basis von selbst ergeben würden. Sie geriet dadurch mit den Schergen des literarischen Klassenkampfes in offene Feindschaft, zumal sie sich eines starken Zulaufs junger Komsomol-Dichter erfreuen konnte und drauf und dran war, der RAPP den Rang abzulaufen. Noch weniger behagte der RAPP das künstlerische Programm des «Pereval». Ohne den von Arbeiterklasse und Partei erhaltenen «sozialen Auftrag» zu leugnen, bestanden seine Anhänger darauf, «große Kunst» zu schaffen. Bewußt knüpften sie in ihren Programmtexten an den ästhetischen Diskurs der Puškin-Zeit an. Dmitrij Gorbov erklärte in dem Traktat *Suchen nach Galatea* (*Poiski Galatei*, 1929) die schöpferische Eingebung zur verbindlichen Formel des Künstlers; während A. Ležnev Puškins Dichotomie Mozarttum und Salierismus aufgriff, um das geniale, inspirierte echte Künstlertum gegen die bemühte Handwerkelei des LEF und der Konstruktivisten abzugrenzen. In der Povest' *Meisterschaft* (*Masterstvo*, 1930) lieferte Pëtr Slëtov am Beispiel zweier Geigenbauer im Italien des 18. Jahrhunderts den Beweis, daß der geniale Meister seinem handwerklich-pedantischem Rivalen auch politisch-ideologisch überlegen war. Von «Pereval»-Autoren kamen packende Darstellungen der Revolutionsereignisse, so Artëm Vesëlyjs Roman *Rußland, mit Blut gewaschen* (*Rossija, krov'ju omytaja*, 1932), der die Entwicklung eines Soldaten vom spontanen Anarchisten zum bewußten Revolutionär nachzeichnete, oder die Romane Aleksandr Malyškins, *Der Fall von Dair* (*Padenie Daira*, 1923) und *Sevastopol'* (1929/30), die eigenes Erleben verarbeiteten. Vesëlyj wie zum Teil auch Malyškin arbeiteten bereits mit neuen narrativen und kompositionellen Schreibweisen, wie sie für das ornamentale Erzählen charakteristisch waren, namentlich für Boris Pil'njak.

Das ornamentale Erzählen

Die Autoren, bei denen sich die ornamentale Schreibmanier ausgebildet hatte, d. h. ein erzählerischer Prosastil, der intensiv poetische Verfahren nutzte oder als Skaz mit den Merkmalen der mündlichen Rede erschien, galten, da sie abseits vom literaturpolitischen Main-stream standen, als «Poputčiki», Mitläufer, klassenmäßig und künstlerisch rückständig, doch der Sowjetmacht nicht feindlich gesinnt.

Evgenij Zamjatin, eigentlich Schiffsbauingenieur, war wesentlich an der Entwicklung der ornamentalen Prosa beteiligt gewesen. Mit seinem Roman *Wir* (*My*, 1920) legte er, Huxley und Orwell vorangehend, eine Anti-Utopie vor, die das sowjetische Gesellschaftsprojekt mit luzider Verfremdung in Frage stellte und dabei verblüffende künstlerische Mittel einsetzte. In dem von Zamjatin gezeichneten Einheitsstaat waren alle Aktivitäten auf ein einziges Ziel, den Bau des Integrals, gerichtet. Die Bürger trugen Einheitsklufien und Nummernschilder. Widerstand gegen die total verdinglichte Gesellschaft entstand durch die Wiederentdeckung der alten romantischen Liebe. Die Tagebuchaufzeichnungen des Helden D-503 waren in einem Skaz der Zukunft abgefaßt, dessen Elemente eine neue Lexik, mathematische Formeln, Parenthesen und eine besondere

Intonation waren – Verfahren, die der ornamentalen Prosa entsprachen. Zamjatins Roman, 1924 in Prag veröffentlicht, konnte erst 1988 in Rußland erscheinen.

Boris Pil'njak

Boris Pil'njak, Sohn eines wolgadeutschen Tierarztes, brachte mit seinem Roman *Das nackte Jahr (Golyj god*, 1921), einer Darstellung der Revolutionsereignisse, die ornamentale Schreibweise zum Durchbruch. Die chaotische Textstruktur – expressionistische Emphase neben altrussischem Chronikduktus, krasse Lautmalerei neben fremdsprachlichem und dialektalem Idiom – modellierte eine aus den Fugen geratene Welt. Die Revolution erschien als ein Pandämonium, erzeugt vom Element des anarchischen Aufruhrs. Trotz des großen Erfolgs seines Romans blieb Pil'njak der parteihörigen Kritik eine verdächtige Person. Sein zweiter großer Roman, *Maschinen und Wölfe (Mašiny i volki*, 1924), zeigte, wie durch gesellschaftlichen Umbruch und Technisierung die alte bäuerliche Welt Rußlands zugrunde ging. Zu einer regelrechten Hetzkampagne gegen Pil'njak kam es nach der Veröffentlichung der Povest' *Mahagoni (Krasnoe derevo*, 1929). In ihr traten Personen auf, die das alte Rußland oder Alternativen zum Sowjetkommunismus vertraten. Ergebenheitsgesten wie der Aufbauroman *Die Wolga fließt ins Kaspische Meer (Volga vpadaet v Kaspijskoe more*, 1930) oder seine Reisebücher über Japan, China und die USA konnten nicht verhindern, daß Pil'njak zum Opfer der Stalinschen Säuberungen wurde.

Isaak Babel'

Ähnlich war das Schicksal Isaak Babel's. Gor'kij hatte diesen genialen Erzähler noch während des Ersten Weltkrieges entdeckt und gefördert. Nachdem er als Kriegskorrespondent am Polenfeldzug teilgenommen hatte, veröffentlichte er kurze Erzählungen, die 1926 gesammelt unter dem Titel *Konarmija* herauskamen. Babel' hatte, wie er rückblickend erklärte, seine Tagebuchaufzeichnungen und Erinnerungen durch «Phantasieren» in Fleisch und Blut gekleidet. Die Welt der Juden, Polen und Ukrainer, in die die tatenfrohen Kosaken brutal eindrangen, bot Babel', der sich unter dem Namen Kirill Ljutov selbst in das Geschehen einbrachte, Gelegenheit zu ebenso pittoresken wie grausigen Episoden. Seine eigenmächtige Erzählmanier war ein weiteres Muster des ornamentalen Erzählens.

Man konnte in Babel's Novellenfolge einen Roman oder ein Epos sehen, in denen die 34 Stücke die Romankapitel oder die epischen Episoden bildeten. Der zweite, weit kürzere Novellenzyklus waren seine *Erzählungen aus Odessa* (*Odesskie rasskazy*, 1923/24). Hier erstand die bunte Heimatstadt Babel's, vor allem das Judenviertel Moldovanka, in hintergründigen Szenen von Witz und Sinnlickeit. In dem Drama *Sonnenuntergang* (*Zakat*, 1927) knüpfte er an die Odessa-Thematik an, während in seinem zweiten Stück, *Marija* (1935), Überlebende der alten Gesellschaft gezeigt wurden, die die Schuld des zaristischen Rußland abzuarbeiten versuchten. Beide Dramen Babel's waren als achtteilige Szenenfolgen komponiert

Leonid Leonov

Leonid Leonov, ebenfalls ein Schützling Gor'kijs, stammte aus dem russischen Handwerkermilieu. Seine frühen Erzählungen brachten Märchenmotive, Traum und Phantasie in die geschilderte Wirklichkeit und operierten mit ungewöhnlichem Sprachmaterial, etwa in der Erzählung *Tuatamur* (1922), wo ein Unterführer Čingiz-Chans in einem archaischem Skaz über die Niederlage der Russen an der Kalka 1223 berichtete. Doch wagte sich Leonov bald schon an den großen Roman, indem er in Figuren, Motiven und Stil an Dostoevskijs Romankunst anknüpfte – in der Sowjetliteratur eine ungern gestattete Ausnahme. Der Roman *Die Dachse* (*Barsuki*, 1924) verfolgte das Schicksal zweier Brüder, Semën und Pavel, in der Provinz vor und nach der Revolution. Leonovs zweiter Roman, *Der Dieb* (*Vor*, 1927), spielte in der Moskauer Gauner- und Spekulantenszene während der NĖP-Zeit. Dabei waren in den männlichen und weiblichen Figuren deutlich Prototypen aus verschiedenen Romanen Dostoevskijs auszumachen. Leonov gehörte auch fürderhin zu den begabtesten Autoren der Sowjetliteratur. Trotz wiederholter Bedrohung und mancher Verneigung vor den Mächtigen gab er den künstlerischen Anspruch an sich niemals auf und versuchte, ihn der jüngeren Generation zu vermitteln.

Jurij Oleša

Jurij Oleša, ein anderer begabter «Mitläufer», kam wie Babel' aus Odessa. Er hatte nach der Revolution für die Telegraphenagentur ROSTA und eine Eisenbahnerzeitung geschrieben. Sein wichtigstes Werk wurde der Roman *Neid* (*Zavist'*, 1927), der die Widersprüche, die sich im Bewußtsein der Gesellschaft durch den revolutionären Umbruch ergeben hatten, thematisierte. Wieder war es ein Bruderpaar, von denen der jüngere, Andrej Babičev, Parteifunktionär und Leiter eines Fleischtrusts, voll im sowjetischen industriellen Fortschritt aufging, während der ältere, Ivan eine «Verschwörung der Gefühle» (*Zagovor čuvstv* – unter diesem Titel erlangte die Bühnenbearbeitung des Romans 1929 einen durchschlagenden Erfolg) anstiftete und eine «Maschinenvernichtungsmaschine» als Vergeltungswaffe gegen die Industrialisierung konstruierte. Oleša artikulierte damit Ängste und Stimmungen, die latent in der sowjetischen Gesellschaft verbreitet waren. Sein «Märchenroman» *Die drei Dickwänste* (*Tri tolstjaka*, 1928), in der ideologischen Aussage äußerst zweideutig, bestätigte erneut die Zweifel der RAPP-Kritiker an der politischen Zuverlässigkeit Olešas. Er blieb nach seinem Auftritt auf dem Schrifstellerkongreß 1934 bis zum «Tauwetter» ein Autor im Schatten.

Die Obériuten

Die Gruppe Obériu – dies war die Abkürzung von «Ob-edinenie Real'nogo Iskusstva» (Vereinigung der Realen Kunst) – bildete den grotesken Abgesang auf das literarische Gruppenwesen, kurz bevor es durch einen Machtspruch der Partei offiziell unterbunden wurde. 1928 konstituierten sich die Obériuten in Leningrad. Schon die Selbstbenennung war eine Parodie auf die sowjetische Abkürzungsmanie, und das setzte sich in der Organisationsform und selbst im Programm der Obériuten fort. Die sechs Mitglieder der Vereinigung bildeten vier Sektionen und strebten, wie alle Avantgardegruppen, eine revolutionäre «Verschiebung» (*sdvig*) in der Kunst und im Leben an. Vor allem wollte man, indem man die Gegenstände von Literatur- und Alltagsspreu reinigte, ein neues Empfinden der Dingwelt erlangen. Die Auftritte der Obériuten, wenn etwa Daniil Charms auf dem Obériuten-Schrank stehend verkündete: «Die Kunst ist ein Schrank», gemahnten an den längst verblichenen Dada-Aktionismus. Und sie waren, wie jener, Ausdruck eines verzweifelt-höhnischen Sarkasmus.

Daniil Charms und Aleksandr Vvedenskij traten zunächst nur mit Kindergedichten hervor, während ihre absurden Texte, Dramen und Kurzerzählungen erst Jahrzehnte später bekannt wurden. Nikolaj Zabolockij veröffentlichte die Bände *Kolumnen* (*Stolbcy*, 1929) und *Gedichte 1926-1932* (*Stichotvorenija 1926-1932*) sowie das Lehrgedicht *Triumph des Landbaus* (*Toržestvo zemledelija*, 1929/30), das die Kollektivierung der Landwirtschaft und die Schaffung der Kolchosen-Städte in archaischer Stilisierung feierte. In späteren Gedichten und Poemen entwickelte Zabolockij, Impulse der romantischen und der neueren russischen Naturphilosophie aufnehmend, ein Weltmodell, das die Natur als gleichermaßen lebensschaffende und lebenszerstörende Kraft verstand. Naturphilosophische Themen, das Verhältnis von Mensch und Natur oder die Evolution des Lebens, des Geistes und der Materie bestimmten in der Folgezeit, acht Jahre Lagerhaft eingerechnet, das dichterische Schaffen Zabolockijs.

Konstantin Vaginov

Unter den Obėriuten war Konstantin Vaginov der einzige Romanautor. Zwar hatte auch er mit Gedichten begonnen, die den gebildeten Humanisten verrieten und einem Neoklassizismus im Sinne Gumilëvs oder Kuzmins nahekamen. Die Romane aber, die er ab 1928 vorlegte, waren etwas, das in den Koordinaten der jungen Sowjetliteratur nicht vorgesehen war: Romane über ein Petersburg, das sich im neuen Leningrad nicht zurechtfinden konnte. Schon *Bocksgesang* (*Kozlinaja pesn'*, d.i. «Tragödie», 1928) zeigte einen Gelehrten, Teptëlkin, und seine jungen idealistischen Freunde, die sich, von der sozialistischen Gesellschaft abgestoßen, in den Elfenbeinturm einer Datscha zurückzogen, bis sie von praktischen Alltagssorgen wieder eingeholt wurden. Ein genialer Wurf gelang Vaginov mit dem Roman *Werke und Tage des Svistonov* (*Trudy i dni Svistonova*, 1929). Vordergründig ein Schlüsselroman aus dem Leningrader Literaturmilieu, ging es eigentlich um die Entstehung eines Romans, wobei die Verfahren der Stoffsuche in grotesken Einfällen vorgeführt wurden. Fast könnte man meinen, die «Entblößung des Kunstmittels», wie die Formalisten die Erörterung des Verfahrens im Werk nannten, sei in diesem Roman der eigentliche Held. Die Helden des folgenden Romans, *Bambocciade* (*Bambočada*, nach dem Genremaler Il Bamboccio, 1931), waren kauzige Typen und nostalgische Sammler aller möglichen und unmöglichen Dinge der alten Welt, von Bonbonpapieren und Reklamen bis zu Photographien und Fingernägeln. Auch in seinem letzten Roman, *Har-*

pagoniade (*Garpagoniada*, 1934) setzte Vaginov das Nostalgiespiel fort, doch wirkte das Thema jetzt bereits ausgereizt. Durch seinen frühen Tod entging Vaginov dem Schicksal seiner Obėriuten-Freunde. Volle Würdigung erfuhr sein Werk freilich erst in den Tagen der Postmoderne.

Kapitel X

Russische Sowjetliteratur II
Der Sozialistische Realismus

Um die Wende der 1920er/30er Jahre vollendete Stalin seine Allein-
herrschaft in der Sowjetunion. Als 1929 sein 50. Geburtstag erstmals mit dem Pomp des Personenkultes gefeiert wurde, da waren
seine Gegner im Politbüro, vor allem Lev Trockij, ausgeschaltet.
Stalins These vom «Sozialismus in einem Land» hatte Trockijs kos-
mopolitisches Revolutionskonzept überwunden. Die gigantischen
Kraftakte der Industrialisierung und der Kollektivierung der Landwirtschaft waren ohne Rücksicht auf Verluste durchgeführt worden. Stalin hatte das Land in einen diktatorisch geführten Einheitsstaat umgewandelt, in dem die alten Klassengegensätze sich an-
geblich in die harmonische Gesamtheit von Arbeitern, Bauern und
neuer Intelligenz aufgelöst hatten. Daß sich hinter der glänzenden
Fassade des sozialistischen Musterstaates, der Vollbeschäftigung
garantierte und keine Wirtschaftskrisen zu kennen schien, hinter
der zunehmenden Militarisierung der Öffentlichkeit und den wechselnden Parteikampagnen ein Terrorregime verbarg, das unablässig
nach Abweichlern und «Volksfeinden» fahndete, sie verhaftete und
in Arbeitslager verbrachte, wurde erst in den 1930er Jahren, mit den
großen Schauprozessen gegen die Links- und gegen die Rechts-
opposition sowie gegen die Generalität der Roten Armee, auch
Gutgläubigen schmerzlich bewußt. Alle politischen Maßnahmen
und Kampagnen wirkten sich unmittelbar oder mittelbar auch auf
die Literatur in der Sowjetunion aus. Sie bestimmten die Themen
und Gattungen der Literatur und sie griffen tief in die Schicksale der
Literaten ein.

Schriftstellerverband und Schriftstellerkongreß

Im April 1932 setzte das Zentralkomitee der KPdSU mit einem De-
kret dem «Gruppenunwesen» ein Ende. Alle literarischen Gruppen
und Vereinigungen, und damit das Grundelement, aus dem die
Dynamik der frühen sowjetischen Literatur gewachsen war, wurden unverzüglich aufgelöst, sofern sie dem nicht bereits unter dem

Druck der RAPP zuvorgekommen waren. Doch war gerade auch die RAPP, bisher der literarische Hebel der Partei, von dem ZK-Beschluß betroffen. Mit der Absage an die «Gruppenexklusivität» war der Appell verbunden, einen einheitlichen Schriftstellerverband zu schaffen, in dem alle Schriftsteller vereinigt werden sollten, die die «Plattform der Sowjetmacht» unterstützten und bereit waren, am sozialistischen Aufbau teilzunehmen. Dies wurde namentlich von den «Mitläufern» mit der Hoffnung aufgenommen, als Künstler wieder loyal und ohne ideologische Bedrängnis im sozialistischen Rahmen wirken zu dürfen. Das Organisationsbüro (org-*bjuro*) benötigte zwei Jahre, um den Ersten Allunionskongreß der sowjetischen Schriftsteller vorzubereiten, der vom 17. August bis 1. September 1934 in Moskau abgehalten wurde. 591 Schriftsteller waren vom bisherigen Allunionsschriftstellerverband delegiert worden; sie rekrutierten sich aus 52 Nationalitäten, wobei die Russen mit 200 Schriftstellern am stärksten vertreten waren; mehr als die Hälfte gehörten der Kommunistischen Partei bzw. dem Komsomol an. Aus dem westlichen Ausland waren antifaschistische Schriftsteller angereist, darunter André Malraux, Klaus Mann, Oskar Maria Graf, Willi Bredel und Adam Scharrer. Maksim Gor'kij, gleichsam der Patriarch der sowjetischen Literatur, hielt das Eröffnungsreferat, in dem er die menschliche Arbeit als den wichtigsten Organisator der Kultur und damit auch der Literatur herausstellte. Zuvor schon hatte Andrej Ždanov das Grußwort des ZK der KP verlesen, das, ausgehend von Stalins Diktum, die Schriftsteller seien «Ingenieure der menschlichen Seelen», bereits die Grundlinien festlegte, die am Ende als künstlerische Methode des Sozialistischen Realismus im Statut des Schriftstellerverbandes festgeschrieben wurden. In den Kongreßbeiträgen war immer wieder der Wunsch erkennbar, den Sozialistischen Realismus im Sinne künstlerischer Offenheit und Vielfalt zu definieren. Šklovskij setzte sich für einen «proletarischen Humanismus» ein, Ėrenburg warnte vor Schematismus und Epigonentum, Oleša verteidigte seine ambivalente Zeichnung der Vertreter der alten Welt, Babel' begehrte gegen «banale Trivialität» auf – das sei Konterrevolution. Auch die proletarischen Schriftsteller wehrten sich gegen die Geringschätzung, die ihnen plötzlich entgegenschlug. Im Parteiauftrag sprachen Karl Radek und Nikolaj Bucharin, beide in ihren Parteipositionen bereits merklich angeschlagen. Radek konstatierte die Spaltung der Weltliteratur in eine prosowjetische und eine profaschistische und warb um die antifaschistischen Autoren im bürgerlichen Lager; Bucharin setzte sich für künstlerische Meisterschaft in der Poesie ein. Hier schienen noch Perspektiven auf, die durch die Doktrin des Sozialistischen Realismus alsbald abgeschnitten wurden.

Im Statut des Schriftstellerverbandes wurde die künstlerische Methode der Sowjetliteratur wie folgt festgelegt: «Der Sozialistische Realismus, der die Hauptmethode der sowjetischen Schönen Literatur und Literaturkritik ist, fordert vom Künstler wahrheitsgetreue, historisch konkrete Darstellung der Wirklichkeit in ihrer revolutionären Entwicklung. Wahrheitsgetreue und historische Konkretheit der künstlerischen Darstellung muß mit den Aufgaben der ideologischen Umgestaltung und Erziehung der Werktätigen im Geiste des Sozialismus verbunden werden.» Dies bedeutete, daß die Literatur generell am Realismus des 19. Jahrhunderts, der als Höhepunkt der bisherigen russischen Literaturentwicklung gesehen wurde, festhielt, mit dem Unterschied freilich, daß dessen gesellschaftskritische Funktion durch eine optimistisch-utopische Perspektive ersetzt wurde. Dies entsprach der von Lenin propagierten Widerspiegelungstheorie (*teorija otraženija*), die die menschlichen Erkenntnisse, Ideen und Empfindungen als «Widerspiegelungen» der objektiv gegebenen Materie begriff, das ästhetische Vermögen des Menschen jedoch als erworben und somit abhängig von äußeren Bedingungen annahm. Von Lenin kam auch das Postulat der Parteilichkeit (*partijnost'*), d. h. der unbedingten Unterwerfung unter die herrschende Parteilinie, während das Gebot der ideologischen Erziehung der Massen Stalins Denken entsprang. Unter den Leitbegriffen des Sozialistischen Realismus tauchte die alte, vieldeutige Narodnost' wieder auf, die diesmal wohl als Volksverbundenheit konnotiert war. Das ideologische Gebräu des Sozialistischen Realismus, das fast 50 Jahre die herrschende Kunstdoktrin in der Sowjetunion, ja im gesamten Ostblock bleiben sollte, implizierte die Absage an alle Strömungen der Moderne und der Avantgarde, die in der Folgezeit unter dem pejorativen Etiketten «Formalismus», «Naturalismus» oder «Modernismus» (*modernizm*) abgewertet wurden.

Das Gattungssystem des Sozialistischen Realismus

Rasch bildete sich ein spezifisches Gattungssystem aus, in dem auf Totalität und Affirmation zielende Strukturen vorherrschten, während die für die 1920er Jahre typischen offenen, dokumentaren und experimentellen Formen in den Hintergrund traten. Gor'kijs Roman *Die Mutter (Mat'*, 1906) fungierte mit seinem Konzept des proletarischen «positiven Helden» (*položitel'nyj geroj*) als Musterwerk des Sozialistischen Realismus. Die Industrialisierung war bereits seit dem ersten Fünfjahresplan in Romanen von Gladkov, Leonov, Valentin Kataev und sogar von Pil'njak und Ėrenburg thematisiert worden. Nun verschrieben sich viele Autoren dem Aufbaugenre wie auch dem Kolchosenroman, der in Šolochovs *Neuland unterm Pflug (Podnjataja celina*, 1932) und Fëdor Panfërovs vierteiligem Roman *Steinblöcke (Bruski*, dt. *Wolgabauern*, 1928-37) den schwierigen Prozeß der sozialistischen Umgestaltung des Dorfes mit dem endlichen Sieg des Fortschritts beschrieb.

Die Erziehung des «neuen Menschen» (*novyj čelovek*) gehörte im Sowjetstaat zu den vorrangigen gesellschaftspolitischen Zielen. Der Literatur kam die Aufgabe zu, Sowjetpatriotismus und unbedingten Parteigehorsam zu propagieren. Zwei Werke zeigten exemplarisch und auf authentische Erfahrung gegründet die neue sozialpädagogische Tendenz. Nikolaj Ostrovskij erzählte in dem Buch *Wie der Stahl gehärtet wurde (Kak zakaljalas' stal'*, 1932-34) die Lebensgeschichte des Arbeiters Pavka Korčagin, der im Bürgerkrieg verwundet wurde und trotz schwerer Erkrankung dem Komsomol und der Partei diente – eine Analogie zu Ostrovskijs eigenem Schicksal. Der Autor und das «Willenswunder» seines Helden wurden in der Sowjetunion kulthaft verehrt. Auch das andere Musterwerk, *Pädagogisches Poem (Pedagogičeskaja poėma*, dt. *Der Weg ins Leben*, 1935) von Anton Makarenko, beruhte auf tatsächlichen Verhältnissen. Es war ein Erfahrungsbericht über die Gor'kij-Kolonie bei Poltava, in der nach Ende des Bürgerkrieges verwahrloste und straffällig gewordene Jugendliche, sog. «besprizorniki», resozialisiert wurden. Mit autoritären Erziehungsmaßnahmen und paramilitärischer Disziplin gelang es Makarenko, seine Zöglinge zu einem tatkräftigen Kollektiv zusammenzuschweißen, um sie als gefestigte sozialistische Persönlichkeiten ins Leben zu entlassen. Auch der vorangegangene Skizzenband *Der Marsch des Jahres dreißig (Marš tridcatogo goda*, 1932) und der nachfolgende Roman *Flaggen auf den Türmen* (*Flagi na bašnjach*, 1938) griffen die Kommunenerziehung auf. Makarenkos pädagogische Experimente, die Jugendasozialität zu überwinden, fanden Beifall nicht nur in der Sowjetunion.

Geschichtsroman und Roman-Epopöe

Das von Stalin seit Anfang der 1930er Jahre verkündete russische Geschichtsbild setzte wieder auf die «Größe und Würde der nationalen Vergangenheit», ohne sich freilich von Marxens historischem Materialismus völlig loszusagen. In zahlreichen Geschichtsromanen wurden große revolutionäre Gestalten wie Radiščev (im gleichnamigen Roman von Ol'ga Forš, 1936-39) oder Emel'jan Pugačëv (in dem unvollendeten Roman von Vjačeslav Šiškov, 1946/47) behandelt. Aleksej Novikov-Priboj schilderte in *Tsushima* (*Cužima*, 1932-40) die vernichtende Niederlage der russischen Flotte im Mai 1905, Sergej Sergeev-Censkij in *Die heißen Tage von Sewastopol* (*Sevastopol'skaja strada*, 1937-39) den Kampf um Sewastopol im Krim-krieg – Niederlagen, die den überlebten Herrschaftsstrukturen des Zarenreichs angelastet wurden. Aleksej Tolstoj wandte sich mit dem bedeutendsten Geschichtsroman jener Jahre, *Peter der Erste* (*Pëtr Pervyj*, 1929-45), der Gestalt des russischen Zaren und Imperators zu, die bereits Gegenstand früherer Erzählungen gewesen war. Wenn Peters radikales Reformwerk, das von inneren und äußeren Gegnern bedroht war, wenn die Klassengegensätze zwischen den Ständen, zwischen Aufklärern und Altgläubigen, wenn Rußland in der europäischen Staatenkonstellation gezeigt wurde, aus der es als Großmacht hervorging, so waren die Parallelen zwischen der Petrinischen und der Stalin-Zeit mit Händen zu greifen.

Den obersten Rang aber in der Gattungshierarchie des Sozialistischen Realismus nahm die Roman-Epopöe (*roman-ėpopeja*) ein; sie galt als die größte Errungenschaft der Sowjetliteratur und war mit einer Reihe umfangreicher, in der Regel mehrbändiger Werke vertreten. Der Ruf nach einem «roten Tolstoj», d.h. nach künstlerischer Gestaltung des heroischen Epochenumbruchs, war schon von der RAPP erhoben worden. Eine fundierte Theorie der Roman-Epopöe entwickelte jedoch erst der 1933 nach Moskau emigrierte Georg Lukács. Er gewann sie aus Hegels Vorstellungen über das klassische Epos, das in der ersten Periode des nationalen Lebens als dem «episch allgemeinen Zustand» entstand. Die sittlichen Verhältnisse und der Zusammenhalt der Familie wie des Volkes als Nation in Krieg und Frieden müßten, so Hegel, sich zur Totalität der Nationalanschauung erweitern, so daß das Epos zur dauernd gültigen Bibel, zum Volksbuch werde. Schon in seiner *Theorie des Romans* (1920) hatte Lukács in Tolstojs *Krieg und Frieden* die erneuerte Epopöe erkannt. Jetzt deutete er Šolochovs *Stillen Don* oder Nikolaj Virtas Roman *Allein geblieben* (*Odinočestvo*, 1935) als Werke, die nach Stil und Komposition epischen Geist verrieten. Ähnlich wurde nun auch Aleksej Tolstojs Romantrilogie *Der Leidensweg* (*Choždenie po mukam*), die den Weg der Adelsintelligenz aus der Dekadenz der Vorkriegszeit zum bewußten Kampf auf seiten der Roten schilderte, als Roman-Epopöe qualifiziert. Und selbst Maksim Gor'kijs unvollendeter Entwicklungsroman *Das Leben des Klim Samgin* (*Žizn' Klima Samgina*, 1927-36), eine großangelegte Abrechnung mit dem halbherzigen Spießertum der bürgerlichen Intelligenz, wurde dem Genre zugeschlagen. Mängel wie Personen- und Faktenfülle oder unzureichende Komposition, die der Roman-Epopöe oft angelastet wurden, kamen bei Gor'kij besonders kraß zum Vorschein.

Massenlied und Kinderliteratur

Große Bedeutung gewannen in den 1930er Jahren die Massenlieder (*massovye pesni*), die bei Aufmärschen oder bei Auftritten von Lied- und Tanzensembles gesungen wurden. Nicht wenige von ihnen stammten aus Filmkomödien wie *Lustige Burschen* (*Vesëlye rebjata*, 1934) oder *Zirkus* (*Cirk*, 1936), die ein heiter-optimistisches Bild der sowjetischen Wirklichkeit vorzauberten. Einige dieser Lieder wurden, wie Michail Isakovskijs berühmte *Katjuša* (1938), zu echten Volksliedern.

Besondere Aufmerksamkeit galt der Entwicklung der edukativen Kinderliteratur (*detskaja literatura*). Gor'kij hatte sich für phantasievolle, optimistische Kinderbücher eingesetzt, und Samuil Maršak ergriff allerlei Maßnahmen zur Förderung des Kindertheaters und von Jugendzeitschriften. Schon 1923 übersetzte er englische Kindervolkslieder und war mit seinen *Märchen, Liedern, Rätseln* (*Skazki, pesni, zagadki*, 1935) bei seinem jungen Publikum überaus beliebt. Vieles an kindlicher Sprach- und Bildphantasie hatten die Kinderdichter dem genialen Kornej Čukovskij abgesehen, der in Kinderpoemen wie *Krokodil* (1917), *Waschdirnloch* (*Mojdodyr*,

1923) oder *Ajbolit* (1929) nicht nur die eigene pädagogische Erfahrung, sondern auch die Sprachexperimente der Avantgarde ins Kindliche übertragen hatte. Demgegenüber nahm sich die Kinderpoesie von Agnija Barto oder Sergej Michalkov, dem Verfasser der sowjetischen Nationalhymne, konform und gezähmt aus. Als Jugendautoren traten auch Valentin Kataev mit dem Roman *Es blinkt ein einsam Segel* (*Beleet parus odinokij*, 1936), der später zu dem Odessa-Zyklus erweitert wurde, und Michail Prišvin mit *Der Sonnenspeicher* (*Kladovaja solnca*, 1945) hervor. Abenteuererzählungen wie *Tschuck und Geck* (*Čuk i Gek*, 1939) oder *Timur und sein Trupp* (*Timur i ego komanda*, 1940) steuerte Arkadij Gajdar bei, Romane über berühmte Flughelden und Sportler Lev Kassil', während Michail Il'in (unter diesem Pseudonym schrieb der jüngere Bruder von Samuil Maršak) sich mit viel Erfolg dem Jugendsachbuch widmete.

Literatur im Schatten

Daß im Widerspruch zu der großzügigen Förderung der erwünschten klassischen und zeitgenössischen Literatur eine erbarmungslose Repression mißliebiger Schriftsteller betrieben wurde, kam im vollen Umfang erst in den Jahren der Perestrojka ans Licht. Ein vielschichtiges Zensursystem sorgte dafür, daß Kritik an den Verhältnissen oder an der Partei, religiöse Themen oder erotische Freizügigkeit tabuisiert blieben. Allein schon Zweifel oder Skepsis gegenüber der festlichen Stimmung, die im sowjetischen Alltag nach Meinung der Theoretiker der «Konfliktlosigkeit» (*beskonfliktnost'*) herrschen sollte, konnte rigide Maßnahmen gegen einzelne Autoren auslösen. Viele Schriftsteller, namentlich Anhänger des Proletkul't, des LEF, der RAPP, des Pereval oder des Obėriu, wurden unter dem Vorwurf des Trotzkismus, der Spionage für Deutschland oder Japan, oft auch aufgrund subversiver Texte verhaftet, exekutiert oder in Lagerhaft verbracht. Unter den zu Tode gepeinigten Opfern – man schätzte ihre Gesamtzahl auf 1500 – waren einige der besten Autoren, die die russische Literatur im 20. Jahrhundert besaß: Isaak Babel', Daniil Charms, Nikolaj Kljuev, Osip Mandel'štam, Boris Pil'njak, Sergej Tret'jakov, Artëm Vesëlyj und Aleksandr Vvedenskij. Einen vergleichbaren Aderlaß gab es zu keiner Zeit in irgendeiner Literatur.

Da gerade den besten Autoren die Möglichkeit zu veröffentlichen versagt war, schrieben sie ihre Werke unter konspirativen Umständen, im Schatten. Erst nach Jahrzehnten wurde offenbar, daß in den 1930er Jahren eine Schattenliteratur entstanden war, die den offiziösen Literaturerzeugnissen an künstlerischem Wert überlegen war.

Anna Achmatova und Osip Mandel'štam

Die tapfere Anna Achmatova, seit 1928 mit einem Publikationsverbot belegt, konnte nur einmal, 1940, einen Gedichtband vorlegen, *Aus sechs Büchern* (*Iz šesti knig*), in dem auch der später *Das Schilfrohr* (*Trostnik*) benannte Zyklus enthalten war. In dem Zyklus *Requiem* (*Rekviem*, 1935-43) beschwor sie das Schicksal der russischen Frauen, deren Gatten und Söhne – wie Achmatovas eigener Sohn – Haft, Verschickung oder den Tod erlitten. Sie entfaltete eine Poetik, die Überleben und Kampf gegen des Vergessen zum existentiellen Gehalt erhob. Zwanzig Jahre, von 1940 bis 1962, schrieb sie an ihrem Vermächtniswerk, dem *Poem ohne Helden* (*Poėma bez geroja*). Dieses lyrisch-epische Triptychon weckte die Erinnerung an die Petersburger Künstlerwelt des «silbernen Zeitalters» um 1913. In schweren Tagen stand sie dem verfemten Osip Mandel'štam zur Seite, der nach den Reiseaufzeichnungen und -gedichten aus Armenien (1930) nichts mehr veröffentlichen konnte und wegen eines gegen Stalin gerichteten Pasquillgedichts nach Voronež verbannt worden war. Seine *Moskauer* und *Voronežer Hefte* (*Moskovskie tetradi*, 1930-33; *Voronežskie tetradi*, 1935-37) waren erschütternde Zeugnisse eines geistigen Widerstandes. Nach seiner zweiten Verhaftung starb Mandel'štam 1938 in einem fernöstlichen Durchgangslager.

Daniil Charms – Leonid Dobyčin

Daniil Charms, nach außen als Kinderdichter und Übersetzer Wilhelm Buschs tätig, schrieb im Schatten seine absurden Prosaminiaturen, die er 1939 zu dem Zyklus *Fälle* (*Slučai*) zusammenstellte. Beherrschendes Thema war die Gewalt, die unvermittelt von einzelnen oder Gruppen, oft auch von anonymen Institutionen ausging und sich gegen Kinder und alte Menschen richtete. Urkomisch dagegen waren die *Anekdoten aus dem Leben Puškins* (*Anekdoty iz žizni Puškina*), die im Jubiläumsjahr 1937 die verordnete Klassikerverehrung hintertrieben.

In Leonid Dobyčins Prosa wurde die Atmosphäre der russischen

Provinz vor und nach der Revolution – in dem Roman *Die Stadt N* (*Gorod Ėn*, 1935) bzw. in dem unvollendeten Roman *Šurkas Verwandtschaft* (*Šurkina rodnja*, dt. *Im Gouvernement S.*, posth. 1993) – als primitiv-dumpfes Pandämonium dargeboten. Der Autor rührte sogar an das Tabu der seit 1933 unter strenger Strafandrohung stehenden Homosexualität. Von der Kritik angefeindet, suchte er 1936 den Freitod.

Andrej Platonov

Zwei der großen Erzähler Rußlands, Andrej Platonov und Michail Bulgakov, konnten ihre reifen Werke ebenfalls nur im Schatten voranbringen. Platonov kam, als Sohn eines Eisenbahnschlossers, aus dem Proletariat. Nach frühen Erzählungen wurden seine großen Romane bzw. Povesti – *Čevengur* (1926-29), *Die Baugrube* (*Kotlovan*, 1929/30), *Das Juvenilmeer* (*Juvenil'noe more*, 1934), *Technischer Roman* (*Techničeskij roman*, posth. 1990) und das Romanfragment *Das glückliche Moskau* (*Sčastlivaja Moskva*, posth. 1991) – erst Jahrzehnte nach seinem Tod veröffentlicht. Die Manuskripte der beiden letztgenannten Werke fand man in einem Archiv des KGB. Platonovs großes Thema war das Scheitern der Utopie. In seinem wichtigsten Werk, *Čevengur*, erlebte der junge Idealist Saša Dvanov den in der Stadt errichteten Kommunismus nicht als die erhoffte Einheit des Menschen mit Natur und Kosmos, sondern als Gewaltherrschaft blindwütiger Bürokraten. In *Die Baugrube* entstand, statt des geplanten prächtigen Palastes der Zukunft, nichts als ein riesiges Massengrab. In der Erzählung *Džan* (1933-35) verließ das halbnomadische asiatische Volk das von der Sowjetmacht eingerichtete sichere Obdach wieder – da die Menschen eben selber besser wissen, «wie es für sie richtig ist».

Michail Bulgakov

Ein ganz anderes künstlerisches Temperament zeigte Michail Bulgakov. Als Satiriker, Dramatiker und Romanautor hinterließ er ein gewaltiges Œuvre, von dem in Buchform zu Lebzeiten nur der Satirenband *Die Teufeliade* (*D'javoliada*, 1925) veröffentlicht wurde. In der Erzählung *Hundeherz* (*Sobač'e serdce*, 1925) spann er das Homunculus-Thema aus und ließ einen Hundemenschen, in deutlicher Anspielung auf den «neuen proletarischen Menschen», das Werk der Kulturzerstörung verrichten.

Mit seinen Dramen allerdings war Bulgakov überaus erfolgreich. Vor allem *Die Tage der Turbins* (*Dni Turbinych*, 1926) erreichten bis 1940 mit 987 Vorstellungen einen Aufführungsrekord. Das Stück zeigte Monarchisten und Aristokraten, die im Sinne der Ideologie der Smenovechovcy zu der Einsicht gelangten, daß der Bestand und die Zukunft Rußlands nur von der Sowjetmacht gesichert werden könnten. Das Drama *Die Flucht* (*Beg*, 1926-28) stellte dementsprechend den Weg eines weißen Generals aus der Emigration zurück ins sowjetische Rußland dar. Weitere Dramen waren dem Konflikt zwischen dem Künstler und der Macht gewidmet, zwischen Molière und Ludwig XIV. in *Die Kabale der Scheinheiligen* (*Kabala svjatoš*, 1930-36), zwischen Puškin und Nikolaus I. in *Die letzten Tage* (*Poslednie dni*, 1934/35).

Bulgakovs großes Meisterwerk war indes sein Doppelroman *Der Meister und Margarita* (*Master i Margarita*), an dem er seit 1928 bis zu seinem Tod arbeitete. Das Werk verband zwei anspruchsvolle Materien miteinander: den Faust-Stoff und die Passionsgeschichte Christi. Die Handlung des einen Romans spielte im Literatenmilieu des zeitgenössischen Moskau, in dem Voland und seine Teufelsbande ihr Unwesen trieben und wo es der wackeren Margarita durch einen Teufelspakt gelang, das Romanmanuskript des Meisters zu retten. Dessen Roman selbst konfrontierte in Jesus und Pilatus den Träger der Wahrheit mit dem der Macht. Der Roman war unter Einsatz unbändiger Phantastik und umwerfender Groteske, aber auch – in der Pilatus-Geschichte – eines gehobenen sprachlichen Duktus gebaut. Hinzu kam eine dichte intertextuelle Durchdringung des Romans, dessen Sinnstrukturen auf grobe ideologische Raster nicht zu projizieren waren. Erst 1966 konnte Bulgakovs Roman in der Sowjetunion erscheinen.

Krieg und Nachkrieg

Die 1930er Jahre waren gekennzeichnet durch eine zunehmende Militarisierung weiter Lebensbereiche in der Sowjetunion, nicht zuletzt auch der Literatur. Die Furcht vor strategischer Einkreisung durch die Mächte des Antikomintern-Paktes, das massive Eingreifen in den spanischen Bürgerkrieg, die Besetzung der polnischen Ostgebiete als Folge des Hitler-Stalin-Paktes im Herbst 1939, der finnische Winterkrieg 1940/41 hatten auch den Einsatz der Literaten gefordert. Der durch die Organisation LOKAF eingeübte militär-literarische Einsatz trug jetzt Früchte, wenn es galt, sog. «operative» Texte, sei es Flugblatt, Plakat, Skizze oder Kriegsberichte, abzufassen. Nach Hitlers Überfall auf die Sowjetunion im Juni 1941 entstanden zahlreiche Kriegstagebücher, die die Erlebnisse an der Front ebenso festhielten wie den Partisanenkampf (Evgenij Petrov, Aleksandr Poljakov, Vasilij Grossman, Konstantin Simonov, Pëtr Ignatov). Die Blockade Leningrads wurde in Dokumentationen und Erzähltexten festgehalten (Ol'ga Berggol'c, Aleksandr Fadeev, Vera Inber, Lidija Ginzburg, Nikolaj Tichonov). Doch war dies vor allem die Zeit der Kriegsromane, die die aufwühlenden Ereignisse begleiteten. Unter ihren Verfassern waren Michail Bubennov, Valentin Kataev, Ėmmanuil Kazakevič, Boris Polevoj, vor allem aber Aleksandr Fadeev, Viktor Nekrasov, Vera Panova und Vasilij Grossman. Fadeev, inzwischen einer der einflußreichsten Funktionäre im Schriftstellerverband, schilderte in dem Roman *Die junge Garde* (*Molodaja gvardija*, 1945) den Kampf einer Partisanengruppe gegen die deutschen Okkupanten. Der heldische Idealismus der Jungkommunisten und der emotionale Stil, in dem er vorgetragen wurde, ließen die Kritik von neuer «sowjetischer Romantik» sprechen. Hingegen war Nekrasovs Roman *In den Schützengräben von Stalingrad* (*V okopach Stalingrada*, 1945/46) eine nüchterne Dokumentation konkreter Ereignisse, berichtet aus der Perspektive der in vorderster Linie kämpfenden Frontsoldaten. Nekrasov schrieb aus eigener Erfahrung und unter Verzicht auf patriotisches Pathos über Heldentum und Erfolge, Zurückweichen und Verluste. Gegen das Votum Fadeevs wurde das Buch 1946 mit einem Stalin-Preis ausgezeichnet. Mit ähnlicher Nüchternheit fing Vera Panova in ihrem ersten Roman *Weggefährten* (*Sputniki*, 1946) das Geschehen um einen Lazarettzug ein.

Vasilij Grossman

Die bedeutendste Kriegsdarstellung aber kam von Vasilij Grossman. Das, was endlich 1980 in Lausanne unter dem Titel *Leben und Schicksal* (*Žizn' i sud'ba*) erschien, hatte eine vielfach erschwerte Entstehungsgeschichte hinter sich. Der erste Teil des Romans, *Für die gerechte Sache* (*Za pravoe delo*, dt. *Wende an der Wolga*, 1952), löste scharfe Kritik aus und mußte zweimal umgearbeitet werden. Die Fortsetzung, bereits 1961 abgeschlossen, blieb in Fängen des

KGB hängen. Wie in Tolstojs *Krieg und Frieden* wurde das weltge-schichtliche Ereignis der Schlacht um Stalingrad mit dem privaten Schicksal der verzweigten russisch-jüdischen Familie Šapošnikov kontrapunktiert. Das Kampfgeschehen um Stalingrad, Etappen-räume und militärische Stäbe, der nach Kujbyšev evakuierte sowje-tische Regierungsapparat, die Gefangenen- und Straflager – all das führte Grossman dem Leser vor Augen. Selbst Hitler und Stalin wurden in dem Augenblick beschrieben, als sich der Kessel um Sta-lingrad schloß. Auch die aus Tolstojs Roman bekannten Geschichts-reflexionen fehlten bei Grossman nicht.

Bis weit in die 1950er/60er Jahre hinein blieb der Zweite Welt-krieg eines der wichtigsten Themen der Literatur. Konstantin Simo-nov, der wohl am stärksten durch das Kriegserlebnis geprägte russi-sche Autor, beschrieb in seiner großen Romantrilogie mit den Teilen *Die Lebenden und die Toten* (*Živye i mёrtvye*, 1959), *Man wird nicht als Soldat geboren* (*Soldatami ne roždajutsja*, 1964) und *Der letzte Sommer* (*Poslednee leto*, 1970) den Verlauf des Krieges, ohne die Führungsmängel und Verluste der eigenen Seite zu verschwei-gen. Auch Aleksandr Bek gab mit seinen Romanen über die Vertei-digung Moskaus durch die legendären Panfilov-Schützen, vor allem in *Die Volokolamsker Chaussee* (*Volokolamskoe šosse*, 1943/44), ein ungeschöntes Bild der Ereignisse, ebenso wie Jurij Bondarev in *Hei-ßer Schnee* (*Gorjačij sneg*, 1970), der, indem er die Vereitelung des deutschen Entsatzes von Stalingrad darstellte, die üblichen heroi-schen Stereotypen umging.

Im lyrisch-epischen Genre war Aleksandr Tvardovskijs volks-tümliches Poem *Vasilij Tёrkin* (1941-45) das eindrücklichste Werk. Dieses «Buch vom Kämpfer», wie der Untertitel lautete, schilderte im lustigem Rhythmus der Častuški-Tanzlieder, den russischen Landser in allen Lebenslagen.

Eine breite Welle der Kriegslyrik war zu verzeichnen, zu der äl-tere wie jüngere Dichter bis hin zu den pomphaften Siegerfeiern im Frühjahr 1945 das Ihre beitrugen. Einzelne Gedichte wie das be-rühmte *Wart' auf mich* (*Ždi menja*, 1941) von Konstantin Simonov wurden zu Hoffnungsmalen für Frontsoldaten und Daheimgeblie-bene. Nicht wenige der Dichter – Evgenij Dolmatovskij, Michail Lukonin, Sergej Narovčatov, Aleksandr Prokof'ev u. a. – wirkten als Kriegsberichterstatter an der Front. Zu den bemerkenswertesten Dichtern jener Zeit zählte der junge Politoffizier Boris Sluckij, in dessen Versen knappe miliärische Nüchternheit mit Verfahren der Avantgardepoesie verschmolz.

Die Literaturresolutionen des ZK

In der Kriegszeit hatte es eine Reihe ideologischer Lockerungen gegeben wie z. B. die Aufwertung der russischen National- und Kriegsgeschichte oder größere Toleranz gegenüber der russisch-orthodoxen Kirche; auch eine Abmilderung der Repressionen der Vorkriegszeit war auszumachen. Allerdings wurden alle Hoffnungen auf ein gelösteres Klima in Politik, Gesellschaft und Kunst sehr bald zunichte. Schon im August 1946 wurden die Literaten durch eine Resolution des ZK aufgeschreckt, die sich scheinbar mit der Redaktionsarbeit zweier Leningrader Literaturzeitschriften befaßte, in Wirklichkeit aber die gesamte Ausrichtung der Sowjetliteratur im Sinn hatte. Den Anlaß für die Generalkritik boten Gedichte von Anna Achmatova und eine Satire von Michail Zoščenko, die in den gemaßregelten Zeitschriften erschienen waren. Das ZK verfügte nun, daß Prinzipienlosigkeit, unpolitische Haltung und *L'art pour l'art* in der Sowjetliteratur keinen Platz hätten, daß es vielmehr deren Aufgabe sei, die Jugend richtig zu erziehen und eine Generation heranzubilden, die in der Lage sei, alle Hindernisse zu überwinden. In Kampagnen und durch weitere Resolutionen nahm man nun den Kampf gegen fremde Einflüsse und Kosmopolitismus («Katzbukkelei vor dem Westen») auf, kritisierte erneut Formalismus und Naturalismus in der Literatur, geißelte den Nationalismus der Unionsvölker und stimmte die Literatur allmählich auf den Kalten Krieg ein, d. h. auf den Klassenkampf auf internationalem Felde. Andrej Ždanov, der für die Literatur zuständige Funktionär, wies den Autoren die erwünschten Themen zu: etwa den Wissenschaftler, der Verrat an der sowjetischen Sache beging und dafür bestraft wurde, wie in Aleksandr Štejns Drama *Der Ehrenkodex* (*Zakon česti*, 1948), oder der zum Umdenken gelangte, wie in Konstantin Simonovs *Der fremde Schatten* (*Čužaja ten'*, 1949).

Als ein wirksames Instrument der Durchsetzung einer parteikonformen Literatur erwiesen sich die Stalin-Preise. Zwar wurden 1946 auch künstlerisch eigenständige Werke wie Vera Panovas *Weggefährten* und Viktor Nekrasovs Stalingrad-Roman ausgezeichnet, doch wurden mit Werken wie Pëtr Pavlenkos Stalin feierndem Roman *Das Glück* (*Sčast'e*, 1947) und den Romanen *Der Ritter vom Goldenen Stern* (*Kavaler Zolotoj Zvezdy*, 1948) und *Licht auf Erden* (*Svet nad zemlëj*, 1949) von Semën Babaevskij Konfliktlosigkeit und Beschönigung prämiiert.

Es gab freilich auch in dieser Zeit eine Reihe von Werken, die der russischen Literatur zur Ehre gereichten. Nach dem Prinzip der Roman-Epopöe entstanden einige beachtliche Romanzyklen. So gab Konstantin Fedin ein breites Gesellschaftspanorama der Zeit vor dem Ersten bis zum Zweiten Weltkieg in einer Romantrilogie mit den Bänden *Erste Freuden* (*Pervye radosti*, 1946), *Ein ungewöhnlicher Sommer* (*Neobyknovennoe leto*, 1948) und dem unvollendeten dritten Teil *Das Lagerfeuer* (*Kostër*, 1961-67), in denen Person und Werk Lev Tolstojs beziehungsreich eingeflochten waren. Valentin Kataev ergänzte seinen Erfolgsroman *Es blinkt ein einsam Segel* um drei weitere Teile unter dem Gesamttitel *Die Wellen des Schwarzen Meeres* (*Volny Čërnogo morja*, 1936-61), indem er die Entwicklung der Schulfreunde Petja und Gavrik bis in den Partisanenkampf in den Katakomben von Odessa weiterführte. Weitere Romanzyklen legten Nikolaj Virta, Fëdor Panfërov, Arkadij Pervencev und Il'ja Ėrenburg vor. Veniamin Kaverins Trilogie *Das offene Buch* (*Otkrytaja kniga*, 1949-57) unterschied sich von der Dutzendware durch die Tagebuchform, in der die Heldin, die Bakteriologin Tat'jana Vlasenkova, ihre Lebensgeschichte berichtete.

Leonovs «Russischer Wald»

Das bedeutendste Romanwerk der Nachkriegsjahre dürfte jedoch Leonid Leonovs *Der russische Wald* (*Russkij les*, 1953) gewesen sein. Allerdings folgte Leonov hier einem Aufruf Stalins zur Wiederaufforstung der im Krieg zerstörten Wälder. Mit der Roman-Epopöe hatte das Werk die in die historischen Zeitläufte eingelassene Familiengeschichte überein, doch wurden der Wald und die Waldpflege mannigfalt thematisiert. Nicht nur waren die Protagonisten, Vichrov und Gracianskij, Forstwissenschaftler von unterschiedlichem wissenschaftlichem Ethos, nicht nur wurde eine ganze Enzyklopädie des Forstwesens aufgetan, der russische Wald war auch Chronotop, d. h. bedeutungshaltige Raum-Zeit-Einheit, in der sich wesentliche Teile der spannenden Handlung abspielten. Die Einstellung zum Wald entschied über den Charakter jedes Einzelnen; der Wald stand allegorisch für Rußland und das russische Volk.

Konstantin Paustovskij

Ähnlich waren schon in Konstantin Paustovskijs *Geschichte von den Wäldern* (*Povest' o lesach*, 1948), in die Episoden aus dem Leben des Komponisten Pëtr Čajkovskij verwoben waren, der Reichtum des Waldes, die Freiheit der Volksseele und die Größe des Staates symbolisch zusammengeschlossen. Als Autor hatte Paustovskij stets seinen eigenen Weg verfolgt. Seine Erzählungen standen in der Nachfolge Čechovs und Bunins, sie zeichneten sich durch eine besondere Naturverbundenheit aus. In der Nachkriegszeit entstand sein Hauptwerk, die sechs Bände seiner *Geschichte vom Leben* (*Povest' o žizni*, 1946-63), in denen er die eigene Biographie ausbreitete. Sie beschrieben den Weg eines bürgerlichen Intelligenzlers, der stets in innerer Distanz zur Oktoberrevolution verblieb. Die Schilderungen des literarischen Lebens in Odessa und Moskau, die lebendigen Porträts von Babel', Bagrickij oder Bulgakov zählten zu den Glanzlichtern in Paustovskijs Autobiographie. Er hatte das Werk, Band um Band, in das «Tauwetter» hineingeschrieben. Als sich das Klima erwärmte, wurde er für viele junge Schriftsteller zum Vorbild. In seinem die Literatur reflektierenden Band *Die goldene Rose* (*Zolotaja roza*, 1955) widmete er einen Abschnitt der «Kunst, die Welt zu sehen». Das Schöne im Alltäglichen zu erkennen, die Poesie mit der Prosa zu vereinigen – das verkündete er als Ideal des Schriftstellers. Inzwischen war die Zeit reif geworden, diesen Ruf aufzunehmen.

Kapitel XI

Russische Sowjetliteratur III
Das literarische Tauwetter

Die Entstalinisierung

Stalins Tod am 5. März 1953 war ein einschneidendes Ereignis in der Geschichte der Sowjetunion, dessen Bedeutung zunächst noch gar nicht zu ermessen war. Bei den Beisetzungsfeierlichkeiten versammelten sich Hunderttausende von Menschen, um Abschied vom «Vater der Völker» zu nehmen, der die Sowjetunion zum Sieg über die deutschen Aggressoren geführt hatte und, gleich einem guten König, von Unrecht und Verfolgung im eigenem Land nichts gewußt zu haben schien. Die kollektive Führung, die Stalins Macht übernahm, scheiterte rasch an inneren Rivalitäten. Stalins Geheimdienstchef Berija wurde bereits im Juni 1953 ausgeschaltet; an die Spitze des ZK drängte Nikita Chruščev, der in der Folgezeit die Schlüsselfigur der Enstalinisierung wurde. Natürlich ging es ihm dabei nicht um die Beseitigung des Sowjetsystems, sondern um seine Reformierung und die Korrektur seiner ärgsten Fehler. Deren Ursache sah er, wie er auf dem XX. Parteikongreß im Februar 1956 in einer Geheimrede darlegte, in Stalins Personenkult (*kul't ličnosti*), der zu unzähligen politischen Fehleinschätzungen und Verbrechen geführt habe. Chruščev versuchte, die Agrarproduktion anzuheben, und kündigte eine Verbesserung des Lebensstandards der sowjetischen Bevölkerung an. Spektakuläre Erfolge waren ihm in der Weltraumtechnik beschieden: die Lanzierung des Erdsatelliten «Sputnik» 1957 und der erste bemannte Raumflug des Kosmonauten Jurij Gagarin 1961. Scheitern sollte er in den Jahren 1962/63 mit dem Versuch einer Verwaltungsreform, durch die auch die Partei, bisher weisunggebende und kontrollierende Instanz, in die Verantwortung vor dem Volk eingebunden werden sollte.

Für die Literatur bedeutete die Nach-Stalin-Zeit eine Phase des Hin- und Herschwankens zwischen Lockern und Anziehen der literaturpolitischen Schraube. Nach einem Naturgedicht von Nikolaj Zabolockij und dem bekannten Roman von Il'ja Erenburg wurde sie mit dem Begriff «Tauwetter» (*Ottepel'*) benannt, der metaphorisch sehr genau den Prozeß des allmählichen «Auftauens» der strengen Direktiven des Sozialistischen Realismus bezeichnete. Seine Anfänge zeichneten sich seit Oktober 1953 in der sog. «Tauwetter-Publizistik» und einigen aufsehenerregenden Romanen ab, während das Ende in der Brežnev-Ära unscharf verlief. Die Zerschlagung des «Prager Frühlings» im August 1968 und die darauf einsetzende schleichende Restalinisierung konnten das Aufkommen einer politisch-literarischen Dissidentenbewegung nicht verhindern. Seit 1974 gingen die Behörden dazu über, die mißliebigen Autoren auszubürgern. Im Westen sammelten sich bald neu emigrierte Schriftsteller. Wieder erlebte die russische Literatur eine Teilung.

Die Tauwetter-Kontroverse

Das literarische Tauwetter wurde im Oktober 1953 durch den Artikel *Über die Arbeit des Schriftstellers* (*O rabote pisatelja*) von Il'ja Ėrenburg eingeleitet. Augenscheinlich von der politischen Führung angeregt, beantwortete der wendige Schriftsteller die Frage, warum die zeitgenössischen Leser die sowjetische Belletristik schwächer fänden als die Klassiker. Ėrenburg fand die Erklärung in der Tatsache, daß die Klassiker das Innenleben, Gefühle und Gedanken, Liebe und Tod ihrer Helden dargestellt hätten, während in den sowjetischen Romanen nicht Menschen gezeigt würden, sondern Maschinen, nicht Gefühle, sondern Produktionsprozesse. Die Sowjetliteratur, so forderte er, müsse von den Klassikern wieder künstlerische Wahrhaftigkeit lernen. Ähnliche Thesen fanden sich in dem Essay *Über die Aufrichtigkeit in der Literatur* (*Ob iskrennosti v literature*, 1953) des wenig bekannten Erzählers Vladimir Pomerancev. Indem er die Produktions- und Kolchosenliteratur mit ihren stereotypen Helden, Handlungsklischees und ihrer konfliktlosen Atmosphäre kritisierte, geißelte er die «Lackierung der Wirklichkeit» (*lakirovka dejstvitel'nosti*) als traurige Folge des sowjetischen Literaturbetriebes, vor allem des Zusammenspiels von Schriftstellern und Literaturkritik. Auch er forderte Wahrhaftigkeit und Aufrichtigkeit in der Literatur – die ehrwürdigen Ideale des russischen Realismus. Ein dritter Artikel, verfaßt von Fëdor Abramov, einem Agrarexperten, rechnete mit dem geschönten Kolchosenroman ab, wie ihn Elizar Mal'cev, Galina Nikolaeva, vor allem aber Semën Babaevskij in der Nachkriegszeit gepflegt hatten. Die drei Artikel lösten eine langanhaltende Kontroverse aus, in der sich zwei Lager formierten, die auch in der Folgezeit immer wieder in Erscheinung traten: ein konservativer Block, vertreten durch die Schriftsteller Kočetov, Surkov, Mal'cev, Bubennov, und eine liberale Gruppe, zu der, außer den drei Genannten, Kaverin und Ovečkin stießen. Auf dem II. Allunionsschriftstellerkongreß im Dezember 1954, dem sog. Tauwetter-Kongreß, wurde versucht, einen Kompromiß zwischen dem dogmatischen Konzept des Sozialistischen Realismus und der von den Liberalen geforderten Wiedergabe des wirklichen Lebens zu finden. Die Parteiführung legte den Schriftstellern nahe, «tiefe Kenntnisse des wirklichen Lebens der Menschen» zu erwerben, um dieses in «spannend-eingänglicher Form» darzustellen, die der «gültigen Vorbilder der realistischen Literatur» würdig sei. Dies entsprach, wenn auch in ungelenker Formulierung, den Vorstellungen Ėrenburgs. Der III. Schriftstellerkongreß im Mai 1959 diente Chruščëv persönlich dazu, eine Grenze zu ziehen: Kritik – ja, Fundamentalkritik – nein.

Die Tauwetter-Literatur

Ėrenburgs Roman *Tauwetter* (*Ottepel'*), der der neuen Richtung das Etikett geliefert hatte, war bereits 1954 erschienen. Die Fabel war eine Dreiecksgeschichte mit deutlichen Anklängen an Tolstojs *Anna Karenina*, nur daß die Rolle Karenins nun von dem bürokratischen Werkdirektor Žuravlëv eingenommen wurde, daß der Lehrerin Lena Annas Schicksal erspart blieb und ihr ersehnter Partner, der Ingenieur Koroteev, ein gediegener, «lebendiger Mensch» war. Ėrenburg beleuchtete seine Figuren, mittels personalen Erzählens, von innen und vermied Schwarz-Weiß-Malerei. Heraus kamen «realistische» Mixturen mit positiven und negativen Eigenschaften. Zwei Romane von Viktor Nekrasov, *In der Heimatstadt* (*V rodnom gorode*, 1954) und *Kira Georgievna* (1961), behandelten die Probleme, die sich bei der Rückkehr eines verwundeteten Frontoffiziers aus dem Krieg bzw. eines zu Unrecht Verfolgten nach zwanzig Jahren Lagerhaft ergaben. Die Entfremdung und das Auseinandertreten der Lebensschicksale war besonders im zweiten Roman in einer Mischung von Ernst und Frivolität eingefangen, wie sie die Sowjetliteratur seit Jahren nicht mehr kannte. Auch Vera Panovas Roman *Jahreszeiten* (*Vremena goda*, dt. *Verhängnisvolle Wege*,

1953) kündigte bereits, indem er zwei Familiengeschichten in einer Provinzstadt vor allem von der privaten, emotionalen Seite zeigte, die neue Tendenz an. Die heile Welt der sozialistischen Gesellschaft konnte nicht von Grund auf in Frage gestellt werden. Immerhin waren Korruption oder Gewissenlosigkeit hoher Parteifunktionäre, wie in Dudincevs Roman *Der Mensch lebt nicht vom Brot allein* (*Ne chlebom edinym*, 1956), nun ein Thema geworden, an dem man nicht mehr vorbeikam. Die Gestalt des Fabrikdirektors Drozdov, Widersacher des begabten Ingenieurs Lopatkin, wurde zum Inbegriff der privilegierten Funktionäre, die die Verbindung zum Volk verloren hatten, der Nomenklatura.

In den von Konstantin Paustovskij herausgegebenen Almanachen *Literarisches Moskau* (*Literaturnaja Moskva*, 1956) und *Blätter aus Tarusa* (*Tarusskie stranicy*, 1961) fand die Literatur des Tauwetters ihren ersten Höhepunkt. Erzählungen von Jurij Nagibin oder von Aleksandr Jašin rüttelten an der sowjetischen Fortschrittsgläubigkeit und den Verhaltensmechanismen in der Partei; die Erzählungen von Bulat Okudžava oder von Jurij Kazakov wiesen bereits auf die «junge Prosa» voraus, und Paustovskij setzte sich für die Rehabilitierung und Rückgewinnung verfemter Autoren wie Marina Cvetaeva, Ivan Bunin und Jurij Oleša ein.

Lyrik und Drama im Tauwetter

Bei der Bewältigung des Stalinismus durch die Literatur spielte Aleksandr Tvardovskijs Poem *Ferne über Ferne* (*Za dal'ju dal'*, 1953-56) eine nicht geringe Rolle. Gespräche während einer Eisenbahnreise im Fernzug Moskau-Vladivostok gaben dem Dichter Gelegenheit, die Lage im Lande zu erkunden. In einem «Gespräch über Literatur» deckte er auf, daß die Autoren in ihrem Kopf ja längst vorauseilende Selbstzensur übten.

Evgenij Evtušenko

Es waren freilich Dichter der jungen, nach 1930 geborenen Generation, die nun mit neuen Themen und Tönen aufhorchen ließen. An ihre Spitze trat mit dem Pathos und der Stimmgewalt Majakovskijs der junge Sibiriake Evgenij Evtušenko. Noch unlängst hatte er staatskonforme Verse veröffentlicht, doch setzte er sich alsbald in dem autobiographischen Poem *Bahnstation Zima* (*Stancija Zima*,

1955) mit dem Stalin-Kult auseinander. Evtušenko wurde zum Exponenten eines neuen Lebensgefühls und -stils, der sich vorsichtig an westlichen Vorbildern orientierte. Immer wieder rührte er an brisante Themen wie den unbewältigten Stalinismus – in dem Gedicht *Stalins Erben* (*Nasledniki Stalina*, 1962) – oder die Vertuschung des Massenmordes an den Juden – in dem Gedicht *Babij Jar* (1961). Wie Majakovskij kommentierte er die laufenden Ereignisse und schrieb Verse, die bei der Deklamation auf offener Estrade ihre volle Wirkung, vor allem beim jungen Publikum, entfalteten. Als Auslandskorrespondent in Ländern des Westens und der Dritten Welt erwarb Evtušenko eine Weltläufigkeit, wie sie in der Sowjetunion neben ihm vielleicht nur noch Ėrenburg besaß. In seiner Autobiographie *Wolfspaß* (*Volčij pasport*, 1998) schilderte er später in recht oberflächlicher Selbstbespiegelung die Rolle des von der Regierung bevollmächtigten literarischen Botschafters.

Eine Vielseitigkeit des lyrischen Ichs kam in Evtušenkos Gedichten immer wieder zum Ausdruck, so in seinem Prosa und Vers kombinierenden Poem *Fuku* (1963-85), das dem Kampf gegen die Mächtigen dieser Welt gewidmet war, die, wie Kolumbus, Hitler, Mussolini, Franco, Pinochet, aber auch Berija, Leid über die Menschheit brachten. Und er konnte auch, wie in dem Poem *Das Bratsker Wasserkraftwerk* (*Bratskaja GĖS*, 1965) das Aufbauthema angehen, doch rief er dabei in der Vorrede seine dichterischen Helfer an: Puškin, Lermontov, Nekrasov, Blok, aber auch Pasternak und, selbstverständlich, Majakovskij. Evtušenkos gelegentliches Abgleiten ins Banale, Gefällige und politisch Opportune war der Preis für das Tagesengagement, so wie er es verstand.

Evtušenkos Mitstreiter Robert Roždestvenskij und Andrej Voznesenskij befanden sich in einem ähnlichen Dilemma. Roždestvenskij betrieb in seinen zahlreichen Gedichtsbänden eine Art «lyrischen Journalismus» (W. Kasack), während Voznesenskij, ein ausgebildeter Architekt und Maler, sich in seinen Versen stärker den Antinomien des wissenschaftlich-technischen Fortschritts zuwandte und dabei die Ausdruckspotentiale der Avantgarde wiederentdeckte. Mit dem Poem *Oza* (1964) über die Gefahren der Atomenergie und dem Band *Der Blick* (*Vzgljad*, 1972) schaltete er sich in einen Diskurs ein, der in den 1960er Jahren die Gemüter bewegte. Es ging um die Frage, wie die Literatur auf die wissenschaftlich-technische Revolution reagieren solle oder könne. Ausgelöst worden war die Debatte durch einen Leserbrief an Érenburg, doch erhielt sie ihren Namen durch das Gedicht *Physiker und Lyriker* (*Fiziki i liriki*, 1959) von Boris Sluckij. Er vertrat darin die Meinung, daß die Poesie gegenüber der Physik ins Hintertreffen geraten sei, weil die «süßlichen Jamben» für den Flug des Pegasus zu schwach seien. In Wahrheit kritisierte Sluckij damit das Zurückbleiben der dichterischen Technologie hinter den Anforderungen der Gegenwart. Aber es gab auch Stimmen, wie die des Lyrikers Pavel Antokol'skij, die ernstlich meinten, die Schriftsteller müßten sich Elementarkenntnisse in den physikalisch-mathematischen Wissenschaften aneignen.

Hinter solchen Disputen entwickelte sich eine Lyrik, die die Belange des Individuums wieder ernstnahm. Dichter der älteren Generation wie Leonid Martynov, Nikolaj Zabolockij, Il'ja Selvinskij, nicht zuletzt auch Anna Achmatova und Boris Pasternak bildeten ein neues vieltöniges Ensemble in der russischen Lyrik. Damals setzte auch das lyrische Schaffen von Aleksandr Kušner und Oleg Čuchoncev ein, der eine aus Leningrad, der andere aus der Moskauer Region stammend. Bei beiden gerann die Beobachtung der Wirklichkeit zum Nachdenken über die Hoffnungen und Bedrohungen des Lebens. Kušner blieb der Petersburger Tradition der Akmeisten verbunden, während in Čuchoncevs Poesie sich die Linie der russischen Gedankenlyrik (Puškin, Baratynskij, Tjutčev) fortsetzte. Höchst sensibel, in die eigene Gefühlswelt versponnen, stellte sich Bella Achmadulina in ihren Gedichten dar. Oft sprach sie über alltägliche Dinge oder extrapolierte aus einem Augenblick ganze Lebensgeschichten, wie in dem Gedicht *Die Aufnahme* (*Snimok*), wo sie aus einem frühen Photo der Anna Achmatova deren künftiges Schicksal herauslas. Ihr gelangen einige der schönsten Gedichte der Nachkriegszeit. In der Brežnev-Ära zählte sie zu den wenigen Unerschrockenen, die sich für verfolgte Schriftsteller und Bürgerrechtler einsetzten.

Eine neue Erscheinung, die erst in der Tauwetter-Phase um sich griff, waren die Liedermacher, die ihre Gedichte zur Gitarre im intimen Kreis oder auf der Estrade vortrugen. Bulat Okudžava sang seine Lieder über den Krieg, über die Liebe und über das Moskauer Arbat-Viertel, in dem er, Sohn eines georgischen Parteifunktionärs und einer armenischen Mutter, aufgewachsen war. Die stille Novella Matveeva bewegte die Gemüter mit ihren «romantischen» Darbietungen, wenn sie «die Seele der Dinge» (*Duša veščej*, 1963) suchte. Dagegen drückten die Lieder von Aleksandr Galič bereits eine Protesthaltung aus und wurden im SAMIZDAT, der in Abschriften verbreiteten Untergrundliteratur, publiziert. Zur Kultfigur unter den russischen Barden aber wurde der Schauspieler Vladimir Vysockij, dessen Lieder nach seinem frühen Tod unter dem Titel *Der Nerv* (*Nerv*, 1981) in Auswahl erschienen. Eine bald darauf in New York erscheinende Sammlung enthielt über 600 Texte.

Die allmähliche Befreiung aus der ideologischen Umklammerung eröffnete endlich auch dem russischen Drama wieder neue Möglichkeiten. Die Dramatiker konnten nun, auch wenn das Geschehen an den Stätten des industriellen Aufbaus angesiedelt war, in die Psyche ihrer Helden hineinleuchten. Aleksej Arbuzov errang mit dem Stück *Irkutsker Geschichte* (*Irkutskaja istorija*, 1959) seinen ersten großen Erfolg. Bis in die 1980er Jahre hinein beherrschten seine Dramen, darunter *Märchen des alten Arbat* (*Skazki starogo Arbata*, 1970), *Altmodische Komödie* (*Staromodnaja komedija*, 1975) und *Grausame Spiele* (*Žestokie igry*, 1978) die sowjetischen Bühnen. Auch Viktor Rozov traf mit seinem bereits 1943 geschriebenen, doch erst 1956 aufgeführten Stück *Die ewig Lebenden* (*Večno živye*) die im Tauwetter aufkommende Stimmung des Gefühlsdramas. Das Schicksal der jungverheirateten Veronika Bogdanova, die ihren Mann in den ersten Kriegstagen verlor, den freigestellten Pianisten Mark heiratete und sich nach glückloser Ehe wieder von ihm trennte, wurde in der Verfilmung unter dem Titel *Wenn die Kraniche ziehen* (*Žuravli letjat*, 1956) ein Welterfolg. Einen typischen Tauwetterkonflikt – eine junge Frau wurde vom Komsomolsekretär bedrängt und verlor ihren Arbeitsplatz – behandelte Aleksandr Volodin in dem Stück *Das Mädchen aus der Fabrik* (*Fabričnaja devčonka*, 1956). Seine Dramen, in denen er die sowjetischen Alltagssorgen aufzeigte und gegen die allfälligen ideologischen Verkrustungen anging, führten immer wieder zu Kontroversen mit der Kritik. Für das Drama *Die Berufung* (*Naznačenie*, 1963), das einen unfähigen Funktionär vorführte, wurde er offiziell gemaßregelt.

In den Dramen von Aleksandr Galin erstand der sowjetische Alltag mit seinen tragischen und komischen Seiten. Der gelernte Fräser war mit Pensionärsstücken wie *Retro* (1980), *Die östliche Tribüne* (*Vostočnaja tribuna*, 1980) und *Der Alptraum* (*Navaždenie*, 1983) überaus erfolgreich. Die satirische Darstellung der sowjetischen Lebensverhältnisse wie sie Viktor Slavkin bot, etwa die Wohnungsmisere in dem Einakter *Die schlechte Wohnung* (*Plochaja kvartira*, 1966), brachte groteske Effekte auf die Bühne, die an Daniil Charms erinnerten. Sein Bühnenstück *Cerceau* (*Serso*, 1981), nach dem französischen Ringspiel benannt, wurde in der Saison 1985/86 aufgeführt, Erinnern und Neuanfang umkreisend, wurde es fast zur Parabel der beginnenden Perestrojka.

Die Junge Prosa

Um 1960 brachten einige junge Autoren eine neue Art des Erzählens auf, die weitere Regeln des Sozialistischen Realismus außer Kraft setzte. In Rußland nannte man sie meist Junge Prosa (*molodaja proza*), weil sie nicht nur von jungen Leuten über junge Leute für junge Leute geschrieben wurde, sondern weil sie zugleich auch eine Reihe neuer narrativer Verfahren einsetzte. Die Verwandtschaft mit der «Jeans-Prosa» (A. Flaker) in den Literaturen westlicher Länder und des übrigen Ostblocks lag auf der Hand. Es gab offensichtlich eine Reihe von Gemeinsamkeiten zwischen Ost und West: den Gegensatz und Vertrauensverlust zwischen Kriegs- und Nachkriegsgeneration, das Aufbegehren der Jungen, ihr Ausbruch aus der etablierten Welt. Dementsprechend trat in der Jungen Prosa ein junger Held auf, regelmäßig als Ich-Erzähler oder in personaler Erzählperspektive dargeboten, der in Konflikt mit Eltern, Lehrern oder Vorgesetzten geriet und aus dem gewohnten Milieu ausbrach. Meist zeichnete sich am Ende die Bereitschaft ab, sich wieder in die Gesellschaft einzufügen, vom Ideal des «positiven Helden» waren die aufmüpfigen Jugendlichen allerdings weit entfernt. Ganz wesentlich unterschied sich auch ihre Sprache, die sich an den Slang des städtischen Jugendmilieus anlehnte, von der gebotenen Sprachreinheit des Sozialistischen Realismus.

Vasilij Aksënov

Vasilij Aksënovs erste Povesti *Fahrkarte zu den Sternen* (*Zvëzdnyj bilet*, 1959), *Auf halbem Wege zum Mond* (*Na polputi k lune*, 1963) oder der Roman *Apfelsinen aus Marokko* (*Apel'siny iz Marokko*, 1963) zeigten Menschen, die, wenn sie aus den verkrusteten Verhältnissen der Schule oder der Familie ausbrachen, keineswegs echten Idealen entsagten, nur gaben sie sich offener, ungezwungener als ihre Eltern und huldigten westlicher Mode, Jazz und moderner Kunst. In dem Roman *Es ist Zeit, mein Freund, es ist Zeit* (*Pora, moj drug, pora*, 1965) ging es, unter Anspielung auf Puškin, um die Liebe einer Schauspielerin zu einem Gelegenheitsarbeiter und Schriftsteller. Aksënov setzte alte Motive in neue Verhältnisse um und fand immer wieder überraschende Erzählverfahren. Das letzte Werk, das er in der Sowjetunion veröffentlichte, war *Suchen nach der Gattung* (*Poiski žanra*, 1978) – hier ging es um die Abenteuer eines Autobesitzers, die als Allegorese literarischer Bestrebungen zu lesen waren. Wegen der Teilnahme an dem zensurfreien Almanach *Metropol'* wurde Aksënov 1980 aus der Sowjetunion ausgewiesen. In den USA schrieb er in den letzten Jahren größere Erzählwerke wie die dreiteilige Familiengeschichte *Moskauer Saga* (*Moskovskaja saga*, 1999) und den in die russische Geschichte zurückgreifende Roman *Voltairianer und Voltairianerinnen* (*Vol'ter'jancy i vol'ter'janki*, 2004), der eine geheimgehaltene, d. h. fiktive, Begegnung zwischen Katharina der Großen und Voltaire im galanten Idiom des 18. Jahrhunderts ausmalte.

Vladimir Vojnovič

Eine lyrische Note brachte Jurij Kazakov mit seinem Erzählband *Blau und Grün* (*Goluboe i zelënoe*, 1963) in die Junge Prosa, während Vladimir Vojnovič die satirische Variante vertrat. Seine Povest' *Zwei Kameraden* (*Dva tovarišča*, 1967) wies am Beispiel der beiden Freunde Valera und Tolik opportunistische Fragwürdigkeiten des sowjetischen Literaturbetriebs auf. Auch in späteren Satiren goß Vojnovič seinen Spott über dem sowjetischen Schriftstellergebaren aus, wenn er etwa in der burlesken *Ivankiade* (*Ivan'kiada*, 1976) den Kampf um Wohnraum oder in *Die Mütze* (*Šapka*, 1989) die Zuteilung von Mützen nach Rang und Namen an die Schriftsteller aufs Korn nahm. Lange hatte Vojnovič an einem modernen Schelmenroman gearbeitet, *Leben und ungewöhnliche Abenteuer des Soldaten Ivan Čonkin* (*Žizn' i neobyčajnye priključenija soldata Ivana Čonkina*). Obwohl das Werk im SAMIZDAT verbeitet wurde, konnte es vollständig erst 1975 im Ausland erscheinen. Čonkin war das russische Pendant zu Hašeks bravem Soldaten Švejk. Er unterlief die unsinnigsten Befehle und überlebte die gefährlichsten Situationen. In der 1980 – bereits nach der Ausweisung Vojnovičs – im Ausland erschienen Fortsetzung [*Iwan Tschonkin,*] *Thronanwärter* (*Preten-*

dent na prestol) geriet der tölpelhafte Bauernsoldat, fälschlich für den russischen Thronprätendenten Fürst Čonkin-Golicyn gehalten, in die Fänge der großen Politik. Auch die Utopie *Moskau im Jahre 2042* (*Moskva 2042*, 1987) ließ die unerschöpflichen satirischen Verfremdungspotentiale Vojnovičs erneut zur Geltung kommen.

Die Affären Pasternak und Solženicyn

Im Tauwetter war immer wieder zu sehen, daß die Parteiführung in prinzipiellen Fragen nicht zögerte, mit rigider Hand durchzugreifen. Die Affären um Boris Pasternak und Aleksandr Solženicyn, zwei Schriftsteller von höchstem literarischen Rang, bewiesen, daß auch der Druck der Weltöffentlichkeit die Sowjetbehörden nicht beirren konnte, ihre bornierten Ziele durchzusetzen.

Pasternak schrieb seit den 1930er Jahren an einem großen Roman, der Einzelschicksale in den gewaltigen Epochenumbrüchen der ersten Jahrhunderthälfte darstellen sollte. 1954 waren bereits Gedichte aus dem letzten Romankapitel des *Doktor Živago* vorab veröffentlicht worden. Dennoch verweigerte das Redaktionskollegium der Zeitschrift «Novyj mir» den Abdruck des Werkes. Der Autor beschloß daraufhin, den Roman im Ausland, im Verlag Feltrinelli, Mailand, zu veröffentlichen. Was in aller Welt als außerordentliches literarisches Ereignis gefeiert wurde, war für die Sowjetbehörden ein feindlicher Akt. Als Pasternak überdies für sein bedeutendes lyrisches und episches Werk im Oktober 1958 der Nobelpreis für Literatur verliehen wurde, setzte in der Sowjetunion eine beispiellose Hetzkampagne ein, die den Dichter nötigte, den Preis abzulehnen. Gleichwohl wurde er aus dem Schriftstellerverband ausgeschlossen und blieb bis zu seinem Tod im Mai 1960 verfemt und isoliert.

Pasternaks *Doktor Živago* war kein antisowjetischer Roman. Gewiß, der Titelheld und seine Geliebte Lara Antipova waren keine Revolutionäre, aber sie verließen ihr Land nicht, sondern versuchten, trotz mißlichster Umstände ihr Leben dort einzurichten. Die revolutionären Ereignisse trafen mit Wucht ihre private Existenz, der Sinn der Geschichte war in den Gedichten des Schlußkapitels gespiegelt. Und natürlich konnte der Poet Pasternak seinen lyrischen Stil auch im Roman nicht verleugnen. So entstand ein einzigartiger Roman über das Leben und die Liebe – auch hier war das Vorbild von Tolstojs *Anna Karenina*, wenn auch in verkehrter Anordnung, wiederzuerkennen –, der über die Beschränktheiten des sowjetischen Literaturverständnisses triumphierte.

Solženicyn war in der Aufarbeitung der Unbilden der Stalin-Zeit am weitesten vorgeprescht. Seine 1962 mit ausdrücklicher Genehmigung Chruščëvs veröffentlichte Povest' *Ein Tag [im Leben] des Ivan Denisovič* (*Odin den' Ivana Denisoviča*) dokumentierte mit penibler Genauigkeit den Tageslauf eines zu zehn Jahren Zwangsarbeit verurteilten Lagerhäftlings im nordöstlichen Kasachstan. Es war Solženicyns eigenes Schicksal – er war 1945 als Artilleriehauptmann wegen «antisowjetischer Propaganda» zu acht Jahren Lagerhaft verurteilt worden. Anders als in der späteren großangelegten Anklageschrift und Dokumentation *Archipelag GULag* (1973) wirkten hier die einfachen, nackten Tatsachen des Lageralltags, die Lagersprache und die trotz aller Depravierung in den Menschen verbleibende Hoffnung als ein Zeugnis unzerstörbarer Menschlichkeit. Davon kündeten auch Solženicyns nachfolgende Erzählungen, darunter *Matrjonas Hof* (*Matrënin dvor*, 1963) und *Im Interesse der Sache* (*Dlja pol'zy dela*, 1963). Dank des immensen Erfolges seiner Straflagerdarstellung wurde Solženicyn 1964 sogar für den Leninpreis vorgeschlagen, der ihm aber nach dem Sturz Chruščëvs am Ende doch versagt blieb.

Solženicyn hatte inzwischen seinen zweiten Roman, *Im ersten Kreis [der Hölle]* (*V kruge pervom*, 1964) abgeschlossen. Diesmal ging es um inhaftierte Wissenschaftler in einem Spezialgefängnis, genannt Šaraška, die an einem Gerät zur Ver- und Entschlüsselung der menschlichen Stimme arbeiteten. Der Roman vermittelte eine facettenreiches Bild der sowjetischen Intelligenz mit einprägsamen Charakteren wie dem nach Solženicyns Mithäftling Lev Kopelev gezeichneten Germanisten Lev Rubin. Auch Solženicyns dritter Roman, *Krebsstation* (*Rakovyj korpus*, 1967) führte wieder eine Grenzsituation vor Augen: die Krebserkrankung, die nach einer Bestrahlungstherapie zur vorläufigen Genesung führte. Beiden Romanen wurde die Veröffentlichung versagt, da sich das politische Klima unter Brežnev weiter verschärft hatte. 1966 wurden die Schriftsteller Andrej Sinjavskij und Julij Daniėl' für ihre satirischen Erzählungen, veröffentlicht im Ausland unter den Pseudonymen Abram Terc und Nikolaj Aržak, zu mehreren Jahren verschärfter Haft verurteilt. Zudem hatte es Solženicyn auf dem IV. Schriftstellerkongreß im Mai 1967 gewagt, in einem offenen Brief gegen die Zensurmaßnahmen zu protestieren. In dem autobiographischen Text *Die Eiche und das Kalb* (*Bodalsja telёnok s dubom [Es rieb das Kalb seine Hörner an der Eiche]*, 1975) dokumentierte er später seine Kämpfe mit dem Schriftstellerverband. Solženicyns Werke erschienen im SAMIZDAT und als Raubdrucke im Westen. Die nun einsetzende Ächtung seiner Werke und seiner Person ließ ihn, neben Pёtr Jakir und Andrej Sacharov, zu einem Wortführer der Dissidentenbewegung werden. Die Verleihung des Nobelpreises für Literatur im Oktober 1970 gewährte ihm Unversehrtheit – bis zu seiner Ausweisung aus der Sowjetunion im Februar 1974. Inzwischen hatte er den Roman *August 1914* (*Avgust četyrnadcatogo*, 1970), den ersten Teil seines großen Romanzyklus *Das rote Rad* (*Krasnoe koleso*), abgeschlossen, auch lagen bereits die drei ersten Bände der GULAG-Dokumentation vor.

Die Neue Prosa

Die Junge Prosa verebbte allmählich in den 1960er Jahren; ihre Verfahren gingen ins Feuilleton, in Reiseskizzen und Reportagen über. An der Wende zum neuen Jahrzehnt kündigte sich eine gereifte Prosa an, die sich auf autobiographisch motivierte Dokumentarität, essayistische Diskursivität und souverän beherrschte narrative Verfahren gründete. Erfahrene Autoren wie Valentin Kataev und Veniamin Kaverin gingen den Jüngeren voran, der eine mit seinen literarischen Erinnerungen *Das Kraut des Vergessens* (*Trava zabvenija*, 1967); der andere mit dem Erinnerungsbuch *Im alten Haus* (*V starom dome*, 1971) und dem aus authentischen Briefen gestalteten Roman *Vor dem Spiegel* (*Pered zerkalom*, 1971). Die «neue Prosa» (*novaja proza*), wie sie bald genannt wurde, nahm sich mit Ernst brennender Themen an: der Problemlage der städtischen Intelligenz, der Deutung heikler geschichtlicher Ereignisse und Gestalten sowie der desolaten Lage in den ländlichen Regionen. Rasch setzte sich die neue Erzählart durch, die den Helden weniger als handelndes, denn als erinnerndes oder reflektierendes Subjekt auffaßte, die Fabel verschiedenen Transformationen aussetzte und, vor allem, die «Emanzipation der erzählten Person» betrieb, wodurch der Verzicht auf auktoriale Einflußnahme im Erzähltext unterblieb (W.

Schmid). Mit den neuen Techniken gingen neue Inhalte Hand in Hand: Russische Traditionen und ethische Werte wurden neu entdeckt, Angst und Sorge um die Folgen der Umweltzerstörung und des wissenschaftlich-technischen Fortschritts machten sich breit.

Jurij Trifonov

Jurij Trifonov, der Sohn eines 1937 liquidierten Altbolschewisten, war der erste, der die seelische und geistige Befindlichkeit der städtischen Intelligenz im Stil der Neuen Prosa offenlegte. Seine «Moskauer Novellen» oder «Moskauer Romane» berichteten von hochgebildeten, hochsensiblen Intelligenzlern, die in psychotische Krisen gerieten und Zuflucht in illusorischen Aufgaben suchten. Nach konformistischen Büchern wie dem Entlarvungsroman *Studenten* (*Studenty*, 1950) und Romanen über die Großbaustellen in Turkmenien fand Trifonov erst mit der Povest' *Der Tausch* (*Obmen*, 1969) sein ureigenes Thema: Ein komplizierter Wohnungstausch, der unter der stillschweigenden Voraussetzung vorgenommen wurde, daß die krebskranke Mutter sterben werde, bot Anlaß zur Prüfung von Schuld und moralischem Handeln. In *Vorläufige Bilanz* (*Predvaritel'nye itogi*, 1970) legte sich der Held, ein Übersetzer, Rechenschaft über seine gescheiterte Ehe und die Entzweiung mit seinem Sohn ab. Bezeichnenderweise handelte es sich in Trifonovs Povesti meist um Paarbeziehungen zwischen einem sensiblen Mann und einer robusten Frau, und es waren die Männer, die scheiterten. Ein Gegenstück dazu aus der weiblichen Sicht einer Wissenschaftlerin lieferte Sergej Zalygin mit dem Roman *Die südamerikanische Variante* (*Južnoamerikanskij variant*, 1973) – Indizien für eine beginnende Mentalitätskrise in der sowjetischen Gesellschaft.

Trifonovs wichtigstes Werk war die Povest' *Das Haus an der Moskwa* (*Dom na naberežnoj* [*Das Haus an der Uferstraße*], 1976). Hier griff er das Thema seines ersten Romans, die Entlarvung eines «Katzbucklers vor dem Westen», erneut auf, deckte nun aber das moralische Versagen der opportunistischen Studenten Glebov und Šulepnikov auf, von denen der eine seinen verehrten Lehrer nicht verteidigte, während der andere ihn im Auftrag der Institutsleitung anprangerte.

Andrej Bitov und Vladimir Makanin

Durch Andrej Bitov und Vladimir Makanin, zwei nach Herkunft und Temperament sehr unterschiedliche Autoren, gewann die russische Stadtprosa einen Status, der sie über die Bewältigungsliteratur hinaushob und künstlerisch in die Postmoderne führte. Bitov, ganz auf Leningrad/Petersburg eingestellt, begann mit Erzählungen, in denen die Kinderperspektive, wie in *Der große Luftballon* (*Bol'šoj šarik*, 1963), eine andere Wirklichkeit als die sowjetische, hervorzauberte. In der Erzählung *Infant'ev* (1965) entwickelte er zuerst das Verfahren, eine Geschichte nicht in ihrem fabulären Verlauf, sondern allein in den Teilen zu erzählen, die die Erinnerung, gleich einer punktierten Linie (*punktir*), aufbewahrt hatte. Das Punktir-Verfahren wurde im Roman *Die Rolle* (*Rol'*, 1976), der die verschiedenen Rollen des Intelligenzlersohnes Alëša Monachov auf der Bühne des Leningrader Lebens vorstellte, weiter ausgebaut. «Punktirnost'», die fragmentarische Kompositionsweise, blieb, neben dem «Scharfsehen», der neuen Wahrnehmung des Gewohnten, das wesentlichste Element in Bitovs Poetik. Sein wichtigstes Werk war *Das Puškin-Haus* (*Puškinskij dom*), das, bereits 1971 abgeschlossen, erst 1978 in Amerika und endlich 1989 in der Sowjetunion herauskam. Die Geschichte des aus einem alten Adelsgeschlecht stammenden Literaturwissenschaftlers Lëva Odoevcev, der an seiner Doktorarbeit schrieb und im Museum des Puškin-Hauses bei einem Duell den Tod fand, das mit den Pistolen Puškins ausgetragen wurde, beleuchtete zugleich das Familienschicksal und brachte mittels intertextueller Steuerung beides mit typischen Phasen der russischen Literaturgeschichte in Verbindung. Die Autoreninstanz dekonstruierend, brachte sich Bitov selbst in Anmerkungen und als Herausgeber ins Spiel. Bitov hatte damit das Puškin-Thema für sich gewonnen, das er in verschiedenen Texten, etwa der utopisch-grotesken Erzählung *Die Puškin-Photographie* (*Fotografija Puškina*, in dem Band *Der Mensch in der Landschaft* [*Čelovek v pejzaže*], 1988), durchspielte. Dies geschah zuletzt in dem Jubiläumstext *Das Abziehen des Hasen* (*Vyčitanie zajca*, 1999), mit dem er den russischen Dichter aus den Höhen des Klassikertums in die Sphäre der Privatheit und Körperlichkeit zurückholte.

Auch Vladimir Makanin, aus dem Uralgebiet stammend, nahm sich in seinen Erzählwerken immer wieder der städtischen Welt an, die er seit seinem Studium der Mathematik und an einer Filmhochschule in Moskau kennengelernt hatte. Nach mehreren Stadtromanen legte er mit dem Band *Stimmen* (*Golosa*, 1980) eine Folge von Skizzen und Kurzgeschichten vor, die anders auch als Roman-Collage aufgefaßt werden konnten. (Nach Makanins Auffassung trugen die Menschen wie die Dinge in sich je besondere Stimmen, die vom aufnehmenden Autor entschlüsselt wurden oder unverstanden entwichen.) Ähnlich ging er auch in dem «Roman» *Der Verlust* (*Utrata*, 1987) vor, während der überaus erfolgreiche Roman *Der Wunderheiler* (*Predteča*, eig. *Der Vorläufer*, 1983) «klassisch» erzählt und komponiert war. Die Geschichte vom Gesundbeter Sergej Jakuškin bediente nicht nur den bei den Russen verbreiteten Aberglauben, sondern ließ sich, zumal der Held seine übernatürlichen Fähigkeiten endlich einbüßte, auch als politische Parabel lesen. Sein bislang bedeutendstes Werk war der Roman *Underground oder Ein Held unserer Zeit* (*Andegraund, ili Geroj našego vremeni*, 1998). Der Ich-Erzähler, der Schriftsteller Petrovič, der das Schreiben aufgegeben hatte und sich als Wächter in einem schäbigen Wohnasyl verdingte, bot ein Bild der Moskauer Unterwelt mit ihren «neuen Bettlern» und «neuen Russen», mafiosen Strukturen und Gewalttaten. Doch fand er in diesem Umfeld auch einen Freiraum, in dem er unbehelligt leben und nachdenken konnte. Hinter diesem naturalistischen Vordergrund flocht Makanin ein verzweigtes Intertextnetz aus Bezügen zu signifikanten Werken der russischen Literatur, so daß das Geschehen gleichsam vor der Folie der russischen Literatur ablief, ja als eine Abrechnung mit dieser verstanden werden konnte. Auch in letzter Zeit wandte sich Makanin wieder heiklen moralischen Themen zu, wenn er etwa in der *Erdrosselten Liebesgeschichte* (*Udavšijsja rasskaz o ljubvi*, 2000), anhand der Liebesaffäre des Schriftstellers Tartasov mit seiner Zensorin der Frage nachging, ob es einem persönlich «vorher» oder «nachher» schlechter gegangen sei.

Bitov und Makanin standen, aus Tauwetter und Perestrojka herausgewachsen, an der Schwelle zum neuen Jahrtausend als profilierte, eigenständige Schriftsteller im literarischen Raum, die, wiewohl den Traditionen aufs engste verbunden, Dekonstruktion und postmodernes Spiel zur eigenen Sache machten.

Historische Romane

Ähnliches war auch in den historischen Romanen zu verzeichnen, die im Gefolge der Neuen Prosa erschienen. Natürlich handelte es sich nicht um Elogen auf geschichtliche Helden oder Großtaten, sondern um Dokumentation und vielstimmige Deutung der Historie. Trifonovs Roman *Ungeduld* (*Neterpenie*, 1973) behandelte die Terroristengruppe «Narodnaja volja» (Volkswille), die, angeführt von Andrej Željabov, in den 1870er Jahren den Zarenmord vorbereitete. Dabei stellte er die Parallelen zu Dostoevskijs *Dämonen* her, zog historische Dokumente hinzu und schaltete eine geschichtsdeutende Instanz, «Klio-72», ein, die die Perspektive der Erzählergegenwart verkörperte. In dem Roman *Der Alte* (*Starik*, 1978) beschrieb er auf zwei Zeitebenen die Geschichte des Kosakenführers Migulin, der von den Roten wegen konterrevolutionären Verhaltens abgesetzt wurde. Mit scharfem Blick kontrastierte Trifonov den Gegensatz zwischen den Generationen: den revolutionären Schwung und die utopischen Hoffnungen der Bürgerkriegskämpfer und die kleinlichen Alltagssorgen der nachgeborenen Enkel.

Bulat Okudžava

Bemerkenswert war der Beitrag Bulat Okudžavas zum neuen Geschichtsroman. Er nutzte zur Wiedergabe historischer Sujets die Gattungs- und Stilformen der geschilderten Epoche. Mit der virtuos gehandhabten historischen Stilisierung bzw. dem historisierenden Skaz reihte er sich unter die besten Erzähler der Neuen Prosa ein. Sein erster Roman, *Der arme Avrosimov* (*Bednyj Avrosimov*, 1969; in Buchform 1970 u. d. T. *Ein Schluck Freiheit* [*Glotok svobody*]), war dem Untersuchungsverfahren gegen Pavel Pestel' nach der Dekabristenrevolte gewidmet. Es wurde aus der Perspektive des jungen Landadeligen Avrosimov wiedergegeben, der dem Komitee als Protokollant zugeordnet worden war. Pestel's Persönlichkeit und seine Argumente beeindruckten den unerfahrenen Jüngling so sehr, daß er in einen Loyalitätskonflikt geriet. Wie in Puškins *Hauptmannstochter* berichtete ein älterer Erzähler einem imaginären «gnädigen Herrn» über die Vorgänge und zog die Parallele zu den Reformen des neuen Zaren. Daraus, daß eine ähnliche Relation auch zwischen Stalinismus und Entstalinisierung bestand, bezog der Roman seine Brisanz. Mit dem gleichen Verfahren der «mimetischen Brechung» (R. Lauer) behandelte Okudžava in dem Roman *Šipovs Abenteuer oder Ein altes Vaudeville* (*Pochoždenija Šipova ili Starinnyj vodevil'*, 1971, 1975) die Bespitzelung Lev Tolstojs, nachdem dieser sich auf sein Gut Jasnaja Poljana zurückgezogen hatte; das Leben des (fiktiven) Fürsten Mjatlev in *Die Reise der Dilettanten* (*Putešestvie diletantov*, 1976-78), die sich im zweiten Teil, stilmimetisch an die klassische Kaukasusliteratur anschloß; schließlich, in *Wiedersehen mit Bonaparte* (*Svidanie s Bonapartom*, 1985), Napoleons Rußlandfeldzug mit der Vielstimmigkeit einer Rashomon-Geschichte.

Die Dorfprosa

In den 1970er Jahren schlug sich die Sorge um den Erhalt der dörflichen Kultur und den Bestand der Natur in einer breiten Strömung der Literatur nieder, die als «Dorfprosa» (*derevenskaja proza*) bezeichnet wurde. Die «Dorfautoren» (*derevenščiki*) entdeckten nicht nur die alten, zum Teil zerstörten Lebensformen und moralischen Kräfte der bäuerlichen Welt wieder, sondern veranlaßten die Öffentlichkeit auch zum Nachdenken über die drohenden ökologischen Beschädigungen. Die Dorfprosa schwoll zu einem mächtigen Strom aufrüttelnder Texte an. Vasilij Šukšin, Schriftsteller und Schauspieler, trug dazu bei mit den Erzählbänden *Dorfbewohner* (*Sel'skie žiteli*, 1963) und *Der rote Schneeballstrauch* (*Kalina Krasnaja*, 1973); Boris Možaev mit der burlesken Skaz-Erzählung *Aus dem Leben des Fëdor Kuz'kin* (*Iz žizni Fëdora Kuz'kina*, später u. d. T. *Der Lebendige* [*Živoj*], 1966, 1973), deren gewitzter Held den Austritt aus der Kolchose betrieb, und dem ungeschönten Roman über die Entkulakisierung *Bauern und Bäuerinnen* (*Mužiki i baby*, 1976). Doch waren es vor allem die Schriftsteller Vladimir Solouchin, Vasilij Belov und Valentin Rasputin, die der Dorfprosa ihren künstlerischen Rang und ihren anklagenden Charakter verliehen.

Vladimir Solouchin – Vasilij Belov – Valentin Rasputin
Solouchin, aus einer bäuerlichen Familie im Gebiet Vladimir stammend, fand früh eine halbbelletristische Form für seine Recherchen in der Heimatregion. Schon seine autobiographisch gestimmten Bücher *Vladimirsche Pfade* (*Vladimirskie prosëlki*, 1958), *Ein Tropfen Tau* (*Kaplja rosy*, 1960) und *Huflattich* (*Mat'-mačecha*, 1966) lebten

von der Anteilnahme an der dörflichen Kultur, später wandte er sich mit fast kulturpflegerischer Beharrlichkeit der orthodoxen Gläubigkeit und der Ikonenkunst zu. In den Bänden *Briefe aus dem Russischen Museum*, 1966) und *Schwarze Ikonen* (*Černye doski*, 1969) meldete er sich als Detektiv und Sammler zu Wort, der nach verschollenen Ikonenschätzen fahndete und über ihre Restaurierung nachsann. In mehreren Werken setzte er sich für den Erhalt kultureller Erinnerungsstätten wie Deržavins Landsitz Zvanka (*Besuch in Zvanka* [*Poseščenie Zvanki*, 1975]) oder der Gutshäuser von Sergej Aksakov (*Akasakov-Stätten* [*Aksakovskie mesta*, 1976]) und der Familie Aleksandr Bloks (*Bol'šoe Šachmatovo*, 1976) ein. Das Zerstörungswerk, das die Bolschewisten im russischen Dorf anrichteten, beschrieb er in dem Erinnerungsbuch *Das Lachen hinter der linken Schulter* (*Smech za levym plečom*, 1988), wobei er die eigene Schuld als jugendlicher Komsomolze nicht verschwieg. Solouchin vertrat zuletzt, wie auch andere Vertreter der Dorfprosa, offen monarchistische, orthodoxe und großrussische Positionen. Die Wendung zur Demokratie wurde von ihnen mit Skepsis aufgenommen.

Besonders traten derartige Tendenzen bei dem aus Nordrußland stammenden Vasilij Belov hervor. Seine verschmitzten Dorfschnurren, meist in der Skaz-Manier erzählt, berichteten von den Mühen und Freuden der Kolchosbauern. Mit den *Zimmermannserzählungen* (*Plotnickie rasskazy*, 1968) gelang ihm der Durchbruch als Erzähler, der hier wie in den folgenden *Dorfgeschichten* (*Sel'skie povesti*, 1971) Lebensschicksale in der authentischen Sprache des Dorfes ausbreitete. Die Romane *Vorabende* (*Kanuny*, 1972-76) und *Das Jahr des großen Umbruchs* (*God velikogo pereloma*, 1989) boten eine Chronik der gewaltsamen Kollektivierung der Landwirtschaft und der grausamen Vernichtung der bäuerlichen Lebenswelt mit ihren orthodoxen Glaubensvorstellungen in einem nordrussischen Dorf. Die verlorene Ganzheit des bäuerlichen Lebens erneut zurückzugewinnen, war das Anliegen des Skizzenbandes *Lad. Skizzen über die Volksästhetik* (*Lad. Očerki o narodnoj éstetike*, 1979-81), das in der liebevollen Beschreibung des an die Natur gebundenen bäuerlichen Brauchtums – «lad» bedeutet «Eintracht», «Frieden», aber auch die besondere Tonart der Volksweisen – den kulturpflegerischen Bestrebungen Solouchins nahekam.

Ein weiterer Vertreter der Dorfprosa war Valentin Rasputin. Aus der sibirischen Welt stammend, die er in seinen Werken meist beschwor, wurde er mit vier Povesti, die zwischen 1967 und 1976 erschienen, der erfolgreichste Schriftsteller seiner Generation. Er war als engagierter Publizist gegen geotechnische Großprojekte, etwa die geplante Umleitung der sibirischen Flüsse und die ökologische Zerstörung der Bajkal-Region, aufgetreten. Eben dieser Problematik war sein bekanntester Roman *Abschied von Matjora* (*Proščanie s Matëroj*, 1976) gewidmet. Beim Ausbau des Bratsker Wasserkraftwerkes sollte die Insel Matjora im Angarafluß überflutet und die Bewohner evakuiert werden. Die Abschiedssituation zeigte, in der Konfrontation mit den Handlangern des Fortschritts, den inneren Reichtum der bäuerlichen Menschen, die auch sprachlich mit dem echten Idiom der Sibiriaken eingefangen waren. Später stellte Rasputin in *Der Brand* (*Požar*, 1985) die Folgen jener Evakuierung dar. Die eilig errichteten Neubauten fielen einer Feuersbrunst zum Opfer: Fanal des Scheiterns sozialistischer Hybris. Auch in anderen Erzählungen versetzte Rasputin seine Helden in Grenzsituationen, so in *Die letzte Frist* (*Poslednij srok*, 1970), in der die 80jährige Anna sterbend Rückschau hielt und ihrem Ende mit einer Totenklage entgegensah, während ihre Kinder, da sich das Sterben hinzog, wieder in die Stadt zurückkreisten. In *Lebe und gedenke* (*Živi i pomni*, 1974) schilderte Rasputin die tragische Geschichte des Deserteurs Gus'kov, den die Liebe zu seiner Frau Nastëna in den Konflikt mit Familie und Dorfgemeinschaft trieb. In den Kontroversen um Richtung und Weg der russischen Literatur nach der Wende vertrat Rasputin irritierende konservative Positionen, doch stand immer außer Zweifel, daß er, wie es im März 2000 bei der Verleihung des Solženicyn-Preises hieß, eindringliche Schilderungen der Poesie und der Tragik des Lebens des Volkes gegeben hatte.

Nicht zufällig befanden sich unter den Dorfautoren mehrere Sibiriaken. Das lag an der unabhängigeren Geistesart, die sich in Sibirien unter den verbannten Oppositionellen, Pionieren und Abenteurern, aber auch unter den Altgläubigen ausgebildet hatte, eine Haltung, die sich in der Literatur durch lebensvollen Optimismus und ideologische Unbefangenheit auszeichnete. Nicht zuletzt faszinierten immer wieder die typischen sibirischen Motive: die überwältigende sibirische Natur, die ausgedehnten Schlittenfahrten, die Begegnungen mit Bären und der Reichtum an Beeren und Pilzen, das Schwelgen in kulinarischen Genüssen, die abenteuerlichen Expeditionen der Geologen und Biologen, wie sie in Erzählungen von

Aleksandr Vampilov, Sergej Zalygin, Viktor Astaf'ev und vor allem in Evgenij Evtušenkos ein wenig disparatem Roman *Beerenreiche Gegenden* (*Jagodnye mesta* [*Die Beerenplätze*], 1981) geschildert wurden.

In letzter Zeit wurde die Dorfprosa alten Stils ausdrücklich vom Tolstoj-Literaturpreis gefördert. 2003 ging ein Preis an Viktor Lichonosov für seinen vor 30 Jahren entstandenen Roman *Herbst in Taman* (*Osen' v Tamane*, 1972), der andere an Vladislav Otrošenko für ein Werk, das 15 Jahre zuvor erschienen war. Der Impuls der 1970er Jahre hatte freilich seine zündende Wirklung längst verloren.

Neue Teilung, neue Emigration

Die innere Spaltung, die sich seit Beginn des Tauwetters zunehmend in der Literatur abgezeichnet hatte, führte im Laufe der Jahre zur Bildung zweier antagonistischer Lager, die bis weit über die Wendezeit hinaus fortbestehen sollten. Gegen die konservativen, auf den Sozialistischen Realismus eingeschworenen Schriftsteller hatten sich in der Dissidentenbewegung, die sich aus den Protesten gegen Brežnevs Intervention in der Tschechoslowakei im August 1968 und nach den Schriftstellerprozessen mehr und mehr artikulierte, nicht wenige Schriftsteller engagiert. Sie hielten sich einfach nicht mehr an Publikationsverbote, sondern vervielfältigten und verbreiteten ihre verfemten Texte konspirativ im SAMIZDAT. Daß diese Texte dann sehr bald auch im Westen gedruckt wurden – hierfür bürgerte sich rasch die Bezeichnung TAMIZDAT ein –, konnte von den sowjetischen Behörden nicht mehr unterbunden werden. Sie griffen daher zu einer neuen Praxis: der Eliminierung der Dissidentenschriftsteller mittels Ausweisung.

Seit 1972 wurden, Fall um Fall, etwa 30 Schriftsteller ausgewiesen, darunter keine geringeren als Iosif Brodskij (1972), Andrej Sinjavskij (1973), Aleksandr Solženicyn (Februar 1974), Viktor Nekrasov (September 1974), Andrej Amalrik (1976), Vasilij Aksënov, Lev Kopelev und Vladimir Vojnovič (alle 1980), Georgij Vladimov (1983) und als letzte, bereits in der Gorbačëv-Ära, die Lyrikerin Irina Ratušinskaja (Dezember 1986).

Dieser neuerliche Exodus bewies nicht nur, daß sich in der Sowjetunion hinter der offiziösen Fassade eine mächtige Gegenliteratur herausgebildet hatte, sondern er schuf auch einen neuen Schub der russischen Literatur in der Emigration. Rasch bildeten sich in Frankreich, Deutschland, England, den USA und Israel literarische Zentren. Um 1980 dürfte es bereits ca. 100 Emigrantenzeitschriften in der westlichen Welt gegeben haben (W. Kasack). Die exulierten Autoren konnten und wollten sich den literarischen Trends des Westens nicht verschließen; manch einer stellte sich rasch auf die Publikumserwartungen in den Gastländern ein.

Iosif Brodskij

Daß sich unter den ausgewiesenen Dichtern auch der Nobelpreisträger des Jahres 1987, Iosif Brodskij, befand, bewies nur ein weiteres Mal die Wertblindheit der sowjetischen Behörden. Seit 1957 schrieb Brodskij Gedichte, in den 1960er Jahren übersetzte er Poesie aus verschiedenen Sprachen, vor allem aus dem Polnischen und Englischen. Ihn zogen nachgerade die metaphysischen Dichter an, wie er auch in der eigenen Poesie immer wieder die elegische Reflexion, das groteske Bild der Welt und die metaphysische Frage nach Leben und Tod in den Mittelpunkt rückte. Eines seiner bekanntesten Gedichte, *Große Elegie an John Donne* (*Bol'šaja ėlegija Džonu Donnu*, 1963), beschwor den Tod des englischen Dichters als das Verschwinden all der reichen, bunten Dinge, die ihn im Leben umgeben hatten. Im Novemder 1963, etwa zu der Zeit, da er diese prächtigen, archaisch stilisierten Verse schrieb, setzte in Leningrad eine Pressekampagne gegen Brodskij ein. Im folgenden Jahr wurde er wegen «Schmarotzertum» zu fünf Jahren Zwangsarbeit verurteilt. Zu dem Zeitpunkt umfaßte sein dichterisches Werk, in einer SAMIZDAT-Ausgabe gesammelt, bereits 2000 Seiten. In New York, wo er sich nach Aberkennung der sowjetischen Staatsbürgerschaft 1972 niederließ, veröffentlichte er die Gedichtbände bzw. -zyklen *Redeteil* (*Čast' reči*, 1977), *Neue Stanzen an Augusta* (*Novye stansy k Auguste*, 1982), *Zwanzig Sonette an Maria Stuart* (*Dvadcat' sonetov k Marii Stjuart*, 1974), *Römische Elegien* (*Rimskie ėlegii*, 1982) und *Urania* (*Uranija*, 1987). Dem Vorbild der Akmeisten folgend, blieben Brodskijs Gedichte der strengen poetischen Form verpflichtet. Lediglich in der Reimpraxis gestattete er sich statt reiner Reime gelegentlich Assonanzen. Stilistisch standen ihm alls Sprachebenen, poetologisch alle Ausdrucksmittel zur Verfügung. Sein Gattungsradius war, wie der seiner Themen, unbeschränkt. In vielen Gedichten trat mit der Adressatenwahl eine weitere Sinnspur hinzu. Mit ihrem immensen kulturellen Wissen, ihrer sprachlichen Virtuosität, ihrer Stilsicherheit und ihrer an Mandel'štam geschulten semantischen Vielschichtigkeit zeichnete sich in Brodskijs Poesie Klassik in der Postmoderne ab. In seinen geistvollen, bereits englisch geschriebenen Essays des Bandes *Less Than One* (dt. *Flucht aus Byzanz*, 1986) blätterte er wie in einem Film Erinnerungen an die Neva-Stadt auf, in der er geboren wurde und seine geistige Prägung erhielt. Aus den steinernen Ufern, den Prospekten, Kirchen und Monumenten erschloß er sich die Zeichen der kulturellen Traditionen. Der Kreis der Literaten und Kunstenthusiasten, dem er vor seiner Ausreise angehörte, schrieb er, sei die einzige Generation gewesen, die zu sich selbst gefunden habe: Giotto und Mandel'štam seien ihr maßgeblicher gewesen als ihr persönliches Schicksal.

Kapitel XII

Die zeitgenössische Literatur
Nach Perestrojka und Wende

Perestrojka und Glasnost'

Mit der Wahl Michail Gorbačëvs zum Generalsekretär der KPdSU begann eine neue, die letzte Ära in der Geschichte der Sowjetunion. Die letzten Jahre der Herrschaft Brežnevs und die kurzen Intermezzi seiner Nachfolger waren allgemein als eine Periode der Stagnation (*zastoj*) empfunden worden. Die Notwendigkeit, weite Bereiche des politischen, gesellschaftlichen, wirtschaftlichen und kulturellen Lebens zu entschlacken und zu reformieren, stand Gorbačëv vor Augen, als er das Amt übernahm, und er zögerte nicht, ein umfassendes Modernisierungskonzept auszuarbeiten, das bereits im Frühjahr 1986 auf dem XXVII. Parteitag angenommen wurde. Unter der Losung «Perestrojka» (Umbau) sollte die sowjetische Planwirtschaft durch Elemente der Marktwirtschaft ergänzt werden, das Rechtswesen im Sinne eines «sozialistischen Rechtsstaates» eingerichtet und überhaupt die «soziale Gerechtigkeit» in der Sowjetgesellschaft durchgesetzt werden. Vor allem aber ging es um «Glasnost'» (Transparenz) bei den politischen Entscheidungsprozessen, bei der Arbeit der Behörden und bei der Aufarbeitung des Stalinismus. Mit großer Konsequenz und Argumentationskraft setzte Gorbačëv sein Programm um: Im Februar 1987 entließ er politische Gefangene und löste die Straflager auf; 1987/88 nahm er die Unternehmensreform in Angriff; auf einer Parteikonferenz im Sommer 1988 vertrat er erneut sein Glasnost'-Programm und sprach von der Enttabuisierung aller Bereiche der sowjetischen Gesellschaft; im Frühjahr 1989 fanden erstmals in der Sowjetunion Wahlen statt, bei denen für jedes Mandat des Volkskongresses mehrere Kandidaten zur Auswahl standen. Nach der Schaffung des Staatspräsidentenamtes nahm Gorbačëv dieses bis zur Auflösung der UdSSR wahr. Obwohl alle Reformschritte der Perestrojka gegen den Widerstand konservativer Parteikreise, namentlich der Brežnev-Fraktion im ZK, durchgesetzt werden mußten, veränderte sich binnen kurzem das geistig-ideologische Klima in der Sowjetunion, ebenso wie sich die außenpolitische Situation merklich entkrampfte. Ging es Gorbačëv auch «nur» darum, das abgewirtschaftete und diskreditierte Sowjetsystem zu reformieren, nicht aber, es abzuschaffen, so war es im wesentlichen seiner Weitsicht und seinem Mut zu verdanken, daß die unguten Erstarrungen überhaupt gelöst wurden. Das Ende der Sowjetunion und die Bildung der Russischen Föderation (*Russkaja Federacija*) im August 1991 nach dem Staatsstreich – einer der großen politischen Umbrüche in der russischen Geschichte – ergab sich daraus mit fast zwingender Folgerichtigkeit. Die chaotischen Jahre unter dem ersten Präsidenten Boris El'cin bis zur Amtsübernahme durch seinen Nachfolger Vladimir Putin im Mai 2000, der das Land seither politisch und wirtschaftlich zu konsolidieren versuchte – durchaus gewillt, dabei auch den Großmachtstatus der Russischen Föderation bzw. der GUS-Gruppe zu bewahren – schufen für die russische Literatur Rahmenbedingungen, wie sie in ihrer bisherigen Geschichte nie bestanden hatten. Sie unterlag nun keinen politischen, ideologischen oder weltanschaulichen Zwängen mehr – abgesehen von denen des Marktes –, keinen Einschränkungen thematischer oder formaler Art, keinen Tabusetzungen, vor allem aber auch keinen wie immer gearteten Aufträgen und Vorgaben. Daß der Preis für das Entfallen von Lenkung und Instrumentalisierung in gesellschaftlicher Bedeutungslosigkeit und Beliebigkeit lag, wurde von den meisten Autoren längst akzeptiert. Vielen gelang es, sich in dem errungenen Freiraum einzurichten. Die reiche Palette an künstlerischen Optionen und die Vielfalt der literarischen Hervorbringungen der russischen Gegenwartsliteratur sprechen eine deutliche Sprache. Vielleicht war es der glückliche Kairos, der sich durch das Zusammentreffen von politischer Befreiung vom Sowjetsystem und der mit der Postmoderne einhergehenden künstlerischen Freizügigkeit ergab, der der russischen Literatur neuen Elan verlieh.

Der Bürgerkrieg in der Literatur

In den Jahren der Ära Gorbačëv gewannen die Auseinandersetzungen über die Geschichte Rußlands im 20. Jahrhundert, über Wesen und Praxis des Sowjetkommunismus und namentlich des Stalinismus nach und nach eine Schärfe, die die öffentliche Meinung in zwei gegeneinander agitierende Lager teilte. Natürlich fanden sich kaum offene Verteidiger der Stalinschen Despotie und ihres unerbittlichen Repressionsapparates; aber ähnlich wie im Streit zwischen Westlern und Slavophilen im 19. Jahrhundert standen sich bald ein liberales Lager, das sich an den Werten der westlichen Kultur und Demokratie orientierte, und ein national-russisches Lager, das die nationalen Traditionen und Ideale verteidigte, gegenüber. Daß damit auch bald wieder die sowjetische Größe und die Errungenschaften des Sozialismus gemeint sein konnten, war abzusehen. In der Literatur zeichnete sich eine ähnliche Aufspaltung ab. Zwar erkühnte sich kaum jemand, den Sozialistische Realismus ernstlich zu verteidigen – er war in der literarischen Praxis längst zu einer Schimäre verkommen. Gleichwohl wurde bei der Neufassung des Statutes des Schriftstellerverbandes im März 1989 nach wie vor postuliert, der Verband fördere solche Werke, die realistisch in der Methode und sozialistisch nach dem Ideal seien. Die innere Krise im Schriftstellerverband führte alsbald zum Zerfall dieser einst allmächtigen Institution, die freilich noch immer über beträchtliche Vermögenswerte aus dem LITFOND und den verbandseigenen Verlagen verfügte. Liberale Schriftsteller (Evtušenko, Baklanov, Pristavkin, Rybakov und Zalygin) hatten sich bereits im Frühjahr 1989 zu der Gruppe «Aprel'» (April) zusammengeschlossen. Obwohl sie sich als eine Organisation syndikalistischen Typs, ohne künstlerische oder gesellschaftlichen Vorgaben, verstanden, kamen gerade aus ihrem Kreis wichtige Impulse zur Aufarbeitung der stalinistischen Vergangenheit. Das konservative Lager hatte sich die Moskauer Sektion des Schriftstellerverbandes der RSFSR als Plattform ausgebaut, auf der Autoren wie Jurij Bondarev und Valentin Rasputin den Ton angaben. Gerade in den Wochen vor dem Putsch gegen Gorbačëv am 18. August 1991 trugen die Konservativen viel zur Polarisierung der Meinungen bei. In diesem Sommer spaltete sich der Schriftstellerverband entlang der entstandenen Scheidelinie; ein letzter Versuch im Juni 1992, einen «Allunionskongreß» abzuhalten, scheiterte sang- und klanglos.

Unterdessen arbeiteten Historiker und Literaten die Verfehlungen Stalins auf. Erst jetzt konnten, im Gefolge der Enthüllungen Solženicyns, die *Erzählungen aus Kolyma* (*Kolymskie rasskazy*, 1966-76) von Varlam Šalamov und andere Erfahrungsberichte aus dem GULAG erscheinen. Eine Kommission des Schriftstellerverbandes fahndete in den Archiven der Geheimpolizei nach verschwundenen Manuskripten und Dokumenten. Der Journalist Vitalij Šentalinskij veröffentlichte aufgrund seiner Recherchen literarisches Material verfolgter Schriftsteller und politischer Persönlichkeiten in der Zeitschrift «Ogonëk» (Das kleine Feuer). Enttabuisierung, d. h. Aufdeckung und Darstellung bisher streng geheimgehaltener Tatsachen, wurde zum vorrangigen Anliegen vieler Literaten. Zum eigentlichen Medium der heftigen Auseinandersetzungen wurde in der Perestrojka-Literatur die Publizistik. Der große Diskurs um Enttabuisierung und Bewältigung vollzog sich in Form von Reportagen, Dokumentationen, Tatsachenberichten, Erinnerungen, Leserbriefen, Diskussionen, Disputen und Polemiken. Auch in die traditionellen Gattungen, selbst in das Drama, drang das diskursive Element ein.

Nicht weniger bedeutsam war die gleichzeitige Restituierung des Kanons der russischen Literatur. Es galt nicht nur, die Werke der verfemten oder ausgewiesenen sowjetischen Autoren wieder aufzunehmen, es ging um die Zurückgewinnung der Emigranten, um die Revaluierung der aus weltanschaulichen oder politischen Gründen Verpönten; es ging um die Umwertung der bornierten sowjetischen Verdikte, denen ganze Kunstrichtungen wie die mystisch-religiöse oder die artistische Moderne zum Opfer gefallen waren. Und es war nicht weniger wichtig, sowjetische Literaturheroen wie Maksim Gor'kij oder Vladimir Majakovskij vor ihren parteilichen Lobrednern zu rehabilitieren. Im Ergebnis dieses unerhörten Öffnungsprozesses stellte sich die russische Literatur erstmals (denn auch in der Zarenzeit hatte es Ausgrenzungen gegeben) vollständig in allen ihren Teilen dar. Offizielle und Schattenliteratur, die Literatur sämtlicher Emigrantenzentren und -wellen, Samizdat und Tamizdat – alles wurde dem Publikum zur Lektüre und der Literaturwissenschaft zur Begutachtung zugänglich.

Die Perestrojka-Literatur

Die Literatur blieb während der Perestrojka der in Rußland althergebrachten gesellschaftlichen Funktion treu, nahm sich jetzt jedoch höchst engagiert all jener Probleme an, die den öffentlichen Diskurs beherrschten. Außer der Erörterung historischer Vorgänge wurden alle möglichen gesellschaftlichen Mißstände ungeschminkt aufgegriffen. Auch philosophische und religiöse Fragen, die unter der Decke des Marxismus-Leninismus verborgen gewesen waren, drängten mächtig in die Öffentlichkeit. Einige der spektakulären Bucherfolge jener Jahre verdankten sich eher der Brisanz ihres Themas als ihrer künstlerischen Qualität.

Čingiz Ajtmatov, der zweisprachige, russisch und kirgisisch schreibende Autor, der seit seiner zarten Liebesgeschichte *Džamilija* (1958) die Überlieferungen und das Lebensverständnis seiner kirgisischen Heimat überzeugend gestaltete, hatte sich mit dem Roman *Der weiße Dampfer* (*Belyj parochod*, 1970), zwischen Märchen und Wirklichkeit schwankend, einem literarischen Synkretismus verschrieben, den er in dem Roman *Der Richtplatz* (*Placha*, 1986) weiter ausbaute. Der Held, Avdij Kallistratov, ein Gottsucher, bekämpfte die Drogenmafia ebenso wie illegale Antilopenjäger, die ihn am Ende verhöhnten und kreuzigten. Christliche und animistische Überzeugungen traten brutaler Kriminalität entgegen. Ähnlich schilderte Viktor Astaf'evs Povest' *Der traurige Detektiv* (*Pečal'nyj detektiv*, 1986) den einsamen Kampf eines pensionierten Milizionärs gegen die Alltagskriminalität in einer sowjetischen Provinzstadt – Verbrechen, die nicht gesellschaftsbedingt waren, sondern aus dem moralischen Niedergang und dem Werteverfall resultierten. Astaf'ev rief mit seinem Buch zu christlicher Verantwortung auf und beschwor Ehe und Familie als Grundlage einer gesunden Gesellschaft. Auch Vladimir Tendrjakov ging es in seinem bereits Anfang der 1980er Jahre geschriebenen Roman *Anschlag auf Visionen* (*Pokušenie na miraži*, posth. 1987) um die Bewahrung der humanistischen Werte des Christentums. Zwei Romane von Anatolij Pristavkin, *Über Nacht eine goldene Wolke* (*Nočevala tučka zolotaja*, 1987) und *Wir Kuckuckskinder* (*Kukušata*, 1989), behandelten das Schicksal von Kindern, deren Eltern Ziel der Stalinschen Verfolgungen geworden waren. Im einen Falle waren es Tschetschenenkinder, die 1944 aus ihrer kaukasischen Heimat zwangsumgesiedelt wurden; im anderen die Kinder von «Feinden des Volkes», die unter fremdem Namen in Erziehungskolonien einer brutalen Dressur unterzogen wurden. Der Autor, als Kriegswaise in einem Heim aufgewachsen, kannte aus eigener Erfahrung die depravierenden Erziehungsmethoden, die er in diesen «Kindergeschichten» spannend, doch fern jeglicher Erbaulichkeit, ausbreitete. Der Filmdramaturg Michail Kuraev beleuchtete in dem Roman *Kapitän Dickstein* (*Kapitan Dikštejn*, 1987) die Niederschlagung des Kronstädter Matrosenaufstandes. Auch die Schicksale der Väter wurden aufgearbeitet, so in dem Poem *Vom Recht auf Gedächtnis* (*Po pravu pamjati*, 1987) von Aleksandr Tvardovskij, der nun das wahre Geschehen während der Kollektivierung darbot, das er dreißig Jahre zuvor geschönt als Lernprozeß gezeigt hatte. Oder in der Povest' *Stehe auf und wandle* (*Vstan' i idi*, 1987) von Jurij Nagibin, die in erschütternder Weise ein Vater-Sohn-Verhältnis vorführte, wobei der Vater trotz Haft und Verbannung ungebrochen blieb, während der Sohn um seiner Schriftstellerkarriere willen zum Oppotunisten wurde. Enthüllungen über die Zerschlagung der biogenetischen Forschung in Vladimir Dudincevs bereits 1967 verfaßtem Roman *Weiße Gewänder* (*Belye odeždy*) oder in Daniil Granins *Der Genetiker* (*Zubr*, eig. *Der Wisent*, 1987) über das Schicksal des Molekularbiologen Timofeev-Resovskij sowie über andere Fehlentwicklungen waren an der Tagesordnung. Nicht wenige der jetzt veröffentlichten Werke hatten jahrelang in der Schublade gelegen. Vasilij Grossmans Roman-Essay *Alles fließt* (*Vsë tečët*, posth. 1988/89), eine Generalabrechnung mit der Herrschaft des Unrechtsstaates, erschien gar erst ein Vierteljahrhundert nach dem Tod des Schriftstellers.

Anatolij Rybakov – Michail Šatrov

Auch Anatolij Rybakovs Roman *Die Kinder vom Arbat* (*Deti Arbata*, 1987), das erfolgreichste Buch der Perestrojka-Literatur, blickte auf eine lange Entstehungsgeschichte zurück. Rybakov hatte, wie gewisse Spuren der Jungen Prosa erkennen ließen, seit den 1960er Jahren an diesem Buch gearbeitet. Doch näherte sich der Roman, indem er die private Sphäre junger Leute zunehmend mit dem politischen Handeln Stalins kontrapunktierte, der Roman-Epopöe. Auf jeden Fall gelang es Rybakov aufzuzeigen, wie sich über die harmlosen Vergnügungen einer Gruppe eifriger Komsomolzen um Saša Pankratov im Moskau der 1930er Jahre unmerklich das Netz des Mißtrauens legte und die Freunde in Verfolgte und Verfolger teilte. Rybakov erweiterte seinen Erfolgsroman mit *Das Jahr 1935 und andere Jahre* (*Tridcat' pjatyj i drugie gody*, 1989) und *Angst* (*Strach*, 1990) zur Trilogie, in der die Stalin-Handlung mehr und mehr Gewicht erhielt.

Die Dramen von Michail Šatrov gehörten zu den wirkungsvollsten literarischen Bewältigungsakten. Er war bereits früher mit Lenin-Dramen hervorgetreten, die als geschichtliche Dokumentation angelegt waren. Jetzt griff er kritische Augenblicke der Revolutionsgeschichte auf, um sie, an der bisherigen parteiamtlichen Deutung vorbei, gegen den Strich durchzuspielen. In dem Stück *Der Friede von Brest-Litowsk* (*Brestskij mir*, 1987) standen die Friedensverhandlungen mit dem Deutschen Reich im Januar 1918 zur Debatte, bei denen der Streit zwischen Lenin und Bucharin aufflammte; dazwischen standen Trockij mit der Kompromißformel «Weder Krieg noch Frieden» und ein opportunistisch lavierender Stalin. Interessanter noch war das Stück *Weiter... weiter... weiter!* (*Dal'še... Dal'še... Dal'še!*, 1988), das die Akteure aller politischen Lager am Vortag der bolschewistischen Machtergreifung, am 24. Oktober 1917, auf die Bühne brachte und den denkwürdigen Tag Stunde um Stunde als Diskussionsveranstaltung durchspielte. Die Bühne wurde zum Diskursraum, der sich ins Publikum und, wie die Resonanz des Stückes zeigte, in die Öffentlichkeit übertrug.

Die Andere Prosa

Die kritische Enthüllungsliteratur mit ihrem publizistischen Zuschnitt und ihrem Verhaftetbleiben in der alten aufklärerisch-didaktischen Funktion mochte im Übergang zwar unumgänglich sein, doch konnte sie den radikalen Paradigmenwechsel nicht aufhalten, der sich bereits abzeichnete und der die Weichen für die kommenden Entwicklungen stellte. Es waren zwei Momente, die das Neue in der Literatur begründeten: einmal die Absage an jegliche Art von «Verantwortungsliteratur», also an das, was die russische Literatur fast 300 Jahre getragen und beflügelt hatte, ja, was ihren besonderen Rang ausgemacht hatte; zum anderen die Demontage des überkommenen Textbegriffs, wie sie sich, notgedrungen, in der SAMIZDAT-Praxis ergeben hatte, zugleich aber auch aus der Überwindung der realistischen Methode folgte. Beide Momente hatten Stützpunkte in Texten seit den 1970er Jahren. Eine Vorreiterrolle hatte der Almanach *Metropol'* gespielt, den Vasilij Aksënov, Andrej Bitov, Evgenij Popov und andere 1979 an der Zensur vorbei herauszugeben versuchten. Dieser Versuch scheiterte ebenso wie das Nachfolgeprojekt *Katalog* (1980), an dem u. a. Evgenij Charitonov und Dmitrij Prigov beteiligt waren. (Beide Almanache erschienen im TAMIZDAT, also in westlichen Verlagen; Aksënov und Fridrich Gorenštejn wurden des Landes verwiesen.) Dennoch gingen gerade aus diesen Ansätzen interessante Textpraktiken hervor.

Den Begriff der «anderen Prosa» (auch «alternative Prosa») prägte bereits im Februar 1989 der Kritiker Sergej Čuprinin. Von Viktor Erofeev wieder kam im Jahr darauf die Forderung, die russische Literatur müsse sich endlich vom «Hypermoralismus» befreien, sich aus der Gesellschaft zurückziehen, auf moralische und pädagogische Appelle sowie Sozialkritik verzichten und stattdessen das Private und Intime hervorkehren. Erofeev demonstrierte mit seiner Anthologie *Die russischen Blumen des Bösen* (*Russkie cvety zla*, 1998), wie weit sich die Literatur inzwischen zum Sexuellen, Obszönen und Perversen hin geöffnet hatte. Zugleich war zu sehen, daß die «anderen» Autoren ihre transgredienten Erfahrungen unmittelbar in neue Schreibtechniken umsetzten. Bei Jurij Mamleev verbanden sich in Romanen wie *Das Moskauer Bauernopfer* (*Moskovskij gambit*, 1985) oder *Chatouny* (*Šatuny*, 1988) «körperliche Grenzauflösungen» (G.Witte) mit «schwarzer» Esoterik. In Venedikt Erofeevs bereits 1969 geschriebenem Trinkerroman *Die Reise nach Petuschki* (*Moskva–Petuški*) wurde der Alkoholrausch zum Medium des Erzählens. Sein lange als verschollen geltender Roman *Aufzeichnungen eines Psychopathen* (*Zapiski psichopata*) erschien erst 2000. Auch die männliche und weibliche Homosexualität, eines der strengsten gesellschaftlichen Tabus der Sowjetzeit, wurde in Erzähltexten von Evgenij Charitonov, Ėduard Limonov, Viktor Erofeev und Vladimir Sorokin angesprochen. Besonders deutlich wurden Beobachtet-werden und Sich-verstellen des homosexuellen Erzählers bei Charitonov zum narrativen Kunstmittel. Ähnlich die Prostitution: Ihr gewann Vladimir Sorokin mit dem Roman *Marinas dreißigste Liebe* (*Tridcataja ljubov' Mariny*, 1984) die Liste der Liebhaber als Kompositionsprinzip und die Wiederholung als zentrales Verfahren ab. In den Romanen Viktor Erofeevs – *Annas Körper oder Das Ende der russischen Avantgarde* (*Telo Anny, ili Konec russkogo avangarda*, 1989) und *Die russische Schönheit* (*Russkaja krasavica*, 1990) – wurden die Huren zu Retterinnen des Vaterlands hochstilisiert. Doch konnten auch in Sorokins *Die Warteschlange* (*Očered'*, 1983) winzige Redefetzen in einer Kette modelliert werden, die den lästigen Vorgang fast zeitgleich in einer neuen Struktur fixierte.

Exemplarisch waren die neuen Verfahren der Anderen Prosa in den Romanen Evgenij Popovs zu besichtigen: die Beliebigkeit der Fabelkonstruktion, die Inkohärenz der Themen, das Spiel mit verschiedenen Redetypen und das permanente Ironisieren und Parodieren des Gegenstandes. In dem grotesken Briefroman *Die Seele des Patrioten oder Verschiedene Sendschreiben an Ferfičkin (Duša patriota, ili Različnye poslanija k Ferfičkinu,* 1989) traten rein zufällig die Begräbnisfeierlichkeiten für Parteichef Leonid Brežnev im November 1982 ins Zentrum der Betrachtung. Der Collage-Roman *Die Wunderschönheit des Lebens (Prekrasnost' žizni,* 1989), das zweite größere Werk Popovs, war als Chronik konzipiert, deren einzelne Kapitel für die Jahre 1961-85 jeweils durch eine im betreffendem Jahr entstandene Erzählung eröffnet wurden. Das für Popov charakteristische Verwischen der Instanzen von Autor, Erzähler und Rezipienten war auch hier zu beobachten. In den folgenden Jahren erschienen von ihm die Povesti *Restaurant «Berioska» (Restoran «Berëzka»,* 1991) und *Flickendecke (Loskutnoe odejalo,* 1994).

Viktor Pelevin

Zum eigentlichen Erfolgsautor der neuen Literatur wurde Viktor Pelevin. Er hatte am Moskauer Energetik-Institut studiert und zunächst kurze Erzählungen geschrieben (sie wurden erst 2001 in dem Band *Zatvornik i Šestipalyj* veröffentlicht). Zwischen 1992 und 1999 erschienen acht Bücher von ihm, darunter der phantastische Kosmonauten-Roman *Omon Ra* (dt. *Omon hinterm Mond,* 1993), die ins Metaphysische gewendete Bürgerkriegsgeschichte *Čapaev und Pustota (Čapaev i Pustota,* dt. u. d. T. *Buddhas kleiner Finger,* 1996) sowie endlich *Generation «P»* (1999), ein Generationsporträt der sog. «Pepsi-Generation». In diesem Roman trat der Werbetexter Vavilen Tatarskij mit dem Anliegen auf, westliche Reklamekonzepte an die Mentalität der russischen Verbraucher zu adaptieren und, umgekehrt, russische Werte in Reklamespots zu verwandeln. Das gab Anlaß genug, die korrupten Machenschaften der neuen Geschäftsleute zu beleuchten. Zugleich entstand aus den Reklamespots eine virtuelle Welt, in der alle erdenklichen Sphären synthetisiert wurden. Pelevin fing hier mit Ironie und Zynismus die postsowjetische Welt ein, für die eine «fürchterliche Unbestimmtheit» und ein russisch-amerikanisches Kauderwelsch kennzeichnend geworden waren. Die postmoderne Schreibweise war bei keinem Autor so evident wie bei Pelevin. Alles war möglich in seinen Romanen, alles war Spiel.

Die neuen Erzählerinnen

Während der Moderne waren große Lyrikerinnen wie Zinaida Gippius, Anna Achmatova und Marina Cvetaeva hervorgetreten, in der Bürgerkriegszeit eine Erzählerin wie Lidija Sejfullina, im Tauwetter die Ethnologin Natal'ja Baranskaja, die als erste in der soziologisch-deskriptiven Povest' *Woche um Woche* (*Nedelja kak nedelja*, 1969) die physische und psychische Überforderung einer sowjetischen Durchschnittsfrau dargestellt hatte, oder die Technologieprofessorin Irina Grekova, die verschiedentlich, etwa in *Der Lehrstuhl* (*Kafedra*, 1980), Frauengestalten im Wissenschaftsmilieu beleuchtet hatte. In den 1990er Jahre kam eine ganze Plejade neuer Erzählerinnen zu Wort, die nicht mehr nur Frauenschicksale «aus der Küchenperspektive» thematisierten, sondern Erzählstrategien und einen sprachlichen Duktus pflegten, die von der Kritik als «weibliches Erzählen» apostrophiert wurden. In vieler Hinsicht der Neuen Prosa oder der Anderen Prosa verwandt, bildeten die neuen Erzählerinnen vor allem einen spezifischen weiblichen Skaz aus, der gewissermaßen die Redeweise von Klatsch und Tratsch, von Gerücht und Gerede aufnahm und geschickt verarbeitete. Informationen wurden «vom Hörensagen», mitunter über mehrere Redeinstanzen, wiedergegeben. Dabei ergaben sich überaus komplizierte Bedeutungskonstruktionen, die weiter durch eine Stilistik der Unbestimmtheit, einen Komplex unscharfer Grenzen und einen Verzicht auf Analyse gekennzeichnet waren (B. Menzel).

Viktorija Tokareva hatte bereits 1969 Erzählungen aus dem sowjetischen Alltagsleben, *Über das, was es nicht gegeben hat* (*O tom, čego ne bylo*), vorgelegt. Auch ihre späteren Erzählungen und Povesti, etwa *Sag mir was* (*Skaži mne čto-nibud'*, 1997) oder *Sentimentale Reise* (*Sentimental'noe putešestvie*, 1997/98), wurden vom Publikum warm aufgenommen. Valerija Narbikova machte mit Romanen auf sich aufmerksam, die bereits durch ihre wortspielhaften Titel, z. B. das unübersetzbare Palindrom *Ad kak da – ad kak da* (wörtlich: *Die Hölle als Ja*, 1991) oder *Okolo ėkolo*) (etwa: *Um die Umwelt herum*, 1992), verblüfften. Ihr ziemlich freizügiger Roman *Die Reise* (*... i putešestvie*, 1996) zeigte Russen, die sich in Deutschland mit Sprachunterricht und anderen Tätigkeiten durchschlugen. Ihre Essays *Zeit unterwegs* (*Vremja v puti*, 1997) gaben

Zeugnis von der inzwischen eingeübten Weltläufigkeit der russischen Schriftsteller.

Mit einem Reiseabenteuer, *Reise in den siebenten Himmel* (*Kazus Kukockogo*, 2001), wartete auch Ljudmila Ulickaja auf. Sie knüpfte damit an die Erfolge ihrer Erzählung *Sonečka* (dt. u. d. T.: *Zarte und grausame Mädchen*, 1992) und vor allem ihres Romans *Medea und ihre Kinder* (*Medeja i eë deti*, 1996) an. In diesem Roman wendete sie den Mythos der kindermordenden Gattin ins Positive: Medea Mendes, eine alte Griechin, versammelte auf der Krim ihre verzweigte Verwandtschaft um sich und wob ein Netz von Erinnerungen aus deren Lebens- und Liebesgeschichten. So entstand ein fast nostalgisches Bild der sowjetischen multinationalen Gesellschaft. Irina Polockaja, aus dem Milieu der Filmemacher kommend, reihte sich unter die neuen Erzälerinnen mit dem Erzählband *Raznovrazie* (1998) ein, dessen Titel das Wort «raznoobrazie» (Mannigfaltigkeit) durch den Stamm «vrag» (Feind, Teufel) abwandelte. Schauplätze der Erzählungen waren die russischen Randprovinzen mit ihrer «sowjetischen Exotik», was in gekonnter Weise auch sprachlich realisiert wurde.

Ljudmila Petruševskaja

Ljudmila Petruševskaja, heute eine der profiliertesten russischen Schriftstellerinnen, hatte es anfangs schwer, sich als Autorin durchzusetzen. 1983 konnte sie zusammen mit Viktor Slavkin einen Band mit Theaterstücken veröffentlichen. Ihre Erzählungen *Unsterbliche Liebe* (*Bessmertnaja ljubov'*, 1988), *Lieder der Ostslaven* (*Pesni vostočnych slavjan*, 1990) u. a., die 1996 in dem Band *Der Ball des letzten Menschen* (*Bal poslednego čeloveka*) vereinigt wurden, zerstreuten jedoch bald jeden Zweifel daran, daß sie über ein großartiges, unverwechselbares Erzähltalent verfügte. Es waren Ehefrauen, Mütter und Geliebte, oft dem Alkohol verfallen oder suizidgefährdet, die in Kommunalwohnungen, Küchen und Datschen im ungeschönter Skaz-Rede über die weiblichen Probleme sprachen. Ohne anzuklagen, wies Petruševskaja auf Frauenmißhandlung, Kindsmißbrauch, Abtreibung und Prostitution hin und offenbarte damit den bedenklichen Zustand der Gesellschaft. Die kühle Art und Weise, wie sie ihre Alltagsheldinnen vorstellte, erinnerte an Čechovs Objektivität.

In den «Mikronovellen» (W. Schmid) des Bandes *Requiem* (*Re-*

quiem, 1990) gewannen die geschilderten Alltagstragödien, namentlich in *Medea* (*Medeja*, 1989), einem Gespräch mit einem Taxichauffeur, eine archetypische Grundierung. Auch den Erzählungen des Bandes *Auf Gott Amors Pfaden* (*Po doroge boga Ėrosa*, 1993), wurden mythologische Subtexte unterlegt. Phantastik beherrschte die Erzählungen *Zwei Reiche* (*Dva carstva*) und *Der neue Gulliver* (*Novyj Gulliver*, beide 1990). Eine Hinneigung zur Antiutopie ließ sich erkennen in *Hygiene* (*Gigiena*, 1988) – hier überlebte ein kleines Mädchen allein eine geheimnisvolle Seuche, weil sie sich «hygienisch richtig» verhielt – und in *Die neuen Robinsons* (*Novye Robinsony*, 1989) – hier trieb eine rätselhafte Kraft die Menschen aus den Städten erst in die Dörfer, dann in die Wälder zurück. Die Erzählungen des Bandes *Abenteuer eines Plätteisens und eines Stiefels* (*Priključenija utjuga i sapoga*, 1998) erinnerten an den Märchenstil Hans Christian Andersens. Das «ländliche Tagebuch» *Karamzin* (*Karamzin. Derevenskij dnevnik*, 2000) zeigte eine ähnliche historische Rückwendung wie in neueren Werken von Vasilij Aksënov oder Daniil Granin (*Abende mit Peter dem Großen* [*Večera s Petrom Velikim*], 2000).

Tat'jana Tolstaja

Zwischen Ljudmila Petruševskaja und der 14 Jahre jüngeren Tat'jana Tolstaja bestanden in Thematik und Poetik manche Gemeinsamkeiten. Die Enkelin Aleksej Tolstojs und des Dante-Übersetzers Michail Lozinskij schrieb ihre erste Erzählung 1983; 1987 erschien ihr erster Erzählband. Sechs Jahre lehrte sie in den USA russische Literatur. Im Jahre 2000 kehrte sie mit enttäuschenden Erfahrungen nach Rußland zurück.

Auch Tat'jana Tolstaja pflegte den mündlichen Erzählduktus und scheute vor heiklen Gegenständen nicht zurück. Aber sie schrieb einen leichteren Stil, temperamentvoll und abschweifend, und wandte ihre Aufmerksamkeit den Träumern, Spinnern und Phantasten zu. Dabei gelangen ihr bemerkenswerte Geschichten wie die von der verrückten Pipka, die unglaubliche Abenteuer auf Reisen quer durch die Sowjetunion erlebte (in *Feuer und Staub* [*Ogon' i pyl'*]) oder die vom dichtenden Hausmeister und Dissidenten Griša (in *Der Dichter und die Muse* [*Poėt i muza*], 1986). Natürlich ließ sie sich immer wieder auf intertextuelles Spiel ein, wenn sie etwa, wie in der Erzählung *Schlaf ruhig, mein Söhnchen* (*Spi spo-*

kojno, synok, 1986), das Gogol'sche Motiv des Mantelraubes mit einem Beutepelzmantel aus dem Zweiten Weltkrieg neu aufnahm.

Die Erzählungen der Tat'jana Tolstaja erschienen gesammelt in den Bänden *Der Schlafwandler im Nebel* (*Somnambula v tumane*, 1991) und *Du liebst – du liebst nicht* (*Ljubiš' – ne ljubiš'*, 1997). Eine Überraschung bot neuerdings ihr SF-Roman mit dem eigentümlichen Titel *Kys'* (2002/03), einem unübersetzbaren Zaum'-Wort. In der hier geschilderten neuen Welt wurde die alte Kultur wie eine geheime Botschaft von einem Tyrannen verwaltet, um von ihm endlich neu «erfunden» zu werden.

Tendenzen in der Lyrik

Seit Perestrojka und Wende bildete sich in der russischen Lyrik eine Vielheit von Richtungen und Gruppen, von denen die wichtigsten genannt seien.

Die Petersburger Schule der zeitgenössischen Lyrik blieb nach wie vor der akmeistischen Tradition verpflichtet, womit vor allem das Festhalten an der klassischen poetischen Form und Petersburg im engsten und weitesten Sinne als dominantes Thema zu verstehen wären. Iosip Brodskij, der Nobelpreisträger von 1987, konnte als hervorragendster Exponent und zugleich als stärkste Bestätigung dieser Richtung gelten, doch wirkten neben und hinter ihm weitere Dichter: Der mit Brodskij befreundete Evgenij Rejn, der sich im Almanach *Metropol'* profilierte und seither mehrere Gedichtbände veröffentlichte. Von Leningrad geprägt waren Dimitrij Bobyšev, dem 1979 die Ausreise in die USA gelang, mit seinen bedeutsamen *Russischen Terzinen* (*Russkie terciny*, 1977–81); die religiöse Lyrikerin Elena Švarc und der heute in der Nähe von Köln lebende Igor' Burichin, der in seinen Verssammlungen zu visuellen Techniken überging. Schließlich Viktor Krivulin, die vielleicht wichtigste Figur der Petersburger Schule, der seit den 1970er Jahren im Untergrund schrieb und zusammen mit Tat'jana Goričeva im SAMIZDAT publizierte. Seine Lyrik war offen auch für die Experimente der konkreten Poesie. In den 1990er Jahren lieferten seine Essays Wegzeichen zur geistigen Neuorientierung.

Nachdem die Welle der engagierten Estradendichtung abgeklungen war und die «Milieu-Poesie» (R. Neuhäuser) in unwirtliche Großstädte und abgestandene Baugruben voll Industriemüll hineingeleuchtet hatte – als Protagonisten der «schwarzen Muse» wären Jurij Arabov, Aleksej Maševskij, Sergej Nadeev u. a. zu nennen –, kamen bei einer Reihe von Dichtern die Transzendenz und die christlichen Tugenden wieder zur Geltung. So in den Lyrikbänden von Marija Avvakumova, Ven'jamin Blažennych, Oles'ja Nikolaeva und Nikolaj Trjapkin.

Auf der anderen Seite suchten Dichter, die sich «höfische Manieristen» (*kurtuaznye man'eristy*) nannten – darunter Vadim Stepancov, Dmitrij Bykov, Konstantin Grigor'ev und Viktor Pelenjagrė –, den modischen Lifestyle der «neuen Russen» in Verse zu bannen. Eine seltsame Mischung von Renaissance- und Rokokopoesie mit Reklamefloskeln und russifiziertem Englisch war das Ergebnis. Daneben wurden von der Literaturkritik weitere Lyrikströmungen bestimmt wie die Rock-Poesie (*rok-poėzija*) (Andrej Makarevič, Viktor Coj, Jurij Ševčuk u. a.), die Metametaphoristen (Lev Losev, Viktor Korkija, Elena Švarc) oder die Neofuturisten (Konstantin Kedrov, Elena Kacjuba, Ljudmila Chodynskaja und Ry Nikonova).

Bezüglich der Metrik war die russische Poesie von jeher eher konservativ gewesen. Freirhythmische Verse (*vers libres*), die sich in der deutschen Literatur seit Klopstock, in den übrigen europäischen Literaturen seit der Moderne allgemein durchgesetzt hatten, waren in Rußland ein fremdes Medium geblieben, das lediglich zur Wiedergabe freirhythmischer Gedichte Goethes, Heines oder Tagores verwendet wurde. Seit Mitte der 1980er Jahre nun wurde das Dichten ohne Zwang von Metrum und Reim von der Gruppe der Verslibristen (*verlibristy*) um Vladimir Burič praktiziert und mit beträchtlichem Werbeaufwand propagiert. 1989 erschienen die Sammelbände *Das weiße Quadrat* (*Belyj kvadrat*) mit freirhythmischen Gedichten von Burič, Karen Džangirov, Vjačeslav Kuprijanov und Arkadij Tjurin, sowie *Zeit X* (*Vremja iks*) mit Texten von 19 Verslibristen. Während Burič kurze Texte schrieb, die an die japanische Haiku-Form erinnerten, und Džangirov dem geschliffenen Aphorismus nahekam, deckte der Sibiriake Kuprijanov ein breiteres thematisches Spektrum ab, wenn er konkrete Situationen ins Absurde auszog oder über alltägliche Gegenstände hintersinnig räsonierte. Auch der russisch schreibende Tschuwasche Gennadij Ajgi, dessen Gedichte vor allem im Westen Anerkennung fanden, wurde gelegentlich den Verslibristen zugerechnet. Seine gesammelten Gedichte erschienen 1991 in dem Band *Hier* (*Zdes'*).

Ein Sammelbecken der zeitgenössischen Lyrik wurde seit 1994 die von Aleksej Alëchin herausgegebene Zeitschrift «Arion», der es gelang, sowohl ältere Dichter (Genrich Sapgir, Evgenij Rejn, Oleg Čuchoncev, Bella Achmadulina) als auch jüngere (Sergej Gandlevskij, Timur Kibirov u. a.) um sich zu scharen. Die sich hier abzeichnenden Tendenzen – ein gesteigertes Interesse am alltäglichen, privaten Leben, eine neuartige Beziehung zur Zeit, eine verstärkte semantische Belastung und eine Prosaisierung der Verssprache – könnten in Zukunft für die russische Lyrik bedeutsam werden.

Es mangelt keineswegs an poetischen Talenten und an neuen Ansätzen. Erwähnt seien abschließend der durch seine «Marathon-Zeilen» (d. h. überlangen Verse) bekanntgewordene Nikolaj Kononov und die von einen Justizskandal umwitterte Alina Vituchnovskaja, der einige bewundernswerte Gedichte gelungen sind.

Tendenzen im Drama

Zum Wendepunkt für die neuen Entwicklungen im Drama wurde eine Verordnung vom Mai 1991, die privatwirtschaftliche Organisationsformen im Theaterbereich gestattete und damit der Kommerzialisierung der Bühnen in Rußland Tür und Tor öffnete. Schon zuvor waren in großer Zahl sog. Studiobühnen gegründet worden – bereits 1988 soll es über 200 solcher Kleintheater allein in Moskau gegeben haben –, die mit experimentellen Aufführungen unterschiedlichster Art aufwarteten. In dem Maße, wie das Interesse an den Tauwetter- und Perestrojka-Dramen verebbte, entstanden neue Bühnenstücke, die sich vor allem am absurden Theater orientierten. Venedikt Erofeev ging mit seiner «Tragödie» *Walpurgisnacht oder Die Schritte des Komturs* (*Val'purgieva noč', ili Šagi komandora*) voran, die 1985 geschrieben, aber erst 1989 aufgeführt wurde. Das Irrenhaus, in das man einen Dissidenten einlieferte, wurde zum Schauplatz, an dem das Absurde zur Normalität wurde – und umgekehrt. Der aus Georgien stammmende Viktor Korkija gestaltete in den Dramen *Der schwarze Mann oder Ich armer Soso Džugašvili* (*Černyj čelovek, ili Ja bednyj Soso Džugašvili*, 1988) und *Die heilige Laurentius-Nacht* (*Noč' svjatogo Lavrentija*, 1991) den Stalin- und den Berija-Mythos als Polit-Groteske. Auch Aleksandr Šipenko spielte in seinen «beckettianischen» Stücken die postkommunistischen Traumata durch. Die Stücke der in Köln lebenden Jana Eliseeva-Šrajner waren dem absurden Genre verpflichtet. Die Kurzdramen, die «Irrsinnsschau» *Fieberwahn* (*Bred*, 1989) und das Drama *Der Orkan* (*Uragan*, 1997) des seit 1991 in Salzgitter lebenden Il'ja Člaki stellten Menschen in Ausnahmesituationen auf die Bühne. Oleg Jur'ev, ebenfalls seit 1991 in Frankfurt weilend, wandte sich in Drama und Roman inzwischen den sozialen und kulturellen Problemen seines Gastlandes zu.

In den Stücken von Nina Sadur, gesammelt in dem Band *Das wunderliche Weib* (*Čudnaja baba*, 1989), kamen grundsätzliche Fragen der menschlichen Existenz zur Sprache, die immer auch transzendente und magische Dimensionen des Seins einschlossen. Das wunderliche Weib des Titelstückes war eine Art Schamanin, die die Kräfte des Bösen in sich verkörperte. Nikolaj Koljada wieder konzentrierte sich auf das triste Leben der kleinen Leute in den Plattensilos der Chruščëv-Zeit. Langweile und Aussichtslosigkeit herrschten in seinen dramatischen Miniaturen *Chruščëvka* wie in den Stücken *Pfänderspiele* (*Igra v fanty*) und *Murlin Murlo*, das die Frustrationen einer Marilyn Monroe der russischen Provinz ausbreitete.

In den Bühnenwerken neuer Autoren wie Andrej Višnevskij, Ivan Ochlobystin oder Ol'ga Muchina drückte sich das Lebensgefühl der heutigen jungen Generation mit ihren Vergnügungen und Träumen aus, immer auch mit den Ingredienzen der Rock-Kultur durchmischt.

Konzeptkunst

Die Konzeptkunst (*konceptualizm*) war im Untergrund wie von selbst entstanden. Die provisorischen Arten der Textherstellung in der Dissidentenszene stellten die etablierte Seinsweise literarischer Texte ebenso in Frage wie der grundsätzliche Zweifel an der offiziellen Literatur. Bereits seit Ende der 1970er Jahre brachen deshalb Künstlergruppen wie die «Moskauer romantischen Konzeptualisten» mit Dmitrij Prigov und Lev Rubinštejn, der Kreis um Il'ja Kabakov oder die Gruppe KD (Kollektive Aktionen) mit dem traditionellen Bild- bzw. Textbegriff. An seine Stelle traten synästhetische Konglomerate, in denen die Wortsphäre neben Bild, Klang, Aktion und Performance nicht mehr die dominierende Rolle spielte. Der Autor, als «Rahmen des Textes» (St. Küpper), entschied arbiträr darüber, welche medialen Komponenten und Ausdruckssphären im Textkonzept zusammenwirken sollten.

Zu den bemerkenswerten Autoren, die die Auseinandersetzung mit Text und Kontext suchten, zählten Dmitrij Prigov und Lev Rubinštejn.

Dmitrij Prigov und Lev Rubinštejn

Dmitrij Prigov hatte bereits in den 1970er Jahren visuelle Texte, sog. «Stichographien» (*stichografii*) angefertigt (sie erschienen 1985 u.d.T. *Stichogramme [Stichogrammy]* in Paris), d.h. poetische Objekte, darunter seine inzwischen legendären «Textgräber», die symbolisch die von der Zensur unterbundene Literatur repräsentierten. Noch 1986 wollte man den Dichter in eine psychiatrische Klinik einweisen; erst seit 1989 konnte er in Rußland veröffentlichen. 1990 erschien sein Band *Tränen einer heraldischen Seele (Slëzy geraldičeskoj duši)*. Mit seinen «Milizionär-Gedichten» (*Apotheose des Milizionärs [Apofeoz Milicanera]*, 1990) gewann er allgemeine Bekanntheit. Dabei nutzte er sprachliche Klischees und gängigen Sprachmüll nicht nur, um die sowjetische Respektsperson abzuwerten, sondern vor allem, um eine Position jenseits der Verantwortungsästhetik zu gewinnen. Zum Vortrag seiner Gedichte gehörte eine performantielle Attitüde, die ihn zum «postmodernen Schamanen» (R. Dutli) werden ließ.

Solches zeichnete auch die Auftritte Lev Rubinštejns aus. Er, der lange Jahre als Bibliothekar am Moskauer Pedinstitut gearbeitet hatte, schrieb seine Texte, Satz für Satz, auf Karteikarten, die er beim Vortrag einzeln aufnahm und wieder ablegte. Aus den Serien der numerierten Einzelsätze – sie erhielten Überschriften wie *Der sechsflügelige Seraphim (Šestokrylyj serafim*, 1984), *Der Dichter und der Pöbel (Poét i tolpa*, 1985), *Das Erscheinen des Helden (Pojavlenie geroja*, 1985), *Mama hat Fenster geputzt (Mama myla ramu*, 1987) oder *Fragen der Literatur (Voprosy literatury*, 1992), *Ich bin hier (Ja zdes'*, 1992/93) – entwickelte er jeweils Ansätze zu inhaltlichen Sujets, die freilich niemals über ihre Zufälligkeit hinauswuchsen. Die ersten Serien galten offenbar der eigenen Ortsbestimmung gegenüber der klassischen Tradition (die Puškin-Allusionen waren unverkennbar), doch bot *Ich bin hier* bereits so etwas wie einen Lebenslauf *in statu nascendi*. Rubinštejns Karteitexte erschienen zunächst im westlichen Ausland, in Rußland erst nach 1991.

In den 1990er Jahren traten verschiedenste Konzeptgruppen in Erscheinung: die Petersburger «Mit'ki», die «kleinen Dmitrijs», nach dem Kindernamen ihres Mitglieds Dmitrij Šagin benannt, die die sowjetischen Embleme verfremdeten und sich in Gefängniszellen gemütlich einrichteten; die Gruppe der «Martynčiks» (Martynčiki), die Gruppe «Der Rahmen» (Rama) und der Kreis um die Zeitschrift «Radek».

Vollständigkeit und Pluralismus

Für die gegenwärtige Situation der russischen Literatur ist merkmalhaft, daß sie zum einen über alle Zweige und Varianten, die jemals in ihr ausgebildet wurden, verfügen kann und daß sie sich zum anderen frei von weltanschaulichen, ideologischen und ästhetischen Vorgaben entfalten kann. Das hat es, solange Literatur in Rußland besteht, noch niemals gegeben. Und es hat im neuen Jahrtausend dazu geführt, daß die verschiedensten und heterogensten literarischen Erscheinungen nebeneinander stehen, ohne daß ein dominantes Prinzip zum Generator der Entwicklung würde. Selbst die Postmoderne, die seit der Perestrojka um sich griff, konnte sich nicht in dieser Funktion behaupten. Noch immer erweisen sich die langgewohnten Vorstellungen von der gesellschaftlich-didaktischen Aufgabe der Literatur als stark und wirksam.

Die Literaturkritik und vor allem die zahlreichen Literaturpreise, die in Rußland alljährlich mit unterschiedlichen Intentionen vergeben werden, wirken daran, einen neuen Kanon der Literatur zu begründen. Denn im allfälligen Pluralismus der zeitgenössischen russischen Literatur stehen religiöse, ethisch-politische, ästhetisch-experimentelle und rein kommerziell ausgerichtete Erscheinungen gleichberechtigt nebeneinander. Solženicyn erhebt noch immer seine Prophetenstimme, um die russische Gesellschaft vor der geistigen Verflachung zu bewahren. Seine nach der Rückkehr 1994 erschienenen historisch-publizistischen Werke geben Rechenschaft über wesentliche russische Traditionen. (Daß seine dichterische Stimme nicht verstummmt ist, belegen die starken Erzählungen, die er in den letzten Jahren vorlegte.) Noch immer schreiben Autoren im Stile der Neuen Prosa oder im Sinne der ökologischen Tendenz der Dorfprosa. Doch auch die brutalistische, oft als Pornographie verschriene Literatur ist anwesend, selbst wenn sich ein

Kultautor wie Jurij Mamleev als «metaphysischer Realist» ausgibt, der Metaphysisches und Symbolisches in seine Texte einbringt, oder ein zum Exhibitionismus neigender Schriftsteller wie Ėduard Limonov zum Führer eines rechten Klüngels wird. Der Widerstand gegen die exzessiven Autoren kann inzwischen bedenkliche Formen annehmen, wie die öffentliche Zerstörung der Bücher von Vladimir Sorokin durch die Jugendorganisation der «Zusammengehenden» (*Idëm vmeste*) gezeigt hat. Neue Gattungen werden erprobt wie die erfolgreichen *Notizen und Exzerpte* (*Zapiski i vypiski*, 1999) des Literaturwissenschaftlers Michail Gasparov oder die provozierende Kurzprosa von Ėduard Pustynin und Elena Novikova.

Unübersehbar ist zudem der Aufschwung der Trivialliteratur, die etwa in den Kriminalromanen der Aleksandra Marinina oder eines Außenseiters wie Anatolij Azol'skij ungeahnte Erfolge feiert. Auch die Serie magisch-abenteuerlicher Romane von Sergej Alekseev ist in diesem Zusammenhang zu nennen.

Es hat wohl nie in der Geschichte der russischen Literatur einen solchen Reichtum an belletristischen Ausgaben und eine solche Vielfalt an literarischen Richtungen gegeben wie zum Beginn des 21. Jahrhunderts. Man braucht sich um die russische Literatur nicht zu sorgen. Sie gewinnt ihre Perspektiven aus der Gewißheit großer Traditionen und schöpft aus einer uneingeschränkt fortwirkenden künstlerischen Kraft.

Schreibregeln

Transkription Russisch-Deutsch

Russische (kyrillische) Wörter, Werktitel und Namen werden in der wissenschaftlichen Transkription wiedergegeben:

Russisch-Deutsch

а = a
б = b
в = v
г = g
д = d
е = e
ё = ë (jo)
ж = ž (j wie in jour)
з = z (stimmhaftes s)
и = i
[i = i]
й = j
к = k
л = l
м = m
н = n
о = o
п = p
р = r
с = s (stimmloses s)
т = t
у = u
ф = f
х = ch
ц = c (wie z in Zeit)
ч = č (tsch)
ш = š (sch)
щ = šč (schtsch)
ъ = – («hartes Zeichen», ohne Lautwert)
ы = y
ь = ' (weiches Zeichen, patalasiert den vorangehenden Konsonanten)
ѣ = č («Jat'», e)
э = ė (ä)
ю = ju
я = ja

Deutsch-Russisch

a = а
b = б
c = ц
č = ч
ch = ч
d = д
e = е
ë = ё
ė = э
č = ѣ
f = ф
g = г
i = и
j = й
ja = я
ju = ю
k = к
l = л
m = м
n = н
o = о
p = п
r = р
s = с
š = ш
šč = щ
t = т
u = у
v = в
y = ы
z = з
ž = ж
' = ь
– = ъ

Literaturhinweise

Einleitung

H.-J. Torke (Hrsg.): Lexikon der Geschichte Rußlands. Von den Anfängen bis zur Oktober-Revolution. München 1985.

H.-J. Torke (Hrsg.): Historisches Lexikon der Sowjetunion 1917/22 bis 1991. München 1993.

E. Benz: Geist und Leben der Ostkirche. München ²1971.

W. Goerdt: Russische Philosophie. Grundlagen. Freiburg, München ²1995.

D. Tschiževskij: Russische Geistesgeschichte. München ²1971.

Hauptwerke der russischen Literatur. Einzeldarstellungen und Interpretationen. Hrsg. von W. Kasack. München 1997.

Istorija russkoj literatury AN SSSR. Bd. 1-10. Moskau-Leningrad 1941-1954.

Geschichte der russischen Literatur von den Anfängen bis 1917. Bd. 1: Von den Anfängen bis zur Mitte des 19. Jahrhunderts. Hrsg. von H, Grasshoff. Bd. 2: Von der Mitte des 19. Jahrhundertds bis 1917. Hrsg.von W. Düwel. Berlin-Weimar 1986.

Histoire de la littérature russe. Le XXᵉ siècle, Hrsg. von E. Etkind u.a. [Paris] 1987ff.

L. I. Timofeev: Očerki teorii i istorii russkogo sticha. Moskau 1958.

B. O. Unbegaun: Russian Versification. Oxford ⁵1971.

M.L. Gasparov, Očerk istorii russkogo sticha. Metrika. Ritmika. Rifma. Strofika. Moskau ²2000.

Istorija russkoj poėzii v dvuch tomach. Leningrad 1968.

Istorija russkogo romana v dvuch tomach. Moskau, Leningrad 1962.

Russkie dramaturgi XVIII-XIX vv. Monografičeskie očerki v trëch tomach. Hrsg. G.P. Bernikov u.a. Leningrad-Moskau 1959-1961.

Kapitel I

N.K. Gudzij: Istorija drevnej russkoj literatury. Moskau ⁷1966.

D. Tschiževskij: Altrussische Literaturgeschichte im 11., 12 und 13. Jahrhundert. Frankfurt a.M. 1948.

V.V. Byčkov: Russkaja srednevekovaja ėstetika XI-XVII veka. Moskau 1992.

I.P. Erëmin: Literatura drevnej Rusi. Moskau-Leningrad 1966

A.S. Dëmin, O chudožestvennosti drevnerusskoj literatury. Moskau 1998.

D.S. Lichačëv: Poėtika drevnerusskoj literatury. Leningrad 1967.

D.S. Lichačëv: Razvitie russkoj literatury X-XVII vekov. Ėpochi i stili. Leningrad 1979.

D.S. Lichačëv; A.M.Pančenko: Die Lachwelt des Alten Rußland. Hrsg. von R. Lachmann. München 1991.

K.-D. Seemann: Die altrussische Wallfahrtsliteratur: Theorie und Geschichte eines literarischen Genres. München 1976.

D. Gerhardt: Rußland und sein «Igorlied». In: Archiv für Kulturgeschichte 34 (1951/52), S. 67-80.

D.S. Lichačëv: Slovo o polku Igoreve. Istoriko-literaturnyj očerk. Moskau ²1982.

G. Scheidegger: Endzeit. Rußland am Ende des 17. Jahrhunderts. Bern 1999.

D. Tschiževskij: Das Barock in der russischen Literatur. In: Slavische Barockliteratur I. Hrsg. D. Tschiževskij. München 1970, S. 9-39.

B.A. Uspenskij; V.M. Živov: Zur Spezifik des Barocks in Rußland. In: Slavische Barockliteratur II. Gedenkschrift für Dmitrij Tschiževskij (1894-1977). Hrsg. R. Lachmann. München 1983, S. 25-56.

D. Tschiževskij: Das Barock in der russischen Literatur. In: Slavische Barockliteratur I. Hrsg. D. Tschiževskij. München 1970, S. 9-39.

Uspenskij, B. A. und V.M. Živov: Zur Spezifik des Barocks in Rußland. In: Slavische Barockliteratur II. Gedenkschrift für Dmitrij Tschiževskij (1894-1977). Hrsg. R. Lachmann. München 1983, S. 25-56.

A.N Robinson (Hrsg.): Razvitie barokko i zaroždenie klassicizma v Rossii. XVII-načala XVIII v. Moskau 1989.

A.S. Dëmin: Russkaja litertatura vtoroj poloviny XVII-načala XVIII veka. Moskau 1972.

A.S. Dëmin: Pisatel' i obščestvo v Rossii XVI-XVIII vekov. Moskau 1985.

A.M. Pančenko: Russkaja literatura na rubeže dvuch époch (XVII-nač. XVIII vv.) Leningrad 1970.

A.M. Pančenko: Russkaja stichotvornaja kul'tura XVII veka. Moskau 1973.

A.N. Robinson: Razvitie barokko i zaroždenie klassicizma v Rossi XVII-načala XVIII v. Moskau 1989

L. I. Sazonova: Poézija russkogo barokko. Moskau 1991.

S. Strätling: Allegorien der Imagination. Lesbarkeit und Sichtbarkeit im frühen russischen Barock. Phil. Diss. HU Berlin 2003.

N. Uhlenbruch: Simeon Polockijs poetische Verfahren. «Rifmologion» und «Vertograd mnogocvetnyj». Versuch einer strukturellen Beschreibung. Bochum 1979.

A.M Pančenko:Russkaja kul'tura v kanun petrovskich reform. Leningrad 1984.

Kapitel II

G. Gukovskij: Russkaja literatura XVIII veka. Moskau 1939.

G. Gukovskij: O russkom klassicizme. In: Poétika 5 (Leningrad 1929), S. 21-65.

G. Gukovskij: Von Lomonosov bis Deržavin. In: Zeitschrift für Slavische Philologie 21 (1925), S. 323-365.

V.P. Stepanov; Ju. V. Stennik: Istorija russkoj literatury XVIII veka. Bibliografičeskij ukazatel'. Leningrad 1968.

R. Lauer: Literatur und Literatursprache in Rußland im 18. Jahrhundert. In: Sprache und Volk im 18. Jahrhundert. Hrsg. von H.-H. Bartens. Frankfurt a.M., Bern 1983, S. 87-107.

B. N. Aseev: Russkij dramatičeskij teatr XVII-XVIII vekov. Moskau 1958.

R. Lauer: Die Petersburger Akademie und die russische Literatur. In: Europäische Sozietätsbewegungen und demokratische Tradition. Die europäischen Akademien der frühen Neuzeit zwischen Frührenaissance und Spätaufklärung. Hrsg. von K. Garber u.a. Tübingen 1996, S. 1018-1030.

N.D. Kočetkova: Literatura russkogo sentimentalizma (Éstetičeskie i chudožestvennye iskanija). St. Petersburg 1994.

R. Neuhäuser: Towards the Romantic Age. Essays on Sentimental and Preromantic Literature in Russia. The Hague 1974.

H.-B. Harder: Studien zur Geschichte der russischen klassizistischen Tragödie 1747-1769. Wiesbaden 1962.

P.N. Berkov: Istorija russkoj komedii XVIII veka. Leningrad 1977.

B. Schultze: Studien zum russischen literarischen Einakter. Von den Anfängen bis A. P. Čechov. Wiesbaden 1984.

J. Klein: Die Schäferdichtung des russischen Klassizismus. Berlin 1988.

R. Lauer: Russische Freimaurerdichtung im 18. Jahrhundert. In: E. H. Balász u.a. (Hrsg.): Beförderer der Aufklärung in Mittel- und Osteuropa. Freimaurer, Gesellschaften, Clubs. Berlin 1979, S. 272-292.

D. Schenk: Studien zur anakreontischen Ode in der russischen Literatur des Klassizismus und der Empfindsamkeit. Frankfurt a.M. 1972.

H. Schroeder: Russische Verssatire im 18. Jahrhundert. Köln, Graz 1962.

R. Lauer: Gedichtform zwischen Schema und Verfall. Sonett, Rondeau, Madrigal, Ballade, Stanze und Triolett in der russischen Literatur des 18. Jahrhunderts. München 1975.

H. Immendörfer: Die Geschichte der russischen Fabel im 18. Jahrhundert. Poetik, Rezeption und Funktion eines literarischen Genres. Wiesbaden 1998.

Ju.V. Stennik: Russkaja satira XVIII veka. Leningrad 1985.

U. Jekutsch: Das Lehrgedicht in der russischen Literatur des 18. Jahrhunderts. Wiesbaden 1981

P. Brang: Studien zu Theorie und Praxis der russischen Erzählung (1770-1811). Wiesbaden 1960.

Kapitel III

Istorija romantizma v russkoj literature. Vozniknovenie i utverždenie romantizma v russkoj literature (1790-1825). Moskau 1979.

Istorija romantizma v russkoj literature. Romantizm v russkoj literature 20-30-ch godov XIX v. (1825-1840). Moskau 1979.

D. Tschiżewskij: Russische Literaturgeschichte des 19. Jahrhunderts. Teil I. Die Romantik. München 1964.

Ju.N. Tynjanov: Puškin i ego sovremenniki. Moskau 1969.

V.É. Vacuro: Lirika puškinskoj pory. St. Petersburg 1994.

B. Zelinsky: Russische Romantik. Köln, Wien 1975.

H. Lemberg: Die nationale Gedankenwelt der Dekabristen. Köln, Graz 1963.

M.R. Katz: The Literary Ballad in Early Nineteenth Century Russian Literature. London 1976.

F.W. Neumann: Geschichte der russischen Ballade. Königsberg, Berlin 1937.

W. Schamschula: Der russische historische Roman vom Klassizismus zur Romantik. Meisenheim am Glan 1961.

R. Lauer: Das russische Sonett der Puškin-Zeit. In: Gattungen in den slavischen Literaturen. FS für Alfred Rammelmeyer. Köln, Wien 1988, S. 315-336.

Kapitel IV/V

M. Braun: Der Kampf um die Wirklichkeit in der russischen Literatur. Göttingen 1958.

R. Lauer: Der russische Realismus. In: Ders. (Hrsg.): Europäischer Realismus. Wiesbaden 1980 (Neues Handbuch der Literaturwissenschaft, Bd. 17), S.275-342.

G. Lukács: Der russische Realismus in der Weltliteratur. Berlin 1953.

Razvitie realizma v russkoj literature v trëch tomach. Hrsg. von K.N. Lomunov u.a. Moskau 1972-1974.

D. Tschiżewskij: Russische Literaturgeschichte des 19. Jahrhunderts. Teil II. Der Realismus. München 1967.

A. Flaker: O realizme. In: The Art of the Word (Umjetnost riječi). Hrsg. von Z. Škreb. Zagreb 1969. S. 111-127.

G.M. Fridlender: Poétika russkogo realizma. Očerki o russkoj literature XIX veka. Leningrad 1971.

A.G. Cejtlin: Stanovlenie realizma v russkoj literature (Russkij fiziologičeskij očerk). Moskau 1965.

V.I. Kulešov: Natural'naja škola v russkoj literature XIX veka. Moskau 1965.

R. Lauer: Zur realistischen Naturlyrik in Rußland. Fet – Nekrasov – Minaev. In: FS für Erwin Wedel zum 65. Geburtstag. München 1991, S. 251-264.

N.N. Skatov: Poéty nekrasovskoj školy. Leningrad 1968.

A. Lirondelle: La poésie de l'art pour l'art en Russie et sa destinée. In: Revue des Etudes Slaves 1 (1921), S. 98-116.

Kapitel VI/VII

R. Grübel (Hrsg.): Russische Literatur an der Wende vom 19. zum 20. Jahrhundert. Oldenburger Symposium. Amsterdam u.a. 1993.

J. Scherrer: Die Petersburger Religiös-Philosophischen Vereinigungen. Die Entwicklung des religiösen Selbstverständnisses ihrer Intelligencija Mitglieder (1901-1917). Berlin 1973.

K. Schlögel: Jenseits des Großen Oktober. Das Laboratorium der Moderne. Petersburg 1909-1921. Berlin 1988.

J. Holthusen: Studien zur Ästhetik und Poetik des russischen Symbolismus. Göttingen 1957.

R.E. Peterson: A History of Russian Symbolism. Amsterdan/Philadelphia 1993.

A. Ohme; U. Steltner (Hrsg.): Der russische Symbolismus. Zur sinnlichen Seite seiner Wortkunst. München 2000.

F. Stepun: Mystische Weltschau. Fünf Gestalten des russischen Symbolismus: Solowjew – Berdjajew – Iwanow – Belyj – Blok. München 1964.

A. Hansen-Löve: Der russische Symbolismus. System und Entfaltung der poetischen Motive. Bd. I: Diabolischer Symbolismus. Wien 1989; Bd. II: Mythopoetischer Symbolismus, Kosmische Symbolik. Wien 1998.

S. Nolda: Symbolistischer Urbanismus. Zum Thema der Großstadt im russischen Symbolisimus. Gießen 1980.

Chr. Ebert: Symbolismus in Rußland. Zur Romanprosa Sologubs, Remisows, Belys. Berlin 1988.

J. Doherty: The Acmeist Movement in Russian Poetry. Culture and the Word. Oxford 1995.

B. Zelinsky (Hrsg.): Russische Avantgarde 1907-1921. Vom Primitivismus zum Konstruktivismus. Bonn 1983.

V. Markov: Russian Futurism. A History. Berkeley, Los Angeles 1968.

V.N. Terechnina; A.P. Zimenkova (Hrsg.): Russkij futurizm. Teorija. Praktika. Kritika. Vospominanija. Moskau 1999.

D. Tschiževskij (Hrsg.): Anfänge des russischen Futurismus. Wiesbaden 1963.

R. Jakobson: Novejšaja russkaja poézija. Prag 1921.

R. Lauer: Das poetische Programm der Centrifuga. In: Text – Symbol – Weltmodell. Johannes Holthusen zum 60. Geburtstag. München 1984, S. 365-375.

F. Scholz: Die Anfänge des russischen Futurismus in sprachwissenschaftlicher Sicht. In: Poetica 2 (1968), S. 477-500.

S.P. Il'ev: Russkij simvolistskij roman. Aspekty poétiki. Kiev 1991.

Kapitel VIII

V.V. Agenosov: Literatura russkogo zarubež'ja (1918-1996). Moskau 1998.

A.G. Sokolov: Sud'by russkoj literaturnoj émigracii 1920-ch godov. Moskau 1991.

G. Struve: Russkaja literatura v izgnanii. Paris ²1984; Moskau ³1996.

J. Glad: Russia abroad: Writers, history, politics. Tenafly, NJ 1999.

J.P. Hinrichs: Verbannte Muse. Zehn Essays über russische Lyriker der Emigration. München 1992.

W. Kasack: Die russische Schriftsteller-Emigration im 20. Jahrhundert. Beiträge zur Geschichte, den Autoren und ihren Werken. München 1996.

M. Raeff: Russia Abroad. A Cultural History of the Russian Emigration 1919-1939. New York 1990.

K. Schlögel (Hrsg.): Der große Exodus. Die russische Emigration und ihre Zentren 1917 bis 1941. München 1994.

K. Schlögel (Hrsg.): Russische Emigration in Deutschland. Leben im europäischen Bürgerkrieg. Berlin 1995.

K. Schlögel (Hrsg.): Chronik russischen Lebens in Deutschland. 1918-1945. Berlin 1999.

R.H. Johnston: New Mecca, New Babylon – Paris and the Russian Exiles 1920-45. Montreal 1988.

Ch. Lédré: Les émigrés russes en France. Paris 1930.

N. Paklin: Russkie v Italii. Moskau 1990.

A. Arsen'ev u.a. (Hrsg.): Russkaja émigracija v Jugoslavii. Sbornik statej. Moskau 1996.

M. Sibinović: Ruska emigracija u srpskoj kulturi XX veka. Zbornik radova. Belgrad 1994.

S.P. Postnikov (Hrsg.): Russkie v Prage. 1918-1928 gg. Prag 1928 (Nachdr. 1995).

V.V. Rudnev: Russkoe delo v Čechoslovackoj respublike. Paris 1924.

O.A. Kaznina: Russkie v Anglii. Russkaja émigracija v kontekste russko-anglijskich literaturnych svjazej v pervoj polovine XX veka. Moskau 1997.

Kapitel IX

Istorija russkoj sovetskoj literatury v četyrëch tomach. Moskau 1967-1971.

Istorija russkogo sovetskogo romana. Moskau-Leningrad 1965.

A. Boguslavskij; V. Diev: Russkaja sovetskaja dramaturgija. Moskau 1963-68.

St. Plaggenborg: Revolutionskultur. Menschenbilder und kulturelle Praxis in Sowjetrußland zwischen Oktoberrevolution und Stalinismus. Köln u.a. 1996.

H. Jünger (Hrsg.): Geschichte der russischen Sowjetliteratur. Bd. 1:1917-1941, Bd. 2: 1941-1967. Berlin ²1977.

G. Struve: Geschichte der Sowjetliteratur. München 1957.

M. Slonim: Die Sowjetliteratur. Stuttgart 1972.

G. Erler u.a. (Hrsg.): Von der Revolution zum Schriftstellerkongreß. Wiesbaden 1979.

A. Guski: Literatur und Arbeit. Produktionsskizze und Produktionsroman im Rußland des 1. Fünfjahrplanes (1928-1932). Wiesbaden 1995.

A. Flaker: K tipologii literaturnych učenij dvadcatych godov. In: Slavica Pragensia XII (1970). Philologica 2-4, S. 285-294.

Literaturtheorie und Literaturkritik in der frühsowjetischen Diskussion. Standorte - Programme - Schulen. Hrsg. von A. Hiersche und E. Kowalski. Berlin-Weimar 1990.

S. Šešukov: Neistovye revniteli. Iz istorii literaturnoj bor'by 20-ch godov. Moskau ²1984

Istorija russkoj sovetskoj poėzii. 1917-1941. Leningrad 1983.

Zd. Mathauser: Die Spirale der Poesie. Die russische Dichtung seit 1945. Übersetzung und Anhang von B. Scholz. Frankfurt a.M. 1975.

N.Å. Nilsson: The Russian Imaginists. Stockholm 1970.

V. Markov: Russian Imagism 1919-1924. Gießen 1980.

Russkij imažinizm. Istorija, teorija, praktika. Moskau 2005.

R.G. Grübel: Russischer Konstruktivismus. Künstlerische Konzeptionen, literarische Theorie und kultureller Kontext. Wiesbaden 1981.

G. Kratz: Die Geschichte der «Kuznica» (1920-1932). Materialien zur Geschichte der sowjetischen Schriftstellerorganisation. Gießen 1979.

G. Wilbert: Entstehung und Entwicklung der «linken» Kunst und der «Linken Front der Künste» (LEF) 1917-1925. Gießen 1976.

W. Kasack: Obėriu. Eine fast vergessene literarische Vereinigung. In: Forschung und Lehre. Abschiedsschrift zu Joh. Schröpfers Emeritierung und Festgruß zu seinem 65. Geburtstag. Hamburg 1975, S. 292-298.

A.A. Kobrinskij: Poėtika «OBĖRIU» v kontekste russkogo literaturnogo avangarda XX veka. Bd. I-II. Moskau 1999.

G. Glinka: Pereval: The Withering of Literary Spontaneity in the U.S.S.R. Diss. New York 1953.

P. Scherber: Pereval. Zu Geschichte und Organisationsstruktur einer literarischen Vereinigung (1923-1932). Habilitationsschrift. Göttingen 1985.

R. Lorenz (Hrsg.): Proletarische Kulturrevolution in Sowjetrußland (1917-1921). Dokumente des Proletkult. München 1969.

K.-D. Seemann: Der Versuch einer proletarischen Kulturrevolution in Rußland 1917-1922. In: Jahrbücher für Geschichte Osteuropas. NF Bd. 9. H. 2. Wiesbaden 1961, S. 179-222.

E.J. Brown: The Proletarian Episode in Russian Literature 1928-32. New York 1953.

G. Gorzka: A. Bogdanov und der russische Proletkult. Theorie und Praxis einer sozialistischen Kulturrevolution. Frankfurt a.M. u.a. 1980.

H. Oulanoff: The Serapion Brothers. Theory and Practice. The Hague, Paris 1966.

Kapitel X

A. Baudin: Le réalisme soviétique de la période jdanovienne (1947-1953). Bd. 1-2. Bern u.a. 1997/98.

E. Dobrenko: Metafora vlasti. Literatura stalinskoj ėpochi v istoričeskom osveščenii. München 1993.

G. Gorzka (Hrsg.): Kultur im Stalinismus. Sowjetische Kultur und Kunst der 1930er bis 50er Jahre. Bremen 1994.

B. Groys: Gesamtkunstwerk Stalin. Die gespaltene Kultur in der Sowjetunion. München 1996.

W. Schentalinski: Das auferstandene Wort. Verfolgte russische Schriftsteller in ihren letzten Briefen, Gedichten und Aufzeichnungen. Aus den Archiven sowjetischer Geheimdienste. Aus dem Russ. von B. Rullkötter. Bergisch-Gladbach 1996.

D. Götz: Analyse und Bewertung des I. Allunions-Kongresses der Sowjetschriftsteller in Literaturwissenschaft und Publizistik sozialistischer und westlicher Länder (von 1934 bis zum Ende der 60er Jahre). München 1989.

H. Günther: Die Verstaatlichung der Literatur. Entstehung und Funktionsweise des sozialistisch-realistischen Kanons in der sowjetischen Literatur der 30er Jahre. Stuttgart 1984.

R.-D. Kluge: Vom kritischen zum sozialistischen Realismus. München 1973.

K.D. Muratova: Vozniknovenie socialističeskogo realizma v russkoj literature. Moskau, Leningrad 1966.

H.-J. Schmitt; G. Schramm: Sozialistische Realismuskonzeptionen. Dokumente zum 1. Allunionskongreß der Sowjetschriftsteller. Frankfurt a.M. 1974.

Očerki istorii russkoj sovetskoj dramaturgii. 1934-1945. Leningrad, Moskau 1966.

A. Sokolova: Idei i obrazy sovetskoj dramaturgii. P'esy 1946-1952-ch godov. Moskau 1954.

A. Bočarov: Russkaja massovaja pesnja. Moskau 1956.

Kapitel XI

K. Eimermacher: Überlegungen zu einer Geschichte der russischen Nachkriegsliteratur. In: Text – Symbol – Weltmodell. Johannes Holthusen zum 60. Geburtstag. Hrsg. von J. R. Döring-Smirnov u.a. München 1984, S. 99-109.

W. Eggeling: Die sowjetische Literaturpolitik zwischen 1953 und 1970. Zwischen Entdogmatisierung und Kontinuität. Bochum 1994.

W. Kasack: Die russische Literatur 1945-1982. Mit einem Verzeichnis der Übersetzungen ins Deutsche. München 1983.

G. Lindemann (Hrsg.): Sowjetliteratur heute. München 1979.

H. von Ssachno; M. Grunert (Hrsg.): Sowjetische Kulturpolitik seit 1965. München 1970.

A. Steininger: Literatur und Politik in der Sowjetunion nach Stalins Tod, Wiesbaden 1965.

R. Lauer: Il'ja Ėrenburg und die russische Tauwetter-Literatur. Göttingen 1975.

W. Beitz (Hrsg.): Vom «Tauwetter» zur Perestrojka. Russische Literatur zwischen den fünfziger und neunziger Jahren. Bern u.a. 1994.

R. Eshelman: Early Soviet Postmodernism.. Frankfurt a.M. u.a. 1997.

W. Schmid: Thesen zur innovatorischen Poetik der russischen Gegenwartsprosa. In: Wiener Slawistischer Almanach 4 (1979), S. 55-93.

D. Boss: Das sowjetische Autorenlied. Eine Untersuchung am Beispiel des Schaffens von Aleksandr Galič, Bulat Okudžava und Vladimir Vysockij. München 1985.

A. Hiersche: Sowjetische Dorfprosa. Geschichte und Problematik. Berlin 1985.

K. Kasper: Zur Frage der literaturgeschichtlichen Stellung der «anderen Prosa» Rußlands. In: Zeitschrift für Slawistik 38 (1993), S. 70-78.

R. Porter: Russia's Alternative Prose. Oxford 1994.

E. Reißner: Das russische Drama der achtziger Jahre. Schmerzvoller Abschied von der großen Illusion. München 1992.

Kapitel XII

E. Cheauré (Hrsg.): Jenseits des Kommunismus. Sowjetisches Erbe in Literatur und Film. Berlin 1996.

K. Eimermacher u.a. (Hrsg.): Rußland, wohin eilst du? Perestrojka und Kultur. Dortmund 1996.

K. Kasper: Das literarische Leben in Rußland 1992 ff. In: Osteuropa 11/1993-6/1999.

R. Lauer: Bürgerkrieg der Geister. Die russische Literatur in der Ära Gorbatschow. In: FAZ, Nr. 140, 21.VI.1989, S. 31.

B. Menzel: Bürgerkrieg um Worte. Die russische Literaturkritik der Perestrojka. Köln-Weimar 2000.

J.-U. Peters; G. Ritz (Hrsg.): Enttabuisierung. Essays zur russischen und polnischen Gegenwartsliteratur. Bern 1996.

E. Reißner (Hrsg.): Perestrojka und Literatur. Berlin 1990.

E. Wedel (Hrsg.): Neueste Tendenzen in der Entwicklung der russischen Literatur und Sprache. Hamburg 1992.

M. Épštejn: Postmodernizm v Rossii. Literatura i teorija. Moskau 2000.

A. Hansen-Löve: Die Konzeptualisierung Rußlands im russischen Konzeptualismus. In: Literatur als Text der Kultur, Hrsg. von M. Csáki und R. Reichensperger. Wien 1999. S. 65-107.

G. Hirt; S. Wonders (Hrsg.): Präprintium. Moskauer Bücher aus dem Samizdat. Bremen 1998.

St. Küpper: Autorstrategien im Moskauer Konzeptualismus. Il'ja Kabakov, Lev Rubinštejn, Dmitrij A. Prigov. Frankfurt a. M. u.a. 2000.

V. Kuricyn: Russkij literaturnyj postmodernizm. Moskau 2000.

M.N. Lipoveckij: Russkij postmodernizm. Očerki istoričeskoj poétiki. Ekaterinburg 1997.

Rußland aus der Feder seiner Frauen. Zum femininen Diskurs in der russischen Literatur. München 1992.

R. Neuhäuser: Entwicklungstendenzen der russischen Lyrik seit Beginn der «Perestrojka». In: Wiener Slawistisches Jahrbuch, Bd. 38 (1992), S. 107-127.

E. Reißner (Hrsg.): Russische Lyrik heute. Interpretationen. Übersetzungen. Bibliographien. Mainz 1983.

A. Nemzer: Literaturnoe segodnja. O russkoj proze. 90-e. Moskau 1999.

Personenregister

Boborykin, Pëtr Dmitrievič
(1836-1921) **149-150**
Bobyšev, Dimitrij Vasil'evič (*1936)
253
Bogdanov (eig. Malinovskij), Aleksandr
Aleksandrovič (1873-1928) 188
Bogdanovič, Ippolit Fëdorovič
(1744-1803) **55**
Boileau-Despréaux, Nicolas
(1636-1711) 45, 47, 50, 51
Bolchovitinov, Evgenij Alekseevič (als
Mönch: Evgenij) (1767-1837) 57
Bondarev, Jurij Vasil'evič (*1924) 215,
243
Bonnet, Charles (1720-93) 60
Boratynskij s. Baratynskij
Boris († 1015), Fürst von Rostov 21
Boris Godunov (um 1552-1605), russ.
Zar 30, 77, 107, 108
Botkin, Vasilij Petrovič (1811-69) 103,
105
Brang, Peter 118
Brecht, Bertolt (1898-1956) 13, 194
Bredel, Willi (1901-64) 205
Brežnev, Leonid Il'ič (1906-82) 220,
224, 229, 241, 249
Brik, Lilija Jur'evna (1891-1978) 192
Brjullov (Brüllow), Karl Pavlovič
(1799-1852) 125
Brjusov, Valerij Jakovlevič (1873-1924)
159-160, 162, 165, 174, 188
Brockes, Barthold Heinrich (1680-1747)
50
Brodskij, Iosif Aleksandrovič (engl.
Joseph Brodsky) (1940-96) 11, 14,
238, **239-240**, 253
Bubennov, Michail Semënovič
(1909-83) 214, 221
Bucharin, Nikolaj Ivanovič (1888-1938)
205, 206, 247
Buddha, Siddharttha Gotama
(Gautama) (um 560- um 480 v.Chr.)
169, 249
Bulgakov, Michail Afanas'evič
(1891-1940) **212-213**, 218
Bulgarin, Faddej Venediktovič
(1789-1859) 77, 103
Bunin, Ivan Alekseevič (1870-1953)
156-157, 181, 182, **183**, 218, 222
Bürger, Gottfried August (1747-94) 70

Burič, Vladimir Petrovič (1932-94) 254
Burichin, Igor' Nikolaevič (*1943) 253
Burljuk, David Davidovič (1882-1967)
169, 171
Busch, Wilhelm (1832-1908) 211
Butaševič-Petraševskij, Michail
Vasil'evič (1821-66) 106, 121, 128
Bykov, Dmitrij (*1967) 254
Byron, George Gordon Lord
(1788-1824) 13, 74, 76, 81, 84, 86

Čaadaev, Pëtr Jakovlevič (1794-1856)
94-95
Čajkovskij, Pëtr Il'ič (1840-93) 218
Calvin, Jean (1509-64) 160
Cantemir (Kantemir), Dimitrie
(Dmitrij) (1673-1723), moldauischer
Fürst 45
Čapaev, Vasilij Ivanovič (1887-1919)
189, 249
Catilina, Lucius Sergius (um 108-62
v. Chr.) 164
Čechov, Anton Pavlovič (1860-1904)
12, 14, 15, 109, **150-153**, 154, 155,
218, 251
Černyševskij, Nikolaj Gavrilovič
(1828-89) **100-101**, 103, 104, 124,
130, 146
Charitonov, Evgenij (1940-81) 247, 248
Charms (eig. Juvačëv), Daniil
Ivanovič (1905-42) 201, 210, **211**
Cheraskov, Michail Matveevič
(1733-1807) 44, **54-56**, 59
Chirobosk s. Choiroboskos
Chlebnikov, Velimir (eig. Viktor
Vladimirovič) (1885-1922) 169, **170**,
172, 183
Chodasevič, Vladislav Felicianovič
(1886-1939) 177, 179, 182, **183**
Chodynskaja, Ljudmila 254
Choiroboskos, Georgios (Georgij
Chirobosk) (um 810) 20
Chomjakov, Aleksej Stepanovič
(1804-60) 95
Christus s. Jesus Christus
Chruščëv, Nikita Sergeevič (1894-1971)
219, 221, 229, 256
Čičerin, Aleksej N. 194
Cicero (Marcus Tullius) (106-43 v. Chr.)
29